walk&talk   *Marlucia & Thomas Schreiber*

Brasilien

Sprachführer
Reiseknigge
Praxistips

D1673480

walk&talk Brasilien

Band 1

ISBN 3-927895-07-5

© 1990, 1996
Thomas Schreiber Verlag
Frankfurter Ring 193a
80807 München

Email:
walktalk@infodirekt.de

Umschlaggestaltung:
Iris Steiner, München
Fotos: die Autoren

Printed in Singapore

Kritik, Anregungen oder sonstige Mitteilungen sind jederzeit willkommen.
Alle Übersetzungen, Fachausdrücke, Fakten sind sorgfältig recherchiert. Für die Richtigkeit kann jedoch keine Gewähr übernommen werden.

Auflage	4.	3.	2.	1.
Jahr dieses Druckes	1999	98	97	96

Die letzte Zahl ist jeweils maßgeblich

Zu diesem Buch ist eine Tonkassette erhältlich, die zum Einhören in die Sprache und zum Trainieren der Aussprache empfohlen wird.

Siehe letzte Seite.

ZURECHTKOMMEN VON ANFANG AN

Aussprache von Ländern, Städten, Flüssen

Regiões	*re'Jiois*	Regionen
Norte	*'nortschi*	Norden
Norteste	*nort'estschi*	Nordosten
Centro-Oeste	*'ßentro'estschi*	Mittelwesten
Sudeste	*'ßudestschi*	Südosten
Sul	*'ßuu*	Süden

Verwaltungsgebiete

und so nennen sich die Einwohner:

1	Roraima	*ho'raima*	roraimense/boa-vistense	*horai'meñße/boawis'teñße*
2	Amapá	*ama'pa*	amapaense	*amapa'eñße*
3	Amazonas	*ama'sOnas*	amazonense	*amaso'neñße*
4	Pará	*pa'ra*	paraense	*para'eñße*
5	Maranhão	*marañ'jãu*	maranhense	*marañ'jieñße*
6	Piauí	*piau'i*	piauiense	*piau'jieñße*
7	Ceará	*ßea'ra*	cearense	*ßea'reñße*
8	Rio Grande do Norte	*hio 'grandJi do 'nortschi*	natalense	*nata'leñße*
10	Paraiba	*para'iba*	paraibense	*parai'beñße*
11	Pernambuco	*pernam'buku*	pernambucano/a	*pernambu'kano*/a
12	Alagoas	*ala'goas*	alagoano/a	*alago'ano*/a
13	Sergipe	*ßer'Jipi*	sergipano/a	*ßerJi'pano*/a
14	Acre	*'akre*	rio-branquense	*hiobran'keñße*
15	Rondônia	*hon'dOnja*	rondoniano/a	*hondon'jano*/a
16	Mato Grosso	*'mato 'großo*	mato-grossense	*matogro'ßeñße*
17	Goiás	*go'jais*	goiano/a	*go'jano*/a
18	Bahia	*ba'hia*	baiano/a	*ba'jano*/a
19	Distrito Federal	*dis'trito fede'rau*	brasiliense	*brasil'jeñße*
20	Minas Gerais	*'minas Je'raiß*	mineiro/a	*mi'nEiro*/a
21	Espirito Santo	*eß'pirito 'ßanto*	capixaba	*kapi'schaba*
22	Mato Grosso do Sul	*'mato 'großo do 'ßuu*	porto-alegrense	*portoale'greñße*
23	São Paulo	*ßãu 'paulo*	paulista	*pau'lista*
24	Rio de Janeiro	*hio de Ja'nEiro*	carioca	*kar'jOka*
25	Paraná	*para'na*	paranaense	*parana'eñße*
26	Santa Catarina	*'ßanta kata'rina*	barriga verde	*ba'higa 'werdJi*
27	Rio Grande do Sul	*hio 'grandJi do 'ßuu*	gaúcho	*ga'uschu*

Einleitung

Brasilien ist sicher eines der faszinierendsten und abwechslungs-
reichsten Reiseländer unserer Erde. Weite Strände, vielfältige
Naturschauspiele, ausgedehnte Möglichkeiten, Wildnis und Aben-
teuer zu erleben und solch unvergleichliche Städte wie Rio de
Janeiro, Brasilia oder Salvador tragen dazu bei. Da ist aber auch
noch diese unbeschreibliche, von Lebensfreude und Samba,
Freundlichkeit und Unkompliziertheit, Schlitzohrigkeit und Humor,
Exotik und Erotik geprägte Atmosphäre, die den Gast schon bei der
Ankunft gefangennimmt und während des gesamten Aufenthaltes
nicht wieder losläßt.

Viel zu schade also, dieses Land lediglich aus der Perspektive des
Strandes wahrzunehmen und seine Darbietungen passiv zu erleben.

Dabei ist es gar nicht schwer, den Sprung vom staunenden Touristen zum mitlebenden und miterlebenden Gast zu tun. Neben
einem gewissen Maß an Aufgeschlossenheit bedarf es eigentlich
nur der Bereitschaft, sich ein wenig mit der Sprache und den
Gewohnheiten auseinanderzusetzen.

Obwohl es einem gerade in Brasilien leicht gemacht wird, sich mit
Händen und Füßen zu verständigen, ist die sprachliche Unterstützung dabei natürlich besonders wichtig. Das fängt an beim Lesen
der Preistafel in den Imbißbuden (lanchonete) und geht weiter über
das Suchen eines Hotels bis zum Austauschen von Floskeln mit
dem interessierten Einheimischen. Englisch hilft da in Brasilien leider nicht mehr weiter, und auch die auf das reine Portugiesisch
ausgerichteten Sprachkurse und -führer sind nur sehr bedingt hilf-
reich.

Mindestens ebenso wichtig für das Zurechtkommen ist aber auch
ein Mindestmaß an Informationen zu den vielen ungeschriebenen
Gesetzen, den Gebräuchen, Umgangsformen und Verhaltensre-
geln. Ob es sich nun um das Verhalten am Strand, die Beurteilung
von Auskünften aus einheimischem Munde oder das Aushandeln
des Preises für die Taxifahrt dreht. Mit den nötigen Hintergrundinformationen wird Unsicherheit beseitigt, werden Mißverständnisse
vermieden, und Einsicht und Verständnis fallen leichter.

Mit diesem Sprachkurs wollen wir dem Brasilienreisenden, egal ob Rucksack- oder Pauschalreisender, nun genau diese Unterstützung bieten. Wir haben uns bemüht, Sprach- und Hintergrundinformationen so zusammenzuführen, daß auch der, der ohne Sprachkenntnisse nach Brasilien kommt, in die Lage versetzt wird, von Anfang an zurechtzukommen und einen intensiveren Zugang zu den Menschen und allem Sehens- und Erlebenswerten zu finden.

Hinweise zum Gebrauch

Die verschiedenen Situationen, in die der Besucher Brasiliens typischerweise gerät, sind jeweils in eigenen Abschnitten zusammengefaßt und thematisch gruppiert. Die einleitenden Texte geben die notwendige Hintergrundinformation und enthalten so manchen nützlichen Tip und Gedankenanstoß.

Die typischen Redewendungen und Sätze werden der Situation entsprechend wiedergegeben. Wir haben dabei in erster Linie auf einfache Ausdrucksweise und die Wiedergabe der Sprech-Sprache Wert gelegt, was manchmal zu Lasten der sprachlichen Korrektheit geht. Ziel dieses Buches ist jedoch in erster Linie, den Brasilienreisenden darin zu unterstützen, mit der Sprache, wie sie auf der Straße gesprochen wird, zurechtzukommen und sich nach einem einfachen Muster selbst verständlich machen zu können. So ist es sicherlich nicht elegant, überall das Verb ter (haben) anstatt des zuweilen saubereren haver zu verwenden. Aber es läßt sich einfach anwenden, wird von jedermann verstanden und von der Mehrzahl der Einheimischen genau so gebraucht.

In *kursiver* Schrift ist zu jeder Redewendung und zu den Vokabeln die Aussprache angegeben, die sich, bis auf einige im Deutschen nicht vorhandene Laute, ablesen läßt wie Deutsch.

Die Erfahrung zeigt, daß eine Redewendung selten hundertprozentig paßt. Es ist daher zu jedem Satz zusätzlich die genaue Wort-zu-Wort-Übersetzung angegeben. Zusammen mit den themenbezogenen Vokabellisten läßt sich so leicht die gewünschte Anpassung vornehmen. Worte, die nur exemplarische Bedeutung haben und als Platzhalter gemeint sind, erscheinen *kursiv*.

Im zusammenfassenden Vokabelteil am Ende läßt sich außerdem jede in den Wortlisten vorkommende Vokabel alphabetisch geordnet Portugiesisch-Deutsch und Deutsch-Portugiesisch nachschlagen.

Der Grammatikteil gibt weitere Anhaltspunkte für den Gebrauch der Sprache und die Abwandlung der Redewendungen.

Naturgemäß wird man immer in Situationen kommen, wo jeder Sprachführer passen muß. Wer sich näher mit der Sprache befassen möchte, dem sei daher die Mitnahme eines Wörterbuchs empfohlen (das aber klein und handlich sein sollte, sonst benutzt man es nämlich nicht). Mit der Flexibilität, die in den Redewendungen dieses Buches steckt, sollte es dann möglich sein, so gut wie alles zu bewältigen.

Schließlich sei noch auf die zu diesem Sprachführer erhältliche Tonkassette hingewiesen, die sich sehr gut zum Einhören in die Sprache und zum Trainieren der Aussprache eignet. Dazu besteht während der Stunden in Bus, Flugzeug und Hotel ausreichend Gelegenheit - und die nötige Motivation ist auch vorhanden. Der Walkman darf dann aber nicht vergessen werden.

Anmerkung

Es wäre nicht fair, ob all der Euphorie die Schattenseiten zu verbergen. Die ungeheuere Armut in einer schon fast zynischen Nähe zu Luxus und Überfluß, die Kriminalität in den Großstädten, der auf Ausbeutung und Vernichtung ausgerichtete Umgang mit der Natur und den Naturvölkern, die Unterdrückung des Schwächeren. Auch das sind Merkmale eines hoch verschuldeten Landes, das sich nun schon seit längerer Zeit auf der Schwelle zum Industriestaat befindet - und von den Industriestaaten auch genau dort am liebsten gesehen wird.

Der Besucher ist angehalten, sich durch diese Tatsachen den Urlaub nicht verderben zu lassen – sie aber auch nicht einfach zu verdrängen. Ein bewußter Umgang ist gefordert. Denn die Menschen kommen damit sehr viel besser zurecht, als der Außenstehende es vermutet - einerseits. Andererseits ist die Situation um vieles schlimmer, als er es zu Gesicht bekommt. Einer von vielen Widersprüchen in diesem Land. Es lohnt, sich immer wieder damit auseinanderzusetzen.

Aussprache

Die Ausspraches des brasilianischen Portugiesisch weicht in vielen Punkten von Portugiesisch Portugals ab. Zudem gibt es auch innerhalb des Landes Unterschiede in der Aussprache, die allerdings nicht allzu gravierend sind. Wir haben uns hier an die verbreitetste Form der Aussprache gehalten und sie so aufgeschrieben, daß man sie ablesen kann, wie einen normalen deutschen Text. Die Laute, die im Deutschen nicht vorkommen, sind so angenähert, daß man sie immer noch verstanden wird, wenn man das betreffende Zeichen wie deutsch liest. Auf der vorderen Buchklappe sind alle Zeichen der Lautschrift, die einer Erklärung bedürfen, aufgezählt (ñ, eñ, μ, J, O, Eu, Ei, ß).

Betonung

Besonders wichtig für die leichte Verständigung ist die richtige Betonung. Der zu betonenden Silbe ist ein ' vorangestellt.

Nasalierung

Nasale Aussprache ist durch ein ~ über dem Buchstaben angedeutet. Kommt man mit dem Nasalen nicht zurecht, so beeinträchtigt es die Verständigung nicht allzusehr, wenn der darunter stehende Buchstabe normal ausgesprochen wird.

Hinweise

Noch einige Anmerkungen, um die Verständigung zu erleichtern:

- Wortendungen auf **de** und **te** werden inzwischen fast im ganzen Lande so ausgesprochen wie in Rio, nämlich als *dJi* bzw. *dJe* und *tsche* bzw. *tschi*: de (von) - *dJi*, cidade (Stadt) - *ßi'dadJi*, restaurante (Restaurant) - *restau'rantschi*. Oft wird der auslautende Vokal auch ganz weggelassen. Ebenso werden häufig auch die Kombinationen aus **d** bzw. **t** mit anderen Vokalen und auch innerhalb des Wortes behandelt. In den Gegenden, wo diese Art der Aussprache nicht so verbreitet ist, lasse man die Laute *J* und *sch* an diesen Stellen einfach weg.

- **e** am Ende des Wortes wird, regional unterschiedlich, wie *e*, wie *i* oder gar nicht ausgesprochen.

- **o** am Ende des Wortes wird oft zu *u*.

- **r** am Anfang eines Wortes verschwindet fast zu *h*: Rio - *'hio*. Ebenso verhält es sich mit **rr** innerhalb des Wortes: correio (Post) - *ko'hEio*.

- Als schick gilt unter Jugendlichen die breite Aussprache der Carriocas (Einwohner von Rio), die sich besonders im **s** und **z** am Ende des Wortes ausdrückt. Es wird dort genauso wie in Portugal als *sch* gesprochen: Vamos ! (Gehen wir !) - *'wamosch*, überall sonst aber *'wamoß*.

- **lh** und **nh** werden uneinheitlich wie *lj* bzw. *ij* und *nj* bzw. *ij* ausgesprochen, wobei der Laut vor dem *j* meist noch einen leicht nasalen Klang erhält: Caipirinha - *kaipi'rinja, kaipi'rija* oder *kaipi'riñja*.

- Besonders wichtig ist die richtige Aussprache von l nach einem Vokal am Ende der Silbe, wo es zu *u* wird: mal (schlecht) - *mau*, Brasil - *bra'siu*, pastel (Pastete) - *pas'täu*, água mineral (Mineralwasser) - *'agua mine'rau*.

W enn Sie die Vokabeln und Formulierungen dieses Abschnittes ein wenig üben und nicht davor zurückschrecken, Hände und Füße zu benutzen, dann werden Sie in den meisten Situationen bereits zurechtkommen.

| Ja | ßiñ | **Sim** |
| Nein | nãu | **Não** |

Haben Sie ... ? Das wichtigste Wort für den Brasilienreisenden lautet **tem**, die 3. Person von "haben". Ausgesprochen wird es *teng* oder besser mit leicht nasalem n als *teñ*. Wörtlich "(er) hat" bedeutet es in Fragesätzen soviel wie "haben Sie", "hast Du" oder "gibt es". Es ist zwar nicht in allen Zusammenhängen sauberstesPortugiesisch, aber verstanden wird es allemal. Als Antwort werden Sie dann häufig ein **tem** ("haben wir") oder **não tem** ("haben wir nicht") hören, oder grammatikalisch richtig **temos** bzw. **não temos**.

Gibt es bei Ihnen Fahrkarten nach Brasilia?	*teñ pa'ßaJeñ para bra'silia* **Tem *passagem para Brasilia*?** hat (er) - Fahrkarte - nach - B.
Wo gibt es *einen Supermarkt*?	*'ondJi teñ uụ ßupermer'kado* **Onde tem *um supermercado*?** wo - gibt (es) - einen - Supermarkt

Schauen Sie sich im Grammatikteil die verschiedenen Gegenwartsformen von **ter** an, Sie werden sie häufig brauchen.

Ich möchte ... ! Als zweitwichtigste Wendung wird sich dann wahrscheinlich **gostaria de** (*gosta'ria dJi*) - "(ich) würde mögen von" herausstellen, was dem einfachen **quero** (*'kero*) - "(ich) will" als höflicher vorzuziehen ist.

Ich möchte bitte *eine Fahrkarte nach Brasilia*.	*gosta'ria dJi uma pa'ßaJeñ para bra'silia* **Gostaria de *uma passagem para Brasilia*.** (ich) würde mögen - von - eine - Fahrkarte–nach–B.

Sie können das **gostaria de** aber auch vermeiden, wenn Sie den Satz anders formulieren:

Bitte eine Fahrkarte nach Brasilia.	*uma pa'ßaJeñ para bra'silia por fa'wor* **Uma passagem para Brasilia, por favor?** ein - Fahrkarte - nach - Brasilia - bitte

Por favor. Es ist durchaus keine übertriebene Höflichkeit, Fragen und Wünsche mit einem "bitte" - **por favor** (*por fa'wor*)einzuleiten oder abzuschließen.

Wo gibt es einen Supermarkt ?	*por fa'wor 'ondJi teñ uμ ßupermer'kado*	
	Por favor, onde tem um *supermercado* ?	
	bitte - wo - gibt (es) - einen - Supermarkt	

Danke, Bitte. Der Mann bedankt sich mit **obrigado** oder **muito obrigado** ("Vielen Dank"), die Frau mit **(muito) obrigada**. Die Erwiderung "bitte" lautet **de nada** (soviel wie "keine Ursache").

Entschuldigen tut man sich mit **desculpe** (*deß'kupa*) oder **perdão** (*per'dãu*).

Begrüßung.

Guten Morgen !	*boñ 'dJia*	**Bom dia !**
Guten Tag !	*boa 'tardJi*	**Bom tarde !**
Guten Abend/Gute Nacht !	*boa 'noitschi*	**Boa noite !**
Hallo !	*oi*	**Oi !**
Auf Wiedersehen !	*a'tä lOgo*	**Até logo !**
Tschüß !	*tschau*	**Tchau !**

Weitere Formulierungen dieser Art finden Sie ab S. 150.

Verständigung. Wenn Sie nicht verstehen, dann werden diese Sätze vielleicht weiterhelfen:

Ich spreche kein Portugiesisch.	*nãu falo portu'geß*	
	Não falo português.	
	nicht - (ich) spreche - Portugiesisch	
Ich habe nicht verstanden.	*nãu enten'dJi*	
	Não entendi.	
	nicht - (ich) verstand	
Bitte wiederholen Sie es langsam.	*por fa'wor re'petsch dewa'gar*	
	Por favor, repete devagar !	
	bitte - wiederhole - hier	
Bitte schreiben Sie es hier auf.	*por fa'wor ä'skräwi a'ki*	
	Por favor, escreve aqui !	
	bitte - schreibe - hier	
Was bedeutet ... ?	*o'kee ßigni'fika*	
	O que significa ... ?	
	was - bedeutet	
Wie nennt sich dies ?	*'kOmu ße 'schama 'ißo*	
	Como se chama isso ?	
	wie - sich - nennt - dies	

Mit Händen und Füßen. Wenn es mit dem Mund nicht klappt, klappt es oft mit Händen und Füßen. Dazu:

Dies (*worauf der Finger zeigt*)	*'ißo* **Isso !** dies	
Sache/Ding	*uma 'koisa* **uma coisa** eine Sache	*a 'koisa* **a coisa** das Ding
Wo ?	*'ondJi* **Onde ?** wo	
Was kostet das ?	*'kuantu 'kusta* **Quanto custa ?** wieviel - kostet	

Und dann können Sie immer noch direkt auf die Redewendungen dieses Buches verweisen:

Schau her !	*'olja'ki* **Olha aqui !** schau - hier

Zahlen. Der Umgang mit Zahlen ist besonders häufig und leider auch besonders schwierig. Auf den Klappen dieses Buches befinden sich die wichtigsten Zahlen. Am einfachsten machen Sie es sich jedoch, wenn Sie die Zahl aufschreiben bzw. sich aufschreiben lassen. Papier und Stift sollten daher stets griffbereit sein. Ordinalzahlen siehe S. 26.

Könnten Sie die Zahl bitte aufschreiben ?	*pode'ria äßkre'wer o 'numero por fa'wor* **Poderia escrever o número, por favor ?** könnte (er) - schreiben - die - Zahl - bitte
Haben Sie mal was zu schreiben ?	*teñ au'guma 'koisa para äßkre'wer* **Tem alguma coisa para escrever ?** hat (er) - irgendeine - Sache - zu - schreiben

Zu teuer. Überall dort, wo man Ihnen als Tourist (und nicht als Gast) etwas verkaufen möchte, helfen die Aussprüche:

Zu teuer !	*'muito 'karo* **Muito caro !** viel - teuer
Ich möchte nichts kaufen.	*näu 'kero kom'prar nada* **Não quero comprar nada.** nicht - (ich) will - kaufen - nichts

In diesem Abschnitt finden Sie eine Zusammenstellung der wichtigsten Redewendungen und Vokabeln, die bei der Suche nach dem richtigen Weg behilflich sind. Für die Anwendung in speziellen Situationen schlagen Sie bitte das entsprechende Kapitel auf.

Oft ist es ratsam, sich bei verschiedenen Personen zu erkundigen, da es allzu leicht passiert, daß man aus "Freundlichkeit" eine falsche Auskunft erhält. Denn ein einfaches "Ich weiß nicht" (**não sei**) kommt den von Natur aus hilfsbereiten Brasilianern nur sehr selten über die Lippen.

Wo/Wohin ?

Wo geht es zum *Busbahnhof* ?
'kOmu 'faβu para ir a rodo'wiaria
Como faço para ir à *rodoviária* ?
wie - (ich) mache - für - gehen - zu dem - Busbahnhof

Geht es hier zum *Strand* ?
'eβe ä o ka'minjo para praja
Esse é o caminho para a *praia* ?
dies - ist - der - Weg - zum - Strand

Führt diese Straße zum *Hotel Miramar* ?
'eβta hua 'läva ao o'täu mira'mar
Esta rua leva ao *Hotel Miramar* ?
diese - Straße - führt - zu dem - H. M.

Wo gibt es ein *Postamt* ?
'ondJi teñ uµ ko'hejo a'ki
Onde tem um *correio* aqui ?
wo - (es) gibt - ein - Postamt - hier

Wie weit ?

Ist es noch weit bis zum *Corcovado* ?
ä muito lOJe da'ki au korko'wado
É muito longe daqui ao *Corcovado* ?
(es) ist - sehr - weit - von hier - zu dem - C.

Wie weit ist es noch bis zum *Zuckerhut* ?
'kuantu tempo teñ a'inda a'tä o päu dJi a'βuka
Quanto tempo tem ainda até o *Pão de Açucar*.
wieviel - Zeit - hat (es) - noch - bis - der - Zuckerhut

Wie lange geht man bis zum *Stadtzentrum* ?
kuantu tempo de'mOra da'ki a'tä o 'βentro da βi'dadJi
Quanto tempo demora daqui até o *centro da cidade* ?
Wieviel - Zeit - vergeht - von hier - bis - das - Zentrum - von der - Stadt

Mögliche Antworten

Gleich hier vorne.
a'ki eñ 'frentschi
Aqui em frente.
hier - vorne

Gleich dort drüben. *lOgo a'li a'diante*
Logo ali adiante.
gleich - dort - vorn

Gehen Sie gerade- *'ßäge di'räto e de'pois 'wira a di'rEita*
aus und dann rechts. **Segue direto e depois vira à direita.**
folge - geradeaus - und - dann - drehe - nach - rechts

Gehen Sie bis zur *wai a'tä e es'kina e de'pois wira a es'kerda.*
Ecke und dann nach **Vai até a esquina e depois vira à esquerda.**
links. (er) geht - bis - die - Ecke - und - danach - drehe - nach - links

Hinter der *zweiten* *a'trais do ße'gundo krusa'mento/ßi'nau*
Kreuzung/Ampel. **Atrás do segundo cruzamento/sinal.**
hinter - von der/dem - zweiten - Kreuzung/Ampel

Nach *100* Metern *de'pois dJi ßeñ 'mätros a eß'kerda*
links. **Depois de cem metros à esquerda.**
nach - 100 - Metern - nach - links

Fragen

Wer spricht hier por-tugiesisch ?	*keñ 'fala portu'geß a'ki* **Quem fala português aqui ?** wer - spricht - portugiesisch - hier	**quem ?** wer ?
Wem gehört der Koffer ?	*dJi keñ ä a 'mala* **De quem é a mala ?** wer - ist - der - Koffer	**de quem ?** wem ?
Welchen Tag ha-ben wir heute ?	*kee 'dJia ä 'oJi* **Que dia é hoje ?** was - Tag - ist - heute	**que ?** was, welcher ?
Wie spät ist es ?	*kee 'oras sãu* **Que horas são ?** was - Stunden - (sie) sind	
Was machst du morgen ?	*o'kee wo'ße wai fa'ser amã'ja* **O que você vai fazer amanhã ?** was - du - wirst - machen - morgen	**o que ?** was ?
Was ist das ?	*o'kee ä 'ißo* **O que é isso ?** was - ist - dies	
Wo wohnst du ?	*'ondJi wo'ße 'mora* **Onde você mora ?** wo - du - wohnst	**onde ?** wo ?

Richtungsangaben:

rechts		'para a di'rEita **para a direita**	oben		eñ'ßima **em cima**
links		'para a eß'kerda **para a esquerda**	unten		eñ'bascho **em baixo**
geradeaus		eñ 'frentschi **em frente** 'heto **reto**	vorwärts rückwärts		pra fren'tschi **para frente** pra 'trais **para trás**
(gleich) dort		logo a'li **(logo) alí**	da vorn		eñ 'frentschi **em frente**
hier		a'ki **aqui**	da hinten		a'traiß **atrás**
vor		eñ 'frentschi da/do **em frente da/do ...**	über		'ßObri **sobre**
hinter		a'traiß dJi **atrás de ...**	unter		de'bascho **debaixo**
neben		au lado do/da **ao lado do/da ...**	auf		eñ 'ßima da/do **em cima da/do**
gegenüber		eñ 'frentschi **em frente**	am Verkehrs- schild		na 'plaka **na placa**
nah in der Nähe von		perto **perto** perto dJi **perto de ...**	weit		lOJi **longe**
an der Ecke		na eß'kina **na esquina**	am Anfang		no i'nißjo **no inicio** no ko'meßo **no começo**
an der Kreuzung		no krusa'mento **no cruzamento**	am Ende		no fiñ **no fim**

Deutsch	Lautschrift / Portugiesisch	
Wo ist das Hotel ?	*'ondJi ä o o'täu* **Onde é o hotel ?** wo - ist - das - Hotel	
Wie geht es Dir ?	*'kOmu wai wo'ße* **Como vai você ?** wie - gehst - du	**como ?** wie ?
Wie heißt du ?	*'kOmu wo'ße ße schama* **Como você se chama ?** wie - du - sich - nennst	
Wann fliegst du nach Deutschland zurück ?	*'kundu wo'ße 'wouta para a ale'mãja* **Quando você volta para a Alemanha ?** wan - du - gehst zurück - nach - Deutschland	**quando ?** wann ?
Wann kommt der Bus an ?	*'kuandu 'schega o 'Onibus* **Quando chega o ônibus?** wann - kommt - der - Bus	
Wie alt bist du ?	*'kuantos anos wo'ße teñ* **Quantos anos você tem ?** wieviele - Jahre - du - hast	**quanto ?** wieviel ?
Warum lernst Du Portugiesisch ?	*por'kee wo'ße e'studa portu'geß* **Por que você estuda português ?** warum - du - lernst - Portugiesisch	**por que ?** warum ?
Wohin fährt der Bus ?	*para 'ondJi wai o 'Onibus* **Para onde vai o ônibus ?** nach - wo - fährt - der - Bus	**para onde ?** wohin ?

Achtung !

Anrede. Die normale Form der Anrede ist das "Du" (**você**). Mit "Sie" (**o Senhor** beim Mann, **a Senhora** bei der Frau) redet man in der Hauptsache ältere Leute und Amtspersonen an sowie Menschen, denen man betont Respekt zollen möchte. Hier hat man es als Sprachneuling sehr einfach, da einem ein "Du" im falschen Moment nicht übel genommen wird. Meist braucht man sich gar nicht auf eine bestimmte Form der Anrede festzulegen, da das Personalpronomen in vielen Fällen entfallen kann.

Hast Du Sonnencreme ?	*wo'ße teñ brOsea'dor* **Você tem bronzeador ?** du - hast - Sonnencreme
Haben Sie Sonnencreme ?	*o ßen'jor/a ßen'jora teñ brOsea'dor* **O senhor/A senhora tem bronzeador ?** der - Herr/die - Dame - hat - Sonnencreme
Haben Sie/Hast Du Sonnencreme ?	*teñ brOsea'dor* **Tem bronzeador ?** hat (er) - Sonnencreme

Anrede beim Namen. Bei der Frau: **Senhora** + Vorname. Beim Mann: **Senhor** + Vorname. Zusätzlich kann der Nachname angefügt werden, wenn nicht ganz klar ist, welche von mehreren Personen mit gleichem Vornamen gemeint ist. Bei Frauen wird häufig auch die Form **Dona** + Vorname gebraucht. Sie stellt den Bezug zur Funktion als Hausherrin her.

Ich möchte mit *João da Silva* sprechen.	*kero fa'lar coñ o ßen'jor Joãu* **Quero falar com o Senhor *João*.** (ich) möchte - sprechen - mit - dem - Herrn - J.
oder:	*kero fa'lar coñ o ßen'jor Joãu da ßiuva* **Quero falar com o Senhor *João da Silva*.** (ich) - möchte - sprechen - mit - dem - J. d. S.
Ich möchte mit *Sonia da Silva* sprechen.	*kero fa'lar coñ aßen'jora 'ßOnja* **Quero falar com a Senhora Sonia.** (ich) möchte - sprechen - mit - der - Frau - S.
oder in bestimmten Fällen:	*kero fa'lar coñ dona 'ßOnja* **Quero falar com Dona Sonia.** (ich) möchte - sprechen - mit - der - Frau - S.

Richtig angezogen. Trotz aller Lockerheit gibt es ungeschriebene Regeln bezüglich der Kleidung. Will man ernst genommen werden, so sollte man sich daran halten. Am Strand und in der näheren Umgebung kann man ruhig im Badekleid herumlaufen, trägt keine Strümpfe in den Sandalen und kommt auch nicht mit einer kurzen Hose über der Badehose zum Baden. In die City dagegen begibt der Mann sich nicht in kurzen Hosen und Badelatschen. Das gilt selbstverständlich auch für Kirchen und andere Orte, an denen Respekt erwartet wird. Auch bei Fahrten mit dem Überlandbus sollte man lange Hosen tragen (das hat sich aus hygienischen Gründen eingebürgert), was wegen der Hitze dann teilweise aber doch nicht so streng befolgt werden sollte. Ist man geschäftlich unterwegs, so kann jedoch die größte Hitze oder die staubigste Gegend nicht als Ausrede dafür herhalten, daß man unpassend angezogen oder die Kleidung nicht in tadellosem Zustand ist.

Körperhygiene. Wer sich in Brasilien aufhält, der schwitzt. Das ist wegen der hohen Temperaturen auch nicht verwunderlich und geht dem Einheimischen genauso wie dem Touristen. Trotzdem toleriert man es nicht, wenn dann jemand ständig einen Körpergeruch mit sich herumträgt. Ein einfaches wie natürliches Mittel, welches von den Brasilianer aller Schichten angewendet wird, schafft hier Abhilfe: Mehrmals am Tag duschen und die Wäsche wechseln. Daß dies auch im tiefsten Dschungel beherzigt wird, davon kann der Traveller sich überzeugen, wenn er beispielsweise nach der Fahrt durch die Schlammlöcher der Transamazônica, die irgendwann mitten in der Nacht in einem verlassenen Urwald-Nest geendet hat, seine einheimischen Begleiter am nächsten Morgen wie aus dem Ei gepellt vorfindet.

Tür zu. Brasilianische Autotüren fallen schon mit einem sanften Stoß ins Schloß. Das vom eigenen Auto gewohnte kräftige Zuschlagen wird jedem Chauffeur das Blut in Wallung bringen.

Entschuldigung !	*deß'kupa* **Desculpe !** Entschuldigung
In Europa muß man die Tür so kräftig zu-schlagen.	*na Eu'rOpa ße bate a porta do 'kaho koñ forßa* **Na Europa se bate a porta do carro com força.** in - E. - sich - zuschlägt - die - Tür - von dem - Auto - mit - Kraft

Pssst! Mit einem markerschütternden *Pssst* verschafft sich mancher Brasilianer Aufmerksamkeit. Im Restaurant um den Kellner herbeizurufen genauso wie etwa auf der Straße, um einen Vorbeigehenden auf etwas aufmerksam zu machen. Wann diese Art der "Anmache" angebracht und wann sie eher unhöflich ist, ist für den Außenstehenden sehr schwer zu beurteilen. Als Tourist verzichtet man daher am besten ganz darauf. Wird man selbst auf diese Weise "angesprochen" (typisch: man wird nach Dollars/der Uhrzeit gefragt, ist das Opfer eines Scherzes oder soll sogar zum Opfer eines Raubes werden), so ignoriert man das am besten oder geht zumindest unbeirrt weiter. Fühlt man sich der Situation gewachsen, kann man natürlich auch darauf eingehen.

Feingefühl. Der Brasilianer ist seinen Mitmenschen gegenüber sehr ehrlich. Trotzdem achtet er peinlich darauf, daß er nichts tut oder sagt, was sie verletzen könnte. Das kann sogar soweit führen, daß er einer Verabredung zustimmt, obwohl er schon weiß, daß er sie nicht einhalten wird. Kurz vorher oder aus erst nach dem Termin kommt er dann mit irgendeiner Entschuldigung, anstatt den wahren Grund zu nennen, aus dem eventuell Geringschätzung gegenüber dem Gastgeber abgelesen werden könnte.

Schlange stehen (ficar na fila). Und noch ein Widerspruch. In dem Land, dessen Charakter von der Selbstorganisation der einzelnen Individuen geprägt wird, herrscht das eiserne Gesetz, sich gefälligst hinten anzustellen. Das gilt für den Schalter in der Bank genauso wie für das Bestellen an der Theke oder das Einsteigen in den Bus. Überall wird fein säuberlich eine Schlange gebildet.

Ist hier das Ende der Schlange ?	*a'ki ä o fi'nau da fila* **Aqui é o final da fila ?** hier - (es) ist - das - Ende - von der - Schlange
Wo muß ich mich anstellen ?	*'ondJi dewo fi'kar* **Onde devo ficar ?** wo - muß (ich) - bleiben

Bestechung. Durch eine diskrete Zugabe (**gorjeta**) kann man so manche sture Amtsperson geschmeidig machen, sie aber auch tödlich beleidigen. Richtig schmieren will gelernt sein und entspricht so gar nicht unserem mitteleuropäischen Naturell. Zumal der, der sich auf den unteren und mittleren Etagen unserer Gesellschaft bewegt, auch kaum Gelegenheiten hat, dies zu üben. Auf keinen Fall sollte man direkt und plump Geld anbieten, sondern es der jeweiligen Situation entsprechend geschickt andeuten.

Kinder stehen in Brasilien überall im Mittelpunkt. Sie machen bei den Fêten der Erwachsenen mit, stören nie, dürfen herumtoben und Lärm machen. Umgekehrt sind auch die Mütter bei den Geburtstagsfeiern der Kinder dabei. Nicht um aufzupassen sondern um sich selbst zu unterhalten. Öffentliche Einrichtungen, Restaurants, Geschäfte sind auf diese Rolle des Kindes eingerichtet. Ein sehr schlechter Nährboden für kinderfeindliches Verhalten.

Vorsicht. Damit die ersten Schritte im Reiseland nicht schon mit einem Mißgeschick oder gar Unfall enden, sollte man sich bereits vor der Reise darauf einstellen, daß der Einzelne nicht durch soviele Gesetzen und Verordnungen wie bei uns behütet wird. Das fängt beim Überqueren der Straße an (der Fußgänger ist Freiwild) und hört beim Rolltreppefahren im Kaufhaus nicht auf (wo keine Vorrichtung verhindert, daß beim Hinüberlehnen der Kopf zwischen die Schere der beiden gegenläufigen Rolltreppen gerät).

Zahlen, Zeiten ...

Zahlen

Die Grundzahlen siehe auf der hinteren Buchklappe !

1.	*pri'mEiro/a*	**primeiro/a**
2.	*ße'gundo/a*	**segundo/a**
3.	*ter'ßEiro/a*	**terceiro/a**
4.	*'kuarto/a*	**quarto/a**
5.	*'kinto/a*	**quinto/a**
6.	*'ßesto/a*	**sexto/a**
7.	*'ßätimo/a*	**sétimo/a**
8.	*oi'tavo/a*	**oitavo/a**
9.	*'nono/a*	**nono/a**
10.	*'deßimo/a*	**décimo/a**
1/2	*'mejo*	**um meio**
1/3	*'terßo*	**um terço**
1/4	*'kuarto*	**um quarto**
3/4	*'treeß 'kuartos*	**três quartos**

Monate

Januar	*Ja'nEiro*	**Janeiro**
Februar	*fewe'rEiro*	**Fevereiro**
März	*'marßo*	**Março**
April	*a'briu*	**Abril**
Mai	*'majo*	**Maio**
Juni	*'Juñjo*	**Junho**
Juli	*'Juljo*	**Julho**
August	*a'gosto*	**Agosto**
September	*ße'tembro*	**Setembro**
Oktober	*ou'tubro*	**Outubro**
November	*no'wembro*	**Novembro**
Dezember	*de'ßembro*	**Dezembro**

Tage

Montag	*ße'gunda'fEira*	**segunda-feira**
Dienstag	*'terßa'fEira*	**terça-feira**
Mittwoch	*'kuarta'fEira*	**quarta-feira**
Donnerstag	*'kinta'fEira*	**quinta-feira**
Freitag	*'ßesta'fEira*	**sexta-feira**
Samstag	*'ßabado*	**sábado**
Sonntag	*do'mingo*	**domingo**

Jahreszeiten

Jahreszeit	*esta'ßãu do 'ano*	**estação do ano**
Frühling	*prima'wera*	**a primavera**
Sommer	*we'rãu*	**o verão**
Herbst	*ou'tono*	**o outono**
Winter	*in'werno*	**o inverno**

Die Uhrzeit

três horas
treeß 'oras

três horas e cinco
treeß 'oras i 'ßinko

três horas e quinze
treeß 'oras i 'kiñse

três horas e meia
treeß 'oras i meja

vinte para as quatro
'wintschi para as 'kuatro

quinze para as quatro
'kinse para as 'kuatro

uma hora
uma 'ora

duas horas
duas 'oras

7 Uhr

sete horas da manhã
'ßetschi 'oras da mañ'ja

19 Uhr

sete horas da noite
'ßetschi 'oras da 'noitschi

Mittag

meio dia
'mejo 'dJia

Mitternacht

meia noite
'meja 'noitschi

Zeitangaben

abends	a'noitschi	à noite
nachmittags	a'tardJi	à tarde
am Wochenende	no 'fiñ da ße'mana	no fim de semana
diese Woche	'esta ße'mana	esta semana
gegen Mittag	'perto dJi mejo'dJia	perto de meio-dia
gestern	'onteñ	ontem
heute	'oJi	hoje
in einem Jahr	(eñ/'dentro dJi) uµ 'ano	(em/dentro de) um ano
in einer Stunde	(eñ/'dentro dJi) 'uma 'ora	(em/dentro de) uma hora
in einer Woche	(eñ/'dentro dJi) 'uma ße'mana	(em/dentro de) uma semana
letzten Sonntag	no do'mingo pa'ßado	no domingo passado
morgen	amã'ja	amanhã
morgens	'pela mã'ja	pela manhã
nächste Woche	na 'proßima ße'mana	na próxima semana
nachts	a'noitschi	à noite
täglich	'todosos 'dJias	todos os dias
tagsüber	du'rantsche o 'dJia	durante o dia
übermorgen	de'pois dJi amã'ja	depois de amanhã
von Zeit zu Zeit	dJi 'weß eñ 'kuando	de vez em quando
vor 3 Tagen	a 'treeß dJias	há três dias
vorgestern	'ante'onteñ	anteontem
vormittags	dJi mã'ja	de manhã

Brasilianische Feiertage

Feiertag	fer'jado	o feriado
01.01 • Neujahr	'dJia dJi 'ano'nowo	Dia de Ano Novo
Karneval	karna'wau	Carnaval
Karfreitag	pai'schãu	Paixão
Ostern	'paßkoa	Páscoa
21.04. • Gedenktag	'dJia dJi tira'dentes	Dia de Tiradentes
01.05. • Tag der Arbeit	tra'baljo	Dia do Trabalho
Fronleichnam	'kOrpus 'kristi	Corpus Christi
01.09. • Unabhängig-keitstag	'dJia dJi indepen'däñßja	Dia da Independência
12.10. • Fest der Mutter Gottes	'nOßa ßen'jora dJi apare'ßida	Nossa Senhora da Aparecida
02.11. • Allerseelen	fi'nados	Finados
15.11. • Ausrufung der Republik	proklama'ßãu da re'publika	Proclamação da República
25.12. • Weihnachten	na'tau	Natal

Für Deutsche, Österreicher und Schweizer ist zur Einreise (**entrada**) der gültige Reisepass (**passaporte**) ausreichend. Vor dem Grenzübertritt ist ein Einreiseformular (**formulário de entrada**) mit den persönlichen Daten sowie dem voraussichtlichen Aufenthaltsort auszufüllen. Es wird bereits im Flugzeug verteilt. Das Formular muß bei Kontrollen und bei der Ausreise (**saída**) vorgezeigt werden. Also nicht verlieren, sonst wird´s teuer. Die Aufenthaltsdauer (**tempo de permanência**) beträgt maximal 90 Tage, kann aber relativ problemlos bei der Polizei um weitere 90 Tage verlängert werden (dabei immer den Eindruck erwecken, daß man im Besitz von genügend Geld für die Finanzierung des Aufenthaltes ist). Wer noch länger bleiben will, kann durch Ausreise ins benachbarte Ausland und Wiedereinreise die Gültigkeit auffrischen.

Die Zollvorschriften sind, was Spirituosen (**bebidas alcoólicas**), Tabakwaren (**produtos de fumo**) und Parfüm (**perfume**) betrifft, recht lasch. Die Einfuhr in angemessenen Mengen wird keine Probleme bereiten. Anders sieht es jedoch mit High-Tech-Artikeln aus. Wer etwa auf die Idee kommt, seinem Bekannten mal eben einen tragbaren Computer (**computador portátil**) oder eine Videokamera (**Filmadora**) mitzubringen, der kann mächtig Ärger bekommen. Besonders Brasilianer, die von einer USA-Reise kommen, werden daraufhin genauestens untersucht.

Hat man aus beruflichen Gründen technische Geräte (Fotoapparate, tragbaren PC,...) mitzuführen, so sollte man dies bei der Einreise angeben. Im Paß wird ein entsprechender Eintrag gemacht, so daß bei der Ausreise kontrolliert werden kann, ob auch alles wieder mitgenommen wird.

Fragen/Anweisungen des Beamten

Ihren Paß, bitte!	*paβa'portschi, por fawor* **Passaporte, por favor!** Paß - bitte
Wo haben Sie das Einreiseformular ?	*'ondJi o βeñjor teñ o formu'lario dJi en'trada* **Onde o senhor tem o formulário de entrada ?** wo - der - Herr - hat - das - Formular - von - Einreise
Dieser Paß ist nicht mehr gültig.	*'eβtschi paβa'portschi nau ä mais 'walido* **Este passaporte não é mais válido.** dies - Pass - nicht - ist - mehr - gültig
Haben Sie etwas zu verzollen ?	*o βeñor teñ au'guma koisa a dekla'rar* **O senhor tem alguma coisa a declarar ?** der - Herr - hat - irgendeine - Sache - zu - verzollen
Machen Sie bitte den Koffer auf.	*por fawor 'abra a βua mala* **Por favor, abra a sua mala.** bitte - (er) öffnet - den - seinen - Koffer
Sind Sie gegen *Gelbfieber* geimpft ?	*o βeñ'jor foi waβi'nado kontra febre ama'rela* **O Senhor foi vacinado contra *febre amarela* ?** der - Herr - wurde - geimpft - gegen - Fieber - gelb

Antworten

Nein, ich habe nichts zu verzollen.
nãu teñjo nada a dekla'rar
Não tenho nada a declarar.
nein - (ich) habe - nichts - für - verzollen

Ich bin gegen *Tetanus* geimpft.
Bou wakßi'nado kontra 'tetano
Sou vacinado contra *tétano*.
(ich) bin - geimpft - gegen - die - Tetanus

Das ist mein internationaler Impfpaß.
eßa e a miñja kar'tEira internaßio'nãu dJi wakßina'ßãu
Essa é a minha carteira internacional de vacinação.
Dies - ist - der - mein - Ausweis - intern. - von - Impfung

Verschiedenes

Ich habe einen *tragbaren Computer* dabei.
teñjo uñ komputa'dor por'tatschiu
Tenho um *computador portátil*.
(ich) habe - einen - Computer - tragbar

Ich brauche ihn beruflich.
pre'ßiso 'deli para o mEu tra'baljo
Preciso dele para o meu trabalho.
(ich) brauche - von ihm - für - die - meine - Arbeit

Ich nehme ihn bei der Ausreise wieder mit.
wou le'walo dJi 'wolta 'kuandu ßa'ir
Vou levá-lo de volta quando sair.
(ich) werde - mitnehmen–ihn - von - Rückk. - wenn - weggehen

Wo kann ich meine Aufenthaltsgenehmigung verlängern?
'ondJi pOßo prolon'gar o mEu 'wißto
Onde posso prolongar o meu visto ?
wo - kann (ich) - verlängern - das - mein - Visum

Ich möchte meine Aufenthaltsgenehmigung verlängern.
goßta'ria dJi prolon'gar o mEu 'wißto
Gostaria de prolongar o meu visto.
(ich) würde mögen - von - verlängern - das - mein - Visum

Paßkontrolle

Aufenthaltsgenehmig.	*'wisto dJi perma'neñßia*	**o visto de permanência**
Augenfarbe	*kor dos 'oljos*	**a cor dos olhos**
Beruf	*profi'ßãu*	**a profissão**
Familienstand	*e'stado ßi'wiu*	**o estado civil**
Geburtsort	*lu'gar dJi naßi'mento*	**o lugar de nascimento**
Geburtstag	*'dJia dJi naßi'mento*	**a data de nascimento**
Gelbfieber	*'fäbri ama'rela*	**a febre amarela**
Größe	*au'tura*	**a altura**
gültig	*'walido*	**válido**
Impfung	*wa'ßina*	**a vacina**
internationaler Impfpaß	*kar'tEira internaßio'nau dJi waßina'ßãu*	**a carteira internacional de vacinação**

Paßkontrolle (*Forts.*)		
ledig	*ßou'tEir(o/a)*	**solteir(o/a)**
Malaria	*ma'laria*	**a malária**
Name	*'ßObri'nOmi*	**o sobrenome**
Name der Mutter	*'nOmi da mãi*	**nome da mãe**
Name des Vaters	*'nOmi do pai*	**nome do pai**
Nationalität	*naßionali'dadJi*	**a nacionalidade**
Paßkontrolle	*kon'trOli dJi paßa'pOrtschi*	**o controle de passaportes**
Personalausweis	*kar'tEira dJi identi'dadJi*	**a carteira de identidade**
Typhus	*'tifo*	**o tifo**
verheiratet	*ka'sado*	**casado**
verzollen	*dekla'rar*	**declarar**
Visum	*'wisto*	**o visto**
Vorname	*'nOmi*	**o nome**
Wohnsitz	*resi'dentschi eñ*	**residência permanente**
Zoll	*au'fandega*	**a alfândega**
Zollbeamter	*fuñßio'nario da au'fandega*	**o funcionário da alfândega**
zollfrei	*i'ßento dJi deklara'ßãu*	**o isento de declaração**
zollpflichtig	*ßu'JEito a deklara'ßãu*	**sujeito a declaração**

IPANEMA BEI NACHT

Die meisten Besucher werden wohl in Recife oder Rio de Janeiro brasilianischen Boden zum ersten Mal betreten. In **Recife** ist man sofort in einer anderen Welt, wenn man am Abend oder mitten in der Nacht beim Verlassen des Flugzeuges die warme, feuchte Luft im Gesicht spürt und beim Laufen über das Rollfeld Menschen aller Hautfarben von der Besucherterrasse zuwinken. Man wird nicht glauben, daß so ein kleiner und gemütlicher Flughafen die Brücke zu anderen Kontinenten darstellt.

Ganz anders in **Rio**, wo man in den frühen Morgenstunden von einem riesigen modernen Terminal erwartet wird und sich über die Gangway erst einmal durch alle Stationen der Abfertigung kämpfen muß. Vom **Galeão**, wie der internationale Flughafen (**Aeroporto Internacional**) von Rio heißt, bis in die Stadt sind es etwa 12 Kilometer, die man entweder mit dem klimatisierten Bus (**frescão,executivo**) oder mit dem Taxi (**táxi**) zurücklegt. Beides findet man gleich hinter den Ausgangstüren des Flughafens. Die Busse fahren alle 20 min. ab. Sie bringen einen in die Nähe des Stadtzentrums zum Flughafen **Santos Dumont** (ehemaliger internationaler Flughafen von Rio, jetzt die Luftbrücke nach São Paulo) oder direkt nach Copacabana. Bequemer geht es natürlich mit dem Taxi. Für den Anfang ist man da mit dem teureren **táxi especial** am besten beraten, da der Fahrpreis im voraus noch im Flughafen bezahlt wird und man somit sicher sein kann, daß alles mit rechten Dingen zugeht.

Viele von den teureren Hotels in den Touristenorten bieten außerdem einen Abholservice. Aber davon wird man sicherlich bei der Buchung erfahren.

Meist wird man noch in der Vorhalle von Geldwechslern bestürmt. Die haben es natürlich leicht, dem gerade erst angekommenen Gringo irgendeinen beliebigen Kurs aufzuschwatzen. Zum Glück hat man es in dieser Beziehung seit der letzten Währungsreform leicht und kann getrost am Schalter der Bank nach dem offiziellen Touristenkurs tauschen. Der steht dem Schwarzmarktkurs kaum noch nach. Mehr dazu siehe im Abschnitt GELD TAUSCHEN ab S. 66.

Wo/wann kommt das Gepäck ?	'ondJi/'kuandu 'schega a ba'gaJeñ **Onde/quando chega a bagagem ?** wo/wann - (es) kommt an - das - Gepäck
Mein Gepäck ist nicht angekommen.	a 'minja ba'gaJeñ näu sche'gou **A minha bagagem não chegou.** das - mein - Gepäck - nicht - kam an
Wo gibt es einen Kofferkuli/Gepäckträger ?	'ondJi teñ uµ ka'hiñ'jo/porta'dor 'dJi 'malas **Onde tem um carrinho/portador de malas ?** wo - gibt (es) - ein - Wägelchen/Träger - von - Koffern
Wo kann ich einen Leihwagen mieten ?	'ondJi 'pOßo alu´gar uµ 'kaho **Onde posso alugar um carro ?** wo - kann (ich) - mieten - ein - Auto
Wo kann ich hier ein Zimmer reservieren ?	'ondJi 'pOßo reser'war uµ 'kuarto da'ki **Onde posso reservar um quarto daqui ?** wo - kann (ich) - reservieren - ein - Zimmer - von hier
Wo kann ich Geld tauschen ?	'ondJi 'pOßo tro'kar dJin'jEiro **Onde posso trocar dinheiro ?** wo - (ich) kann - tauschen - Geld

Wo ist der Schalter der Bank ?	*'ondJi ä o 'banko* **Onde é o banco ?** wo - (es) ist - die - Bank	

Wo ist der Schalter der Bank ?
'ondJi ä o 'banko
Onde é o banco ?
wo - (es) ist - die - Bank

Wo geht es zu den Taxis ?
'ondJi fika o ponto dJi 'taxi
Onde fica o ponto de táxi ?
wo - befindet sich - der - Punkt - von - Taxi

Wo bekomme ich ein Ticket für das Spezialtaxi ?
'ondJi 'pOßo kom'prar uma pa'ßaJeñ para o 'taxi espe'ßjau
Onde posso comprar uma passagem para o táxi especial ?
wo - (ich) kann - kaufen - ein - Ticket - für - das - Taxi - spezial

Wo fährt der Bus nach *Copacabana* ab ?
dJi 'ondJi ßai o 'Onibus para kopaka'bana
De onde sai o ônibus para *Copacabana* ?
von - **wo** - (er) fährt ab - der - Bus - nach - C.

Wann fährt der nächste Bus ins *Stadtzentrum* ?
kuando partschi o 'proßimo 'Onibus para o 'ßentro
Quando parte o próximo ônibus *para o centro* ?
wann - (er) fährt ab - der - nächste - Bus - nach - das - Zentrum

COPACABANA

ÖFF. VERKEHRSMITTEL

axifahren ist nicht sehr teuer. Die Taxis in den Städten sind mit einem Taximeter (**taxímetro**) ausgestattet. Wegen der hohen Inflation kann der Fahrpreis jedoch nicht direkt abgelesen werden, sondern ist über eine offizielle Umrechnungstabelle (**tabela de conversão**) zu ermitteln. Aufpassen, daß der Taxifahrer sich dabei nicht "verguckt" !

Um bereits vor der Fahrt den Preis auszuhandeln und sich gegen Umwege abzusichern, hat sich folgendes Vorgehen bewährt: Zunächst nach der Fahrzeit zum Zielort fragen, die genannte Zeit wird eher zu knapp als zu lang sein. Dann nach dem Preis fragen ("**quanto custa ?**"). Über die genannte Fahrzeit kann mit etwas Erfahrung abgeschätzt werden, ob der Preis im Rahmen liegt. Schließlich durch erstauntes aber freundliches "**muito caro !**" ("Das ist aber teuer!") ausdrücken, daß man vielleicht doch nicht fahren wird. Jetzt muß nur noch die Reaktion abgewartet werden: geht der

Preis hinunter, ruhig noch ein bißchen weiterhandeln. Bleibt der Taxifahrer beim genannten Preis, hat er entweder gleich die Wahrheit gesagt oder ist ein ganz Hartgesottener. Hier hilft nur noch die richtige Einschätzung der Situation weiter. Im Zweifel die Prozedur bei einem anderen Taxi wiederholen.

Neben den ganz normalen Taxis, meist alte VW-Käfer (**fusca**), gibt es in den größeren Städten die komfortableren, aber auch teureren Funktaxen (**radiotáxi, táxi especial**). Sie können vom Flughafen oder Hotel aus telefonisch angefordert werden.

Übrigens: So eine Taxifahrt kann bei genügender Aufgeschlossenheit gegenüber dem zumeist interessierten und zu Auskünften bereiten Chauffeur (**motorista**) zu einem ersten unmittelbaren Kontakt mit der brasilianischen Mentalität werden.

Wo/Wohin ?

Ich möchte ein Funktaxi bestellen.
gosta'ria dJi scha'mar uµ radio'taxi
Gostaria de chamar um radiotáxi.
(ich) würde mögen - zu - rufen - ein - Funktaxi

Wo gibt es einen Taxistand ?
por favor, 'ondJi teñ uµ ponto de 'taxi
Por favor, onde tem um ponto de Táxi ?
bitte - wo - gibt (es) - einen - Punkt - von - Taxi

Gleich dort, in der Nähe des Informationsstandes.
lOgo a'li, perto do bau'kãu da informa'ßãu
Logo alí, perto do balcão da informação.
bald - dort - nahe - vom - Stand - von - Information

Ich möchte gerne nach *Copacabana*.
Eu gosta'ria dJi ir para kopaka'bana
Eu gostaria de ir para *Copacabana*.
ich - würde mögen - von - gehen - nach - C.

Wie lange dauert die Fahrt nach *Copacabana* ?
kuantu tempo dura a wi'aJeñ para kopaka'bana
Quanto tempo dura a viagem para *Copacabana* ?
wieviel - Zeit - (sie) dauert - die - Fahrt - nach - C.

In welche Straße von Copacabana?

eñ kee hua dJi kopaka'bana
Em que rua de Copacabana?
in - welche - Straße - von - C.

An den Strand von Copacabana.

na 'praja dJi kopaka'bana
Na praia de Copacabana.
an den - Strand - von - C.

Verhandeln

Wieviel kostet die Fahrt?

'kuantu 'kußta uma kO'hida
Quanto custa uma corrida?
wieviel - (sie) kostet - eine - Fahrt

Die Fahrt kostet ungefähr *30* Cruzados.

'kußta maisou'menos 'trinta kru'sados
Custa mais ou menos *trinta* Cruzados
(sie) kostet - mehr - oder - weniger - 30 - C.

Das ist aber teuer!

ä 'muito karo
É muito caro.
(es) ist - sehr/zu - teuer

Ich biete Ihnen *25* Cruzados.

Eu 'pago 25 kru'sados
Eu pago 25 cruzados.
(es) ist - sehr/zu - teuer

Danke, ich werde mit dem Bus fahren.

obri'gado/a wou dJi 'Onibus
Obrigado/a, vou de ônibus.
danke - (ich) gehe - von - Bus

O.K., fahren wir los!

o'kei wamos
O.K., vamos.
O.K. - (wir) gehen

Unterwegs

Ich habe es sehr eilig.

eß'tou coñ 'preßa
Estou com pressa.
(ich) bin - mit - Eile

Wo sind wir jetzt?

'ondJi eß'tamos a'gOra
Onde estamos agora?
wo - (wir) sind - jetzt

Was ist das für ein Gebäude?

kee edi'fißjo ä 'eßi
Que edifício é esse?
was - Gebäude - ist - das

Wie heißt dieser Stadtteil?

'kOmu ße 'schama 'eßta 'partsche da ßi'dadJi
Como se chama esta parte da cidade?
wie - sich - nennt - dieser - Teil - von der - Stadt

Können Sie mir die Sehenswürdigkeiten zeigen ?	*'pOdsche mi mos'trar os monu'mäntus*
	Pode me mostrar os monumentos ?
	(er) kann - mir - zeigen - die - Sehenswürdigkeiten

Wie lange fahren wir noch ?	*'kuantu 'tämpo a'inda wai demo'rar a'tä sche'gamos*
	Quanto tempo ainda vai demorar até chegarmos ?
	wieviel - Zeit - noch - wird - vergehen - bis - (wir) werden kommen an

Halten Sie bitte hier an !	*por favor, 'pare a'ki*
	Por favor, pare aqui.
	bitte, - halte - hier

Warten Sie bitte einen Moment!	*por fawor eß'päre uµ mo'mento*
	Por favor, espere um momento.
	bitte - warte - einen - Moment

Der Rest ist für Sie !	*o 'reßto ä para wo'ße/ o ßen'jor*
	O resto é para você/o senhor.
	der - Rest - ist - für - Dich/den Herren

Taxi		
Entfernung	*dis'täßja*	**a distância**
fahren nach	*ir 'para*	**ir para**
Fahrpreis	*'preßo da ko'hida*	**o preço da corrida**
Fahrt	*ko'hida*	**a corrida**
Funktaxi	*radio'taxi*	**o radiotáxi**
schnell/langsam	*de'preßa/dewa'gar*	**depressa/devagar**
Taxi	*'taxi*	**o táxi**
Taxifahrer	*moto'rista*	**o motorista**
Taxistand	*'ponto dJi 'taxi*	**ponto de táxi**
Umrechnungstabelle	*ta'bela dJi 'preßo*	**a tabela de preço**
weit/nah	*'loñJi/'perto*	**longe/perto**

'fußka
o fusca

kamiñ'jãu
o caminhão

Haupttransportmittel in den Städten ist der Bus (**ônibus**). Meist voll, laut und halsbrecherisch gefahren - also ein richtiges Erlebnis. In den Genuß einer solchen Fahrt zu kommen ist recht unkompliziert. Man stellt sich an die Bushaltestelle (**parada**), hält den Arm raus und steigt dann an der hinteren Tür ein. Im Bus ist ein Drehkreuz (**roleta**) zu passieren, wobei man dem dort sitzenden Kassierer (**trocador** oder **cobrador**) den Fahrpreis zahlt. Durch das Drehen wird ein Zähler erhöht, nach dessen Stand der Kassierer am Abend abrechnen muß. Daher aufpassen, daß man das Drehkreuz nur um die zum Passieren notwendigen 90 Grad weiterdreht. Die Preise für eine Fahrt sind sehr gering und man sollte immer etwas Kleingeld griffbereit haben.

Ein dem Geldwechseln hin- und wieder zu beobachtender Trick des Kassierers: das kleine Wechselgeld (**troco**) wird zuerst herausgegeben. Dann wird für einen kurzen Moment eine Pause gemacht, so daß der Eindruck entsteht, der Vorgang sei abgeschlossen. Wer mit den Geldnoten noch nicht so recht vertraut oder unaufmerksam ist, wird in Anbetracht der hinter ihm hineindrängelnden Menge nicht erst ausführlich nachzählen sondern instinktiv weitergehen. Danach ist es meist zu spät, den

"Irrtum" zu reklamieren. Daher am besten immer passendes Geld geben oder aber genau aufpassen und im Falle eines Falles durch Stehenbleiben signalisieren, daß die Sache noch nicht erledigt ist. Durch derartige Gaunereien sollte man sich allerdings nicht die gute Laune verderben lassen. Wenn in Deutschland ein Taxifahrer "für die Kinder" fährt, dann regt sich schließlich auch niemand auf, obwohl es um seinen Lebensstandard deutlich besser bestellt ist. Busfahrer oder gar Kassierer ist in Brasilien einer der am schlechtesten bezahlten Jobs.

In den Stadtbussen haben die Taschendiebe ein leichtes Spiel. Daher die Habseligkeiten immer in einer verschlossenen Tasche transportieren und vor allem das Geld nicht in der Gesäßtasche herumtragen.

In Rio und São Paulo gibt es auch eine U-Bahn (**metrô**). Das Netz erstreckt sich jedoch nur auf das Stadtzentrum und einige angrenzende Wohngebiete der besser Betuchten. Genauso wie in Paris schiebt man eine Magnetkarte durch den Schlitz und kann dann das Drehkreuz passieren. Beide U-Bahnen sind klimatisiert (**ar condicionado**), was man bei jedem Einsteigen mit Wohltun und bei jedem Aussteigen in die Hitze mit Unbehagen registriert.

BUSFAHREN IN MARABA

Wo/Wohin ?

Wo fährt der Bus
nach *Copacabana*
ab ?

'ondJi Eu 'pego o 'Onibus para kopaka'bana
Onde eu pego o ônibus para *Copacabana*
wo - ich - nehme - den - Bus - nach - C.

Welcher Bus fährt in
die Nähe der *Barata
Ribeiro* Straße ?

kee 'Onibus 'paßa perto da hua ba'rata ri'bEiro
Que ônibus passa perto da rua *Barata Ribeiro* ?
welcher - Bus - fährt vorbei - nahe - von der - Straße - B.R.

Welche Nummer hat
er ?

'kuãu ä o 'numero 'däli
Qual é o número dele ?
was - (es) ist - die - Nummer - von ihm

Welche Aufschrift
trägt er ?

o'kee eß'ta eß´krito no 'Onibus
O que está escrito no ônibus ?
was -- ist - geschrieben - auf dem - Bus

Wo ist die
Haltestelle ?

'ondJi ä o 'ponto dJi 'Onibus
Onde é o ponto de ônibus ?
wo - ist - der - Punkt - von - Bus

Wie lange dauert die
Fahrt ?

'kuantu tempo dura a wi'aJeñ
Quanto tempo dura a viagem ?
wieviel - Zeit - dauert - die - Reise

Fahren Sie über den
Lago do Machado ?

o ßen'jor 'paßa pelo lago do mar'schado
O senhor passa pelo Lago do Machado
du/der Herr - fährt vorbei - durch den - L.d.M.

Ich möchte zum
Strand.

goßta'ria dJi ir a 'praja
Gostaria de ir à praia.
(ich) würde mögen - zu - gehen - an den - Strand

Können Sie mir Be-
scheid sagen, wenn
ich aussteigen muß ?

o ßen'jor 'pOdschi me'diser 'kuandu 'dewo ßau'tar
O senhor pode me dizer quando devo saltar ?
der - Herr - kann - mir - sagen - wann - (ich) muß - aussteigen

Muß ich hier
aussteigen ?

'dewo ßau'tar a'ki
Devo saltar aqui ?
(ich) muß - aussteigen - hier

'moto
a moto

Im Bus

Was kostet die Fahrt ?	*'kuantu 'kusta a wi'aJeñ* **Quanto custa a viagem ?** wieviel - kostet - die - Reise		
Ich bezahle für 2 Personen.	*'pago 'para 'duas pe'ßoas* **Pago para duas pessoas.** (ich) bezahle - für - 2 - Personen		
Es fehlt noch Wechselgeld.	*o 'troko* **O troco ?** das - Wechselgeld		
Würden Sie mich bitte vorbeilassen.	*por fawor, 'poßo pa'ßar* **Por favor, posso passar ?** bitte - (ich) kann - vorbeigehen	*oder:*	*da li'ßeñßa* **Dá licença !** " darf ich ?"
Warten Sie! Ich möchte aussteigen.	*eß'päri Eu 'kero ßau'tar* **Espere! Eu quero saltar.** warte - ich - will - aussteigen		
Ist dieser Platz noch frei ?	*'eßte lu'gar a'inda eß'ta 'liwre* **Este lugar ainda está livre ?** dieser - Platz - noch - ist - frei		
Sie können meinen Platz haben.	*wo'ße/a ßen'jora 'pOdJi pe'gar o mEu lu'gar* **Você/A senhora pode pegar o meu lugar.** du/die Dame - kann(st) - nehmen - den - meinen - Platz		

Öffentliche Verkehrsmittel

anhalten	*pa'rar*	**parar**
Ankunft	*sche'gada*	**a chegada**
Ausgang	*ßa'ida*	**a saída**
aussteigen	*ßau'tar, de'ßer, ßa'ir*	**saltar, descer, sair**
Bus	*'Onibus*	**o ônibus**
Buslinie	*'liñja dJi 'Onibus*	**a linha de ônibus**
Eingang	*en'trada*	**a entrada**
einsteigen	*embar'kar*	**embarcar**
Endstation	*'pOnto fi'nau*	**o ponto final**
Fahrkarte	*pa'ßaJeñ*	**a passagem**
Fahrkartenschalter	*biljete'ria*	**a bilheteria**
Fahrplan	*o'rario dJi par'tschida*	**o horário de partida**
Fahrpreis	*'preßo da pa'ßaJeñ*	**o preço da passagem**
Haltestelle	*'pOnto*	**o ponto (de ônibus)**
losfahren	*par'tschir*	**partir**
Straßenbahn	*'bondJi*	**o bonde**
U-Bahn	*me'tro*	**o metrô**
U-Bahn-Station	*'pOnto do me'tro*	**o ponto do mêtro**
umsteigen	*baude'ar*	**baldear**

Die Standardunterkunft des Brasilienreisenden wird das Hotel (**hotel**) sein. Jugendherbergen (**Albergue da juventude**) gibt es zwar auch vereinzelt, aber der Aufwand sie zu finden lohnt sich aufgrund der niedrigen Hotelpreise meist nicht. Campingplätze findet man vereinzelt an der Küste.

Das Angebot an Hotels ist so breit, daß für jeden Geldbeutel etwas dabei ist. Die einfachen Hotels sind deutlich billiger als eine europäische Jugendherberge. Die Qualität ist allerdings sehr unterschiedlich. Trotzdem kann man auch in den billigen Kategorien eine passable Unterkunft finden. Hier heißt es, sich die Zimmer (**quarto**) vorher anzusehen. Will man sich außerhalb der großen Städte, z.B. im Amazonasgebiet, aufhalten, muß man selbstverständlich auf jeden Komfort verzichten und nimmt am besten eine Hängematte (**rede**) mit, die man aber nicht schon zu Hause kaufen sollte. In Brasilien - berühmt für seine Hängematten ist Recife - bekommt man für einen Bruchteil des Geldes deutlich bessere. Die Redewendungen zum Thema Übernachten im Landesinneren finden sich im Kapitel URWALD ab S. 125.

Hinweise auf Hotels enthalten die verschiedenen Reiseführer (besonders aktuell ist das South American Handbook) und der **Guia Brasil** (siehe S. 91). Im Guia Brasil sind die Hotels nach 7 Kategorien (siehe unten) klassifiziert und Ausstattung und Preise angegeben. Nur die ganz einfachen Hotels wird man dort nicht finden. Das **dormitório** ist ähnlich unseren Pensionen.

Die Hotels sind verpflichtet, die Preise an der Rezeption (**recepção**) auszuhängen. Man läuft somit nicht Gefahr, das Opfer spezieller Touristenpreise zu werden. Das Herunterhandeln kann aber trotzdem versucht werden, besonders dann, wenn man einen längeren Aufenthalt plant.

Zimmer ohne Bad werden zumeist unter **quarto** geführt, Zimmer mit Bad unter **apartamento**. Neben Einzelzimmer (**quarto de solteiro**) und Doppelzimmer (**quarto de casal**) kann man auch Zimmer für 3 oder 4 Personen bekommen.

Eine potentielle Gefahr sind die vielfach verwendeten Duschwasser-Erhitzer. Sie sind direkt in den Brausekopf eingebaut und mit freihängendem Kabel, oft ohne Erdung, ans Stromnetz angeschlossen. Äußerste Vorsicht ist geboten !

Das Toilettenpapier wirft man nach Gebrauch nicht ins Klo sondern in den bereitstehenden Behälter. Das ist notwendig, da die Abwasserleitungen einen dünneren Querschnitt haben als bei uns und es dadurch leicht zu Verstopfungen kommen kann.

Das Frühstück (**café de manhã**) ist normalerweise im Preis eingeschlossen und in der Regel außerordentlich reichhaltig: Zusätzlich zur gängigen Frühstückszusammenstellung gibt es frisch gepreßte Fruchtsäfte (**suco**), ein Obstbuffet (**frutas**) und Kuchen (**bolo**).

UNTERKUNFT

Können Sie mir ein Hotel empfehlen ?	*wo'ße 'pOdJi me rekomen'dar uμ ho'täu*
	Você pode me recomendar um hotel ?
	du - kannst - mir - empfehlen - ein - Hotel
Es soll gut und preisgünstig sein.	*teñ ki ßer boñ e ba'rato*
	Tem que ser bom e barato.
	(es) hat - zu - sein - gut - und - billig

Kategorien nach "Guia Brasil"		
hotel de luxo	o'täu dJi 'luscho	Luxushotel internationaler Prägung
hotel de primeira	o'täu dJi pri'mEira	First-Class Hotel internationaler Prägung
hotel muito confortável	o'täu muito koñfor'tawäu	Hotel mit höchstem Komfort (Aircondition, Fernsehen, Swimmingpool)
hotel confortável	o'täu koñfor'tawäu	gehobenes Mittelklassehotel (Aircondition, Fernsehen)
hotel de médio conforto	o'täu dJi 'medio coñ'forto	Mittelklassehotel, noch komfortabel
hotel simples	o'täu 'ßimples	einfaches Hotel
hotel muito simples	o'täu 'muito 'ßimples	sehr einfaches Hotel

a 'schawi
a chave

Was darf's sein ?

Wir brauchen ein *Doppelzimmer* für *2* Nächte.

preßi'samos dJi uµ kuarto dJi ka'sau para duas noites
Precisamos de um *quarto de casal* para *duas* noites .
(wir) brauchen - von - ein - Zimmer - von - Ehepaar - für - 2 - N.

Ich brauche ein *Einzelzimmer mit Dusche*.

pre'ßiso dJi uµ kuarto dJi ßou'tEiro koñ duscha
Preciso de um *quarto de solteiro com ducha*.
(cih) brauche - von - ein - Z. - von - Junggeselle - mit - Dusche

Das Zimmer soll ruhig sein.

o kuarto dewe ßer trañ'kuilo
O quarto deve ser tranqüilo.
das - Zimmer - soll - sein - ruhig

Ich möchte ein Zimmer mit Blick auf's Meer.

goßta'ria dJi uµ kuarto koñ wißta para o mar
Gostaria de um quarto com vista para o mar.
(ich) würde mögen - von - ein - Z. - mit - Blick - auf - das - Meer

Gut, für wieviele Nächte ?

muito beñ, para kuantas noites
Muito bem, para quantas noites ?
sehr - gut - für - wieviele - Nächte

Nur für eine Nacht./ Für *3* Nächte.

ßO para uma noitschi
Só para uma noite.
nur - für - eine - Nacht

para treeß noites
Para *três* noites.
für - 3 - Nächte

Wir haben nichts mehr frei.	*nãu temos wagas* **Não temos vagas.** nicht - (wir) haben - Platz
Gibt es in der Nähe ein freies Hotel ?	*teñ por a'ki uµ ho'tãu koñ wagas* **Tem por aqui um hotel com vagas ?** gibt (es) - für - hier - ein - Hotel - mit - Platz

Was kostet ... ?

Was kostet ein *Doppelzimmer* ?	*'kuantu kuβta uµ kuarto dJi ka'sau* **Quanto custa um *quarto de casal* ?** was - (es) kostet - ein - Zimmer - von - Ehepaar
Gibt es kein billigeres Zimmer ?	*nãu teñ uµ kuarto mais ba'rato* **Não tem um quarto mais barato ?** nicht - (es) gibt - ein - Zimmer - mehr - billig
Gibt es in der Nähe ein billigeres Hotel ?	*teñ por a'ki uµ ho'tãu mais ba'rato* **Tem por aqui um hotel mais barato ?** (es) gibt - für - hier - ein - Hotel - mehr - billig
Wir möchten 5 Tage bleiben.	*gos'tamos 'dJi fi'kar 'βinko dJias* **Gostamos de ficar *cinco* dias.** (wir) mögen - von - bleiben - 5 - Tage
Können Sie es billiger machen ?	*pOde'ria dEi'schar por menus* **Poderia deixar por menos ?** (er) könnte - lassen - für - weniger
Ist das Frühstück im Preis enthalten ?	*o ka'fä da mã'ja es'ta inklu'ido* **O café da manhã está incluido ?** der - Kaffee - von - Morgen (=Frühstück) - ist - enthalten

Das Zimmer

Kann ich das Zimmer sehen ?	*pOβo wer o kuarto* **Posso ver o quarto ?** (ich) kann - sehen - das Zimmer ?
Gut, ich nehme es.	*beñ wou fi'kar coñ 'eli* **Bem, vou ficar com ele.** gut - (ich) werde - bleiben - mit - ihm
Das Zimmer gefällt mir nicht.	*nãu 'gosto do kuarto* **Não gosto do quarto.** nicht - (ich) mag - von dem - Zimmer
Ich möchte ein anderes Zimmer.	*gosta'ria dJi uµ otro kuarto* **Gostaria de um outro quarto.** (ich) würde mögen - von - ein - anderes - Zimmer

Das Zimmer		
billig/billiger	*ba'rato/mais ba'rato*	**barato/mais barato**
groß/klein	*'grandJi/pe'keno*	**grande/pequeno**
hell/heller	*'klaro/mais 'klaro*	**claro/mais claro**
mit …	*koñ …*	**com …**
ruhig/ruhiger	*trañ'kuillo/mais trañ'kuillo*	**tranqülo/mais tranqüilo**
sonnig	*eñßola'rado*	**ensolarado**

Fragen

Wann ist Frühstücks-
zeit ?
kee oras ä ßer´wido o ka'fä da mã'ja
Que horas é servido o café da manhã ?
welche - Stunden - ist - serviert - der - Kaffee - von - Morgen (=Frühst.)

Ist das Hotel die gan-
ze Nacht geöffnet ?
o ho'täu es'ta a'berto a 'noitschi tOda
O hotel está aberto a noite toda ?
das - Hotel - ist - offen - die - Nacht - ganze

Können Sie mich um
7 Uhr wecken ?
'pOdJi mi akor'dar as 'ßetschi oras
Pode me acordar às 7 horas ?
(er) kann - mich - wecken - zu den - 7 - Stunden

Wo kann ich
duschen ?
'ondJi pOßo to'mar 'bãjo
Onde posso tomar banho ?
wo - (ich) kann - nehmen - Bad

Gibt es warmes
Wasser ?
teñ 'agua 'kentschi
Tem água quente ?
(es) gibt - Wasser - warm

Wo ist die Toilette ?
'ondJi ä o bã'jEiro
Onde é o banheiro ?
wo - ist - die - Toilette

Können Sie mir eine
warme Decke
geben ?
pOdJi mi dar uμ kober'tor
Pode me dar um cobertor ?
(er) kann - mir - geben - eine - Decke

Haben Sie einen
Safe ?
teñ uμ kOfre a'ki
Tem um cofre aqui ?
((es) gibt - einen - Safe - hier

Kann ich dies in den
Safe geben ?
pOßo por 'ißo no kOfre
Posso pôr isso no cofre ?
(ich) kann - geben - in den - Safe

Gibt es einen
Fernsehraum ?
teñ uma 'ßala dJi televi'sãu
Tem uma sala de televisão ?
(es) gibt - ein - Zimmer - von - Fernsehen

Wo ist der
Fernsehraum ?
'ondJi ä a 'ßala dJi televi'sãu
Onde é a sala de televisão ?
wo - (es) ist - das - Zimmer - von - Fernsehen

Probleme ?		
es fehlt …	'fauta	falta …
es gibt kein …	nãu'a	não há …
funktioniert nicht	nãu fuñ'ßiOna	não funciona
ist kaputt	es'ta ke'brado	está quebrado
ist stickig	es'ta mau sche'roso	está mal cheiroso
ist verstopft	es'ta entu'pido	está entupido
klemmt	es'ta empe'hado	está emperrado
riecht	'schera mau	cheira mal

Probleme ?

Es fehlt ein *Handtuch* !
es'ta fau'tando uma to'alja
Está faltando uma toalha.
(es) - ist - fehlend - ein - Handtuch

Die *Klimaanlage* funktioniert nicht.
o ar kondißio'nado nãu fu'ßiona
O ar condicionado não funciona.
die - Klimaanlage - nicht - funktioniert

Das Wasser läuft nicht.
nãu teñ 'agua
Não tem água.
nicht - (es) gibt - Wasser

Das Fenster klemmt.
a Ja'nela es'ta eñpe'hada
A janela está emperrada.
das - Fenster - ist - klemmend

Der Abfluß ist verstopft.
o bã'jEiro es'ta entu'pido
O banheiro está entupido.
das - Bad - ist - verstopft

Die Lampe ist kaputt.
a 'lampada es'ta ke'mada
A lâmpada está queimada.
die - Lampe - ist - verbrannt

Der Wasserhahn tropft.
a tor'nEira es'ta piñ'gando
A torneira está pingando.
der - Wasserhahn - ist - tropfend

Das Bett quietscht.
a kama es'ta rañ'Jendo
A cama está rangendo.
das - Bett - ist - quietschend

Könnten Sie es bitte in Ordnung bringen.
o ßsen'jor 'pOdJi konßer'tala
O senhor pode consertá-la ?
der - Herr - kann - reparieren–das

Wann wird es in Ordnung gebracht ?
'kuandu wai fi'kar 'pronta
Quando vai ficar pronta ?
wann - wird (es) - bleiben - fertig

Verschiedenes

Würden Sie Ihren Pass bitte hierlassen ?	*'pOdJi de'schar o ßEu paßa'portschi a'ki, por fa'wor* **Pode deixar o seu passaporte aqui, por favor ?** (er) kann - lassen - den - seinen - Paß - hier - bitte
Ihr Zimmer ist im *dritten* Stock.	*o ßEu kuarto ä no ter'ßEiro an'dar* **O seu quarto é no *terceiro* andar.** das - sein - Zimmer - ist - im - dritten - Stock
Ich hole jetzt das Gepäck vom Taxi.	*wou bus'kar a ba'gaJeñ no 'taxi* **Vou buscar a bagagem no táxi.** (ich) werde - holen - das - Gepäck - aus dem - Taxi
Haben Sie gut geschlafen ?	*dor'miu beñ* **Dormiu bem ?** (er) schlief - gut
Bitte meine Sachen aus dem Safe !	*por fa'wor kero as 'miñjas 'koisas do kOfre* **Por favor, quero as minhas coisas do cofre.** bitte - (ich) will - die - meine - Sachen - aus dem - Safe

Abreisen

Ich möchte abreisen.	*Eu wou par'tir* **Eu vou partir.** ich - werde - abreisen
Ich möchte zahlen.	*gosta'ria dJi pa'gar* **Gostaria de pagar.** (ich) würde mögen - zu - bezahlen
Können Sie mir bitte ein Taxi rufen ?	*'pOdJi me scha'mar uµ 'taxi por fa'wor* **Pode me chamar um táxi, por favor ?** (er) kann - mir - rufen - ein - Taxi - bitte

Hotel		
abreisen	*par'tschir*	**partir**
Adapter-Stecker	*beñJa'miñ*	**o benjamim**
Apartment	*aparta'mento*	**o apartamento**
Aufzug	*elewa'dor*	**o elevador**
ausgebucht	*lO'tado*	**lotado**
Aussicht	*pano'rama*	**o panorama**
Badezimmer	*bañ'jEiro*	**o banheiro**
Balkon	*wa'randa*	**a varanda**
Bedienung	*ßer'wißo*	**o serviço**

Hotel (*Forts.*)		
Bett	*'kama*	a cama
Bettdecke	*'kOlscha*	a colcha
Bettwäsche	*leñ'Bois*	os lençóis
Doppelzimmer	*'kuarto dJi ka´sāu*	o quarto de casal
Dusche	*'duscha*	a ducha
Einzelzimmer	*'kuarto dJi Bou'tEiro*	o quarto de solteiro
Etage	*an'dar*	o andar
Fahrstuhl	*elewa'dor*	o elevador
Fenster	*Ja'nela*	a janela
Fernsehen	*telewi'sāu*	a televisão
frei	*'liwri*	livre
Frühstück	*ka'fä dJi mã'ja*	o café da manhã
Gaskocher	*foga'rEiro*	o fogareiro
Gepäck	*'malas/ba'gaJeñs*	as malas/as bagagens
Glühbirne	*'lãmpada*	a lâmpada
Halbpension	*dJi'aria coñ au'moßo/ 'Janta*	a diária com almoço/ janta
Hängematte	*'hädJi*	a rede
Heizung	*akeße'dor*	o aquecedor
Hotel	*o'täu*	o hotel
Jalousie	*Jelo'sia*	a gelosia
Kategorie	*katego'ria*	a categoria
Kleiderbügel	*ka'bidJ*	o cabide
Klimaanlage	*arkondißio'nado*	o ar condicionado
Kopfkissen	*trawe'ßEiro*	o travesseiro
Kost und Logis	*ko'mida i aloJa'mento*	comida e alojamento
Kühlschrank	*Jela'dEira*	a geladeira
Lampe	*'lãmpada*	a lâmpada
Licht	*lus*	a luz
Lichtschalter	*'schawi dJi lus*	a chave de luz
Moskitonetz	*mOski'tEiro*	mosquiteiro
Netzspannung	*wou'taJeñ*	a voltagem
Radio	*'hadio*	o rádio
Reception	*heßep'ßãu*	a recepção
reservieren	*heser'war*	reservar
Restaurant	*hestau'rantschi*	o restaurante
schlafen	*dOr'mir*	dormir
Schlafsack	*'ßako dJi dOr'mir*	o saco de dormir
Schlüssel	*'schawi*	a chave
Schrank	*ar'mario*	o armário
Seife	*ßabo'netschi*	o sabonete
Spiegel	*eß'peljo*	o espelho
Steckdose	*to'mada*	a tomada
Stecker	*plug*	o plug
Stockwerk	*an'dar*	o andar
Strom	*ko'hentschi*	a corrente
Stuhl	*ka'dEira*	a cadeira
Swimmingpool	*pi'ßina*	a piscina

Hotel (*Forts.*)		
Toilette	*bã'jEiro*	**o banheiro**
Toilettenpapier	*pa'päu hi'Jieniko*	**o papel higiénico**
Trinkwasser	*'agua po'tawäu*	**a água potável**
übernachten	*pernoi'tar*	**pernoitar**
Übernachtung	*per'noitschi*	**a pernoite**
Ventilator	*wentila'dor*	**o ventilador**
Vollpension	*peñ'ßäu kOm'pleta*	**a pensão completa**
Waschbecken	*lawa'tOrio*	**o lavatório/a pia**
Wasser	*'agua*	**a água**
Wasserhahn	*tor'nEira*	**a torneira**
wecken	*desper'tar*	**despertar**
Wecker	*desperta'dor*	**o despertador**
wiederkommen	*wou'tar*	**voltar**
wohnen	*mo'rar*	**morar**
Wohnung	*aparta'mento*	**o apartamento**
Zimmer	*'kuarto*	**o quarto**
Zimmermädchen	*ahuma'dEira*	**a arrumadeira**
Zimmernummer	*'numero do 'kuarto*	**o número do quarto**
Zweibettzimmer	*dJi duas 'kamas*	**o quarto com duas camas**

EINSAMER STRAND BEI ANGRA DOS REIS

Brasilien hat eine ausgezeichnete Küche. Sie wird dominiert von Fleisch (**carne**) und Fisch (**peixe**). Reis (**arroz**) gehört fast immer dazu, genauso wie die berühmten schwarzen Bohnen (**feijaõ**). Alle Gerichte sind pikant und schmackhaft - und außerdem eine echte Neuheit für den mit internationalen Speisen verwöhnten mitteleuropäischen Gaumen. Die einzelnen Gegenden warten mit ihren individuellen Köstlichkeiten auf, wobei man sich einig ist, daß Bahia mit seinem afrikanischen Einschlag unangefochten an der Spitze steht. Blattsalate sollte man jedoch nur in den wirklich guten Restaurants anrühren. Und auch das Essen, das auf den Straßen angeboten wird, ist immer mit dem Bewußtsein zu essen, daß man sich davon schon eher mal den Magen verderben kann.

In den Restaurants geht es locker zu, von Totenstille keine Spur. Man ist genauso lebendig wie zu Hause und bezieht auch den Kellner (**garçon**) mit ein. In manchen Restaurants wird man schon im Eingang zum Probieren eingeladen. Kellner gibt es reichlich, und man wird gleich von mehreren bedient. Vorweg gibt es das **couvert** mit Brot (**pão**), gesalzener Butter (**manteiga**) und diversen kleinen Gemüsen (**verdura**). Die Mahlzeit besteht in der Regel aus einem Gang mit vielen verschiedenen Beilagen und Saucen. Die Portionen sind riesig, und der Hunger muß schon groß sein, wenn man alles schaffen will. Man kann sich aber auch ruhig zu zweit eine Portion teilen und zu der einen Portion ein leeres Gedeck bestellen. Obwohl viele Menschen in Brasilien húngern, gilt es als nicht besonders höflich, alles aufzuessen. Das wird nämlich nicht wie bei uns als "es hat geschmeckt", sondern eher als "es hat nicht gereicht" verstanden.

Etwas, das bei uns seinesgleichen sucht, ist der churrasco a rodízio. Man zahlt eine pauschale Summe (ca. 12 DM), bekommt ein Gedeck und diverse Beilagen und wird dann für den Rest des Abends mit Fleisch vom Spieß versorgt. Für dieses Erlebnis sollte man sich in die darauf spezialisierte **churrascaria** begeben. Die Kellner gehen mit den Fleischspießen von Tisch zu Tisch und schneiden das Fleisch direkt auf den Teller. Dabei wird nicht viel gefragt. Wer eine Pause einlegen möchte, muß dies kundtun.

Das brasilianische Nationalgericht heißt **Feijoada**. Es wird traditionell am Samstag zubereitet und ist dann in vielen Restaurants zu bekommen.

Die Hauptmahlzeit wird Mittags - das ist zwischen 12 und 16 Uhr - eingenommen. Aber auch abends ißt der Brasilianer gerne warm.

Wer sich im Amazonasgebiet aufhält wird sich über das geringe und zudem noch qualitativ schlechte Angebot an Lebensmitteln wundern. Das Fleisch ist zäh, das Obst nicht mehr frisch und Gemüse kaum zu bekommen. So ernährt man sich hauptsächlich von Fisch, Huhn, Ei und Reis. Ein Restaurant irgendwo an der **Transamazônica** ist, genauso wie ein Hotel, meist kaum als solches zu erkennen. Wenn man danach fragt, wird man jedoch schnell irgendwo versorgt werden. (siehe ab S. 125)

In den meisten Restaurants ist es üblich, daß man seine Rechnung, nach Positionen aufgeschlüsselt, auf einem kleinen Tablett gereicht bekommt. Man legt die Summe einschließlich 10% Trinkgeld ebenfalls auf´s Tablett. In den Touristenecken - von z.B. Copacabana und Ipanema - kommt es dabei immer wieder vor, daß man sich beim Zusammenrechnen "verzählt" oder doppelte Rechnungen ausstellt. Die Rechnung ist daher genau zu prüfen. Das ist nicht unhöflich, sondern demonstriert Selbstbewußtsein. Sie werden dies auch bei Einheimischen beobachten können.

Im Restaurant		
Abendessen	*Jan'tar*	o jantar
Becher	*'kOpo*	o copo
essen	*'komer*	comer
Frühstück	*ka'fä da mã'ja*	o café da manhã
Gabel	*'garfo*	o garfo
Hunger	*'fOmi*	a fome
Imbißbude	*lãscho'netschi*	a lanchonete
Kellner	*gar'ßõ*	garçon
Löffel	*kol'jär*	a colher
Messer	*'faka*	a faca
Mittagessen	*au'moßo*	o almoço
Rechnung	*'konta*	a conta
Restaurant	*hestau'rantschi*	o restaurante
Speisekarte	*kar'dapio*	o cardápio
Spezialität	*espeßiali'dadJi*	especialidade
Tasse	*'schikara*	a xícara
Teller	*'prato*	o prato
trinken	*be'ber*	beber
Trinkhalle	*bar*	o bar
zu Abend essen	*Jan'tar*	jantar
zu Mittag essen	*aumo'ßar*	almoçar

Hinkommen

Wo gibt es hier ein gutes Restaurant ?
'ondJi teñ uµ boñ hestau'rantschi pora'ki
Onde tem um bom restaurante por aqui ?
wo - (es) gibt - ein - gutes - Restaurant - für - hier

Ich habe Hunger.
eß'tou koñ 'fOmi
Estou com fome.
(ich) bin - mit - Hunger

Wo kann ich zu Mittag essen ?
'ondJi 'pOßo almo'ßar
Onde posso almoçar ?
wo - (ich) kann - zu Mittag essen

Was möchtest du essen ?
o'kee Wo'ße gosta'ria dJi ko'mer
O que você gostaria de comer ?
was -- du - würdest mögen - zu - essen

Ich möchte typisch brasilianisch essen.
gosta'ria dJi ko'mer ko'midas 'tipikas brasi'lEiras
Gostaria de comer comidas típicas brasileiras.
(ich) würde mögen - zu - essen - Gerichte - typisch - bras.

Einteilung der Speisekarte		
Aperitivos	*aperi'tschiwos*	Aperitiv
Aves	*'awes*	Geflügel
Bebidas alcoólicas	*be'bidas au'kOlikas*	Getränke, alkoholisch
Bebidas **não-alcoólicas**	*be'bidas nãu au'kOlikas*	Getränke, ohne Alkohol
Carnes	*'karnes*	Fleisch
Entradas	*en'tradas*	Vorspeise
Frutas	*'frutas*	Obst
Frutos do mar	*'frutos do 'mar*	Meeresfrüchte
Massas, Pizzas	*'maßas/'pizas*	Teigwaren, Pizza
Peixes	*'pesches*	Fisch
Sobremesas	*ßObre'mesas*	Nachtisch
Sopas	*'ßopas*	Suppen
Sorvete	*ßor'wetschi*	Eis
Sucos	*'ßukos*	Fruchtsaft
Suplementos, **Guarnições**	*ßuple'mentos/guarni'ßois*	Beilagen

Bestellen

Herr Ober !
gar'ßõ por fa'wor
Garçon, por favor !
Ober - bitte

Die Speisekarte bitte.
o kar'dapjo por fa'wor
O cardápio, por favor
die - Speisekarte - bitte

Was wünschen Sie ?
o'kee de'ßeJa
O que deseja ?
was -- (er) wünscht

Was können Sie empfehlen ?
o'kee 'pOdJi mi rekommen'dar
O que pode me recomendar ?
was -- (er) kann - mir - empfehlen

Haben Sie ein Tagesgericht ?
teñ uµ 'prato do 'dJia
Tem um prato do dia ?
(er) hat - einen - Teller - von - Tag

Haben Sie *churras-co a rodízio* ?
teñ schu'raßko a ro'disio
Tem *churrasco a rodízio* ?
(er) hat - c. a r.

Ich möchte eine Spe-zialität der Gegend.
gosta'ria dJi ko'mer 'uma espeßiali'dadJi 'desta re'Jiãu
Gostaria de comer uma especialidade desta região.
(ich) würde mögen - zu - essen - eine - S. - von dieser - Gegend

Carne • Fleisch		
bife	*'bifi*	Beefsteak
bucho	*'buscho*	Pansen
carne de ...	*'karne dJi...*	Fleisch vom ...
... porco	*... 'porko*	Schwein
... gado	*... 'gado*	Rind
... vitela	*... wi'täla*	Kalb
carne moída	*'karne mo'ida*	Hackfleisch
costeleta	*koste'leta*	Kotelett
fígado	*'figado*	Leber
filé	*fi'lä*	Filet
rabada	*ha'bada*	Ochsenschwanz
steak	*'steek*	Steak

Was ist dies?	*o'kee ä 'ißo* **O que é isso ?** was - (es) ist - das	
Für mich bitte *mo-queca de peixe*.	*'para miñ 'uma mo'käka dJi 'peschi por fa'wor* **Para mim uma *moqueca de peixe*, por favor.** für - mich - eine - m.d.p. - bitte	
Ich möchte dies.	*gosta'ria 'destschi* **Gostaria deste.** (ich) würde mögen - von diesem	
Bitte eine Portion für uns beide zusammen.	*'uma por'ßãu 'para 'doiß por fa'wor* **Uma porção para dois, por favor.** eine - Portion - für - zwei - bitte	
Können Sie ein leeres Gedeck bringen ?	*'pOdJi mi tra'ser uµ 'prato wa'siu* **Pode me trazer um prato vazio ?** (er) kann - mir - bringen - einen - Teller - leer	
Wie heißt das, was Sie da essen ?	*'kOmu ße 'schama 'eßa ko'mida ki es'ta ko'mendo* **Como se chama essa comida que está comendo.** wie - sich - nennt - dieses - Gericht - was - (er) ißt gerade --	

Bei Tisch

Bitte noch etwas *Reis* ?	*'mais uµ 'pouko dJi a'hois por fa'wor* **Mais um pouco de arroz, por favor** mehr - ein - wenig - von - Reis - bitte	
Wie schmeckt es Ihnen ?	*wo'ße 'gosta* **Você gosta ?** du - magst	

Peixe • Fisch		
arenque	*a'hanke*	Hering
atum	*a'tuñ*	Thunfisch
bacalhau	*bakal'jãu*	Kabeljau
calamares/lula	*kala'mares/'lula*	Calamares
camarões	*kama'rõis*	Garnelen
camarões grandes	*kama'rõis 'grandes*	Scampi
camarões pistola	*kama'rõis pis'tOla*	Scampi
caranguejo	*karañ'gEiJo*	Krebs
carapau	*kara'pau*	Makrele
lagosta	*la'gosta*	Languste
linguado	*liñ'guado*	Seezunge
lula	*'lula*	Tintenfisch
mariscos	*ma'riskOs*	Muscheln
ostras	*'ostras*	Austern
polvo	*'pouwo*	Krake
salmão	*ßau'mãu*	Lachs
sardinhas	*ßar'dJiñjas*	Sardinen

Danke gut.

boñ obri'gado(a)
Bom, obrigado(a).
gut - danke

Es ist sehr *scharf*.

es'ta muito apimen'tado
Está muito *apimentado*.
(es) ist - sehr - scharf

Wann wird Musik
gespielt ?

'kuandu 'wãu to'kar 'musika
Quando vão tocar música ?
wann - sie werden - spielen - Musik

'peschi
o peixe

gar'ßõ
o garçon
Kellner

Weitere Meeresbewohner	
cascudo	*kas'kudo*
dourado	*dou'rado*
lambari	*lam'bari*
robalo	*ro'balo*
siri	*ßi'ri*
sururú	*ßuru'ru*
tainha	*ta'iñja*
traíra	*tra'ira*

In der Churrascaria

Möchten Sie hiervon ?	*'ker 'destschi*	
	Quer deste ?	
	(er) möchte - von diesem	
Ja, bitte.	*'ßiñ por fa'wor*	
	Sim, por favor	
	ja - bitte	
Nein, im Moment nicht.	*nãu no mo'mento nãu*	
	Não, no momento não.	
	nein - in dem - Moment - nicht	
Danke, davon möchte ich nicht.	*obri'gado 'deßi nãu 'kero*	
	Obrigado, desse não quero.	
	Danke - von diesem - nicht - (ich) will	
Geben Sie mir bitte vom *Rinderfilet*.	*por fa'wor mi da uµ pe'daßo dJi fi'lä dJi boi*	
	Por favor, me dá um pedaço de *filé de boi*.	
	bitte - mir - (er) gibt - ein - Stück - von - Rinderfilet	
Gibt es noch etwas von den *Hühnerherzen* ?	*teñ a'inda kora'ßãu dJi ga'liñja*	
	Tem ainda *coração de galinha* ?	
	(es) gibt - noch - Herz - von - Huhn	
Wir sind fertig.	*es'tamos pronto*	
	Estamos prontos.	
	(wir) sind - fertig	

Suplementos • Beilagen		
pão	*'pãu*	Brot
salada mista	*ßa'lada 'mista*	gemischter Salat
arroz	*a'hois*	Reis
salada	*ßa'lada*	Salat
feijão preto	*'fEiJão 'preto*	Schwarze Bohnen

Aves • Geflügel		
coelho	*ko'eljo*	Kaninchen
frango	*'frãngo*	Hühnchen
galinha de angola	*ga'liñja dJi an'gola*	Perlhuhn
galinha	*ga'liñja*	Huhn
ganso	*'gãnßo*	Gans
pato	*'pato*	Ente
peito de galinha	*pEito dJi ga'liñja*	Hünerbrust
peru	*pe'ru*	Truthahn
pombo	*'pombo*	Taube
veado	*we'ado*	Hirsch

Reklamieren

Wann bekommen wir unser Essen ?	*'kuãndu 'wamos reße'ber a 'noßa ko'mida*	
	Quando vamos receber a nossa comida ?	
	wann - (wir) werden - bekommen - das - unser - Essen	
Wir hatten vor *einer Stunde* bestellt.	*'fais 'uma 'ora ki pe'dJimos a ko'mida*	
	Faz *uma hora* que pedimos a comida.	
	(es) macht - eine - Stunde - daß - (wir) bestellten - das - Essen	
Das Essen ist kalt/versalzen.	*a ko'mida es'ta 'fria/ßau'gada*	
	A comida está fria/salgada.	
	das - Essen - ist - kalt/versalzen	
Der Salat ist nicht frisch.	*a ßa'lada nãu es'ta 'freßka*	
	A *salada* não está fresca.	
	der - Salat - nicht - ist - frisch	
Es fehlt *ein Messer*.	*'fauta 'uma 'faka*	
	Falta *uma faca*.	
	(es) fehlt - ein - Messer	

Porções • Vorspeisen/Kleinigkeiten		
azeitona	*asEi'tona*	Oliven
caranguejo	*karãn'geJo*	Krebs
casquinhas de siri	*kas'kiñjas dJi 'ßiri*	*probieren !* (Fisch)
mandioca frita	*mãn'dJiOka 'frita*	fritiertes Maniok
polenta frita	*po'lenta 'frita*	Polente (mit Maismehl)
queijinho frito	*kEi'Jiñjo 'frito*	fritierter Käse
salada	*'ßalada*	Salat
salgadinhos	*ßauga'dJiñjos*	Snacks in Teig
sopa	*'ßopa*	Suppe

Das habe ich nicht bestellt.	*nãu pe'dJi 'iβo* **Não pedi isso.** nicht - (ich) bestellte - dies
Ich hatte einen *Fruchtsalat* bestellt.	*pe'dJi 'uma ßa'lada dJi 'frutas* **Pedi uma *salada de frutas*.** (ich) bestellte - einen - Fruchtsalat
Das Fleisch ist zu schwach gebraten.	*a 'karne nãu es'ta beñ a'ßada* **A carne não está bem assada.** das - Fleisch - nicht - ist - gut - gebraten
Können Sie das Fleisch noch etwas länger braten ?	*'pOdJi a'ßar a 'karne mais uμ 'pouko* **Pode assar a carne mais um pouco ?** (er) kann - braten - das - Fleisch - mehr - ein - wenig
Das Fleisch ist angebrannt/zäh.	*a 'karne es'ta ke'mada/'dura* **A carne está queimada/dura** das - Fleisch - ist - angebrannt/zäh (hart)
Bitte bringen Sie mir eine neue Portion.	*por fa'wor mi 'trais 'uma 'outra por'ßãu* **Por favor, me traz uma outra porção.** bitte - mir - (er) bringt - eine - andere - Portion

Bezahlen

Die Rechnung, bitte.	*a 'konta por fa'wor* **A conta, por favor.** die - Rechnung - bitte
Wir möchten getrennt bezahlen.	*gostar'jamos dJi pa'gar ßepa'rado* **Gostaríamos de pagar separado.** (wir) würden mögen - zu - bezahlen - getrennt
Bitte alles zusammen.	*'tudo 'Junto por fa'wor* **Tudo junto, por favor.** alles - zusammen - bitte
Es stimmt so.	*es'ta beñ a'ßiñ* **Está bem assim.** (es) ist - gut - so

---

Bebidas alcoólicas • alkoh. Getränke		
caipirinha	*kaipi'riñja*	*siehe rechts*
caipiríssima	*kaipi'rißima*	Caipirinha mit Rum
campari	*kam'pari*	Campari
cerveja	*ßer'weJa*	Bier
pinga/cachaça	*'pinga/ka'schaßa*	Zuckerrohrschnaps
vinho	*'wiñjo*	Wein
vodka	*'wOdka*	Wodka

Mach Dir eine Caipirinha !

Nimm eine ganze Limone , *keine Zitrone* . Teile sie in

8 Achtel und gib sie in ein Whiskyglas.

Nun nimm den Stößel und presse den kostbaren

Saft *und das Aroma der Schale* aus. Gib 1 - 2 Löffel

Zucker dazu - *Kenner nehmen den Zucker des Zuckerrohrs.*

Fülle den Inhalt mit derselben Menge *oder mehr*

Cachaça , *Zuckerrrohrschnaps,* ,auch Pinga *genannt,*

auf. Nimm Deine kältesten Eiswürfel und gib

sie hinein.

Jetzt lehne Dich zurück und laß die Sonne

von Brasilien

in Dir aufgehen.

Das Essen war sehr gut.	*a ko'mida es'tava muito 'boa* **A comida estava muito boa.** das - Essen - war - sehr - gut
Wir werden Sie weiterempfehlen.	*'wamos rekomen'dar 'estschi hestau'rantschi* **Vamos recomendar este restaurante.** (wir) werden - empfehlen - dieses - Restaurant

Irrtum ?

Hier stimmt etwas nicht.	*a'ki teñ au'guma 'koisa e'hada* **Aqui tem alguma coisa errada.** hier - (es) gibt - irgendeine - Sache - falsch
Ich glaube, Sie haben sich verrechnet.	*'ascho ki e'hou na 'konta* **Acho que errou na conta.** (ich) finde - daß - (er) irrte sich - in der - Rechnung
Rechnen Sie es mir bitte vor.	*'fais a 'konta a'ki 'perto dJi miñ por fa'wor* **Faz a conta aqui perto de mim, por favor.** (er) macht - die - Rechnung - nahe - von - mir - bitte
Dies haben wir nicht gegessen.	*'ißo nos nãu ko'memos* **Isso nós não comemos.** dies - wir - nicht - aßen
Das haben wir nicht bestellt.	*'ißo nos 'nãu pe'dJimos* **Isso nós não pedimos.** dies - wir - nicht - bestellten
Hat es Ihnen geschmeckt ?	*gos'tou* **Gostou ?** mochte (er)

Zubereitungsarten		
blutig	*'mau pa'ßado*	**mal passado**
durchgebraten	*beñ pa'ßado*	**bem passado**
gebacken	*'frito*	**frito**
gebraten	*a'ßado*	**assado**
gedünstet	*refo'gado*	**refogado**
gegrillt	*grel'jado*	**grelhado**
gekocht	*ko'sido*	**cozido**
gräuchert	*defu'mado*	**defumado**
medium	*'mädio*	**médio**
roh	*kru*	**crú**

		Spezialitäten

Fleisch

feijoada	*fEiJo'ada*	*das* bras. Nationalgericht: schwarze Bohnen (**feijão**), Trockenfleisch (**carne seca**), Würstchen (**linguiça**) in einem Topf gekocht; dazu Reis (**arroz**), Maniokmehl (**farinha de mandioca**), scharfe Sauce (**molho de pimenta**) und kleingeschnittene Orangen (**laranja**)
churrasco	*schu'haßko*	gegrilltes Fleisch verschiedener Sorten: blutig (**mal passado**), medium (**ao ponto**) oder durchgebraten (**bem passado**)
... a rodízio	*a ro'disio*	... direkt vom Spieß
bife	*'bifi*	dünn geschnittenes Rindfleisch (**carne de boi**), im eigenen Saft und mit Zwiebeln (**cebolas**), Limonensaft (**suco de limão**), Knoblauch (**alho**), Pfeffer (**pimenta**) und Salz (**sal**) kurz gebraten
carne assada	*'karne a'ßada*	eine Scheibe vom im Stück gebratenen Fleisch
carne de sol	*'karne do 'ßou*	Spezialität des Nordostens: in der Sonne getrocknetes Fleisch, ist sowohl geschmacklich als auch gesundheitlich mit Vorsicht zu genießen

Geflügel

galinha ao molho pardo	*ga'liñja ao moljo'pardo*	Hähnchenfleisch in Hühnerblut zubereitet
xinxim de galinha	*'schiñ'schiñ dJi ga'liñja*	Huhn mit Palmenöl und getrockneten Krabben
pato no tucupi	*'pato no tuku'pi*	Ente in scharfer Manioksauce
vatapá	*wata'pa*	Huhn und Fisch mit Krabben, Kokosmilch, Nüssen

Spezialitäten (*Forts.*)

Fisch

moqueca de peixe	mo'käka dJi 'peschi	gekochter Fisch (**peixe**) mit Tomaten (**toma te**), scharfer Sauce (**molho de pimenta**), Koriander (**coentro**), Maniokmehl; in Fischsud (**pirão**) und Kokosnussmilch (**leite de coco**). Spezialität aus der Gegend um Vitória.
moqueca de bacalhau	… dJi bakal'jau	getrockneter Fisch, gekocht
moqueca de lula	… dJi 'lula	Tintenfisch, gekocht in einer exotischen Sauce
peixe com molho de camarão	'peschi koñ 'moljo dJi kama'rãu	Fisch in Krabbensauce
camarão a baiana	kama'rãu a ba'jana	Krabben nach Bahia-Art: mit Palmöl (**dendê**), Kokosmilch, Koriander (**coentro**)

Beilagen

feijão	fEi'Jãu	mit Trockenfleisch gekochte schwarze Bohnen
molho de pimenta	'moljo dJi pi'menta	pikante, manchmal außerordentlich scharfe Pfeffersauce, mit Zwiebeln und Limonensaft

Nachspeisen

salda de frutas	ßa'lada dJi 'frutas	Fruchtsalat
pudim de leite	pu'dJiñ dJi 'lEitschi	Pudding aus Kondensmilch mit Karamelsoße, süß
cocada de forno	ko'kada dJi 'forno	Süßspeise aus Kokosnuß und Zucker, sehr süß
goiabada	goja'bada	gelierte Guave, meist mit Käse

Spezialitäten (*Forts.*)		
Cocktails, Getränke		
caipirinha	*kaipi'riñja*	*siehe oben*
batida de coco	*ba'tschida dJi 'koko*	Mixgetränk mit Zuckerrohrschnaps (**cachaça**) und Kokosnussmilch (**leite de coco**)
suco	*'ßuko*	frisch gepreßter Fruchtsaft, siehe S. 64
caldo de cana	*'kaudo dJi 'kana*	Zuckerrohrsaft

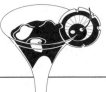

pi'pOka
pipoca
Popcorn

'miljo 'werdJi
milho verde
gekochter, junger Maiskolben

ma'ßã do a'mor
macã do amor
Liebesapfel

KIOSK AUF DEM MORRA DA URCA, RIO

In den Imbißbuden (**lanchonete**) erhält man die typischen brasilianischen Snacks und auch kleine Gerichte. **Misto quente**, **pastelzinho** oder **quibe** sollte man sich nicht entgehen lassen. Der gern gegessene Cheeseburger erscheint auf der Preistafel meist als schlichtes **X** - der Buchstabe, der wie *schiß* ausgesprochen wird. Der Hamburger wird dann der Gerechtigkeit halber auch nur als **H** geschrieben.

Lanchonetes gibt es in den Stadtzentren, an den Busbahnhöfen (**rodoviária**) und auch auf freier Strecke - dort werden sie von den Überlandbussen angefahren. In der Regel bekommt man einwandfreie Qualität, sollte aber in den abgelegeneren Gegenden vorsichtig mit kritischen Sachen wie Frittiertem, Salat, nicht abgekochtem Wasser oder offenem Eis sein. An den Rodoviarias sind Pasteten (**pastéis**) nicht zu empfehlen: In Brasilien unterstellt man dem, der krank aussieht oder sich schlecht fühlt ironisch "Du hast wohl Pasteten an der Rodoviaria gegessen!".

Bezahlen muß man in der Lanchonete meist vorher an der Kasse (**caixa**), was dem Sprachneuling das Bestellen natürlich nicht gerade erleichtert. Den Bon (**recibo**) hält man dann über die Theke und wartet, bis er von der Bedienung aus der Hand genommen wird. Dann muß man seine Bestellung noch einmal wiederholen.

Wo finde ich eine Imbißbude ?	*'ondJi teñ uma lañscho'netschi*
	Onde tem uma lanchonete ?
	Wo - (es) gibt - eine - Imbißbude

	LISTA DE PREÇOS
ßauga'dJiñjos • Snacks	SALGADINHOS
ßand'wisch • Sandwich	SANDUICHE
'mißto 'kentschi • zwei Weißbrotscheiben mit Käse und Schinken, von beiden Seiten getoastet	MIXTO QUENTE
ka'schoho 'kentschi • Hot Dog	CACHORRO QUENTE
ham'burgo • Hamburger mit...	HAMBURGO COM
ovo - Ei	OVO
pre'sunto - Schinken	PRESUNTO
'bEikOn - Speck	BACON
'keJo - Käse	QUEIJO
lom'biñjo - kleines Filet	LOMBINHO
'schiiß 'tudo • Cheeseburger mit viel 'drauf	X TUDO
'dupla • besonders groß	DUPLA
eßpe'ßiau • Sonderausführung	ESPECIAL
fi'lä • Filet	FILÉ
'frango • Hähnchen	FRANGO
'kibi • arabische Hackfleischzubereitung	QUIBE
pas'täu • *pastäu'siñjo* • Blätterteigpastete mit Käse, Huhn, Krabben oder Mett gefüllt, frittiert	PASTEL PASTELSINHO

Haben Sie *Kekse* (süß/salzig) ?
teñ bis'koitos 'doße/ßãu'gado
Tem *biscoito doce/salgado*?
(er) hat - Keks - süß/salzig

Ich möchte einen *Misto Quente* und eine *Guarana*.
uu 'mißto 'kentschi i uma guara'na, por fa'wor
Um *misto quente* e uma *guaraná*, por favor.
ein - Gemisch - heiß - und - eine - Guarana - bitte

Ich möchte *drei* Dosen *Cola*.
treeß 'kOkas eñ lata, por fawor
Três cocas em lata, por favor.
eine - in - Dose - bitte

Muß ich vorher oder nachher bezahlen ?
'teñjo ki pa'gar 'antes ou de'pois
Tenho que pagar antes ou depois ?
(ich) habe - zu - zahlen - vorher - oder - nachher

Wo kann ich bezahlen ?
'ondJi 'pOßo pa'gar
Onde posso pagar ?
Wo - (ich) kann - bezahlen

Wann ist die *Pastete* fertig ?
'kuandu o pas'täu es'ta 'pronto
Quando fica pronto o *pastel* ?
wann - bleibt - fertig - die - Pastete

ßor'wetschi
o sorvete

STA DE PREÇOS	
ÁGUA MINERAL	*'agua mine'rau* • Mineralwasser
REFRIGERANTE	*refriJe'rantschi* • Erfrischungsgetränke
COCA	*'kOka* • Kola
GUARANÁ	*guara'na* • Erfrischungsgetränk mit dem Geschmack der Guarana-Frucht, sehr süß. Unbedingt probieren !
EM LATA	*eñ 'lata* • in der Dose
NO COPO	*no kopo* • im Glas
CERVEJA	*ßer'weJa* • Bier (in der Flasche)
CHOPP	*'schopi* • Bier (gezapft)
CACHAÇA	*ka'schaßa* • Zuckerrohrschnaps (knapp 50 %), meist ein halbes Wasserglas
CAIPIRINHA	*kaipi'riñja* • Brasilianisches "Nationalgetränk": Zerdrückte Limone, Zucker, Cachaça und Eiswürfel !
CAFEZINHO	*kafä'siñjo* • kleiner starker Kaffee
SORVETE	*ßor'wetschi* • Eis
PICOLÉ	*piko'lä* • Eis am Stil
BOLO	*'bolo* • (Mais-)Kuchen
SALADA DE FRUTA	*ßa'lada dJi 'fruta* • Fruchtsalat
CACAU	*ka'kau* • Kakao

Lanchonete/Bar

belegtes Brot	*Bañd'wisch*	**sanduíche / sandwich**
bezahlen	*pa'gar*	**pagar**
Bon	*re'ßibo*	**recibo**
Brot mit Margarine	*'pãu koñ mañ'tEiga*	**pão com manteiga**
Cola	*'kOca*	**a coca**
Dose	*'lata*	**a lata**
Eis	*ßor'wetschi*	**o sorvete**
essen	*ko'mer*	**comer**
Flasche	*ga'hafa*	**a garrafa**
Fruchtsaft	*'ßuko*	**o suco**
Glas / Becher	*'kOpo*	**o copo**
Imbißbude	*lañscho'netschi*	**a lanchonete**
Kaffee (klein, stark)	*kafe'siñjo*	**o cafezinho**
Kaffee	*ka'fä*	**o café**
Kaffee mit Milch	*ka'fä koñ 'lEitschi*	**café com leite**
Keks (salzig/süß)	*bis'koito (ßau'gado/* *'doßi)*	**o biscoito** **(salgado/doce)**
Kuchen	*'bolo*	**o bolo**
Milch	*'lEitschi*	**leite**
Mineralwasser	*'agua mine'rau*	**a água mineral**
Pommes frites	*ba'tatas 'fritas*	**as batatas fritas**
Toast mit Ei, Schinken,…	*'misto 'kentschi*	**misto quente**
trinken	*be'ber/to'mar*	**beber/tomar**

Suco

Ein Genuß, den Sie sich nicht entgehen lassen sollten: **Suco**, der vor Ihren Augen frisch gepresste Fruchtsaft. Wahlweise pur (**natural**) mit Wasser (**com água**) oder mit Milch (**com leite**). Verkauft wird er meist in kleinen, darauf spezialisierten Bars. Sie sind schon von weiten zu erkennen an den vielen Früchten, mit denen sie vollgestopft sind. In Rio gibt es fast an jeder Straßenecke einen solchen Laden. Für ein großes Glas bezahlt man umgerechnet eine knappe Mark.

Wieviel kostet ein *Caju*-Suco ?	*'kuantu kusta uµ 'ßuko dJi ka'Ju* **Quanto custa um suco de *caju*?** wieviel - kostet - ein - Suco - von - Caju	
Haben Sie *Ananas*-Suco ?	*teñ 'ßuko dJi abaka'schi* **Tem suco de *abacaxi*?** hat (er) - Suco - von - Ananas	

'kOpo
o copo

Bitte einen *Papaya*-Suco ohne Eis !	*ɯµ 'ßuko dʒi ma'mãu ßeñ 'Jelo, por fa'wor*
	Um suco de *mamão* sem gelo, por favor !
	einen - Suco - von - Papaya - ohne - Eis - bitte

Wollen Sie ihn mit Wasser oder mit Milch ?	*ker koñ 'agua ou 'lEitschi*
	Quer com água ou leite ?
	möchte (er) - mit - Wasser - oder - Milch

Mit Milch, bitte.	*koñ 'lEitschi, por fa'wor*
	Com leite, por favor.
	mit - Milch - bitte

Mit Zucker oder ohne Zucker ?	*koñ ou ßeñ a'ßuka*
	Com ou sem açucar ?
	mit - oder - ohne - Zucker

Mango • *'mañga*
Papaya • *ma'mãu*
Cashew-Frucht • *ka'Ju*
Guave • *go'jaba*
'Jaka, riesen-groß, unbedingt probieren !
Apfel • *ma'ßã*
Birne • *'pera*
Traube • *'uwa*
Avocado • *aba'katsche*
Maracuia • *maraku'Ja*
Limone • *li'mão*

Orange • *la'rãJa*
Ananas • *abaka'schi*
Wassermelone • *melan'ßia*
Honigmelone • *me'lãu*
Banane • *ba'nana*
Kokosnuss • *'koko*
Pfirsich • *'päßego*
wita'minas • Fruchtsaft, meist mit Milch und:
koñ a'wEia - mit Haferflocken
koñ 'tOdJi - mit Kakao
koñ amendo'iñ - mit Erdnuß

SUCOS	
MANGA	LARANJA
MAMÃO	ABACAXI
CAJU	MELANCÍA
GOIABA	MELÃO
JACA	BANANA
MAÇA	COCO
PERA	PÊSSEGO
UVA	VITAMINAS
ABACATE	COM AVEIA
MARACUJÁ	COM TODDY
LIMÃO	COM AMENDOIM

Suco		
mit/ohne Eis	*koñ/'ßeñ 'Jelo*	**com/sem gelo**
mit/ohne Zucker	*koñ/'ßeñ a'ßukar*	**com/sem açucar**
pur	*natu'rau*	**natural**
mit Wasser	*koñ 'agua*	**com água**
mit Milch	*koñ 'lEitschi*	**com leite**
mit Haferflocken	*koñ a'wEia*	**com aveia**

Cruzeiro, Cruzado, Novo Cruzado und wieder Cruzeiro - innerhalb eines knappen Jahrzehnts hat Brasilien drei Währungsreformen erlebt. Mit der letzten wurde im Frühjahr 1990 der Cruzeiro wieder eingeführt und drastische Maßnahmen zur Bekämpfung der Inflation ergriffen. Ohne Erfolg, wie sich mittlerweile gezeigt hat. Noch nie ging es Brasilien so schlecht wie heute.

Neben dem offiziellen Devisenkurs (câmbio oficial), der praktisch nur für den Außenhandel maßgebend ist, existiert ein spezieller Tauschkurs für Touristen (câmbio turismo) und ein offiziell geduldeter Schwarzmarktkurs (mercado paralelo). Zum Touristenkurs kann bequem in vielen Banken, Reisebüros oder speziellen casas de câmbio getauscht werden. Dieser Kurs ist nur geringfügig schlechter als der Schwarzmarktkurs. Man erhält außerdem eine Bescheinigung über die getauschte Summe und damit gleichzeitig das Recht, am Ende seiner Reise für den eingewechselten Gegenwert Cruzeiros zurückzutauschen. Tauschen auf dem schwarzen Markt lohnt sich daher nur noch in besonderen Fällen, z.B. bei größeren Beträgen oder abseits der Großstädte. Da sich dies aber schnell wieder ändern kann, sind in diesem Kapitel auch Redewendungen für das Tauschen auf dem Schwarzmarkt (Taxifahrer, Hotelpersonal, Wechselstuben in den Stadtzentren) zu finden.

In abgelegeneren Gegenden ist man sowieso auf das Schwarztauschen angewiesen. Oft braucht man auch nicht lange nach einer Gelegenheit zu suchen, man wird nach Dollars angesprochen. Da man sich dann meistens nicht im Schutze einer seriösen Umgebung befindet, heißt es aufpassen. Niemals das Geld vor aller Augen aus dem Versteck holen. Wegen der galoppierenden und manchmal in Sprüngen agierenden Inflation (desvalorização) empfiehlt es sich nicht, den aktuellen Wechselkurs aus dem von vor ein paar Tagen hochzurechnen. Statt dessen lieber noch einen Blick in die Zeitung werfen, da stehen der offizielle Kurs, der Touristenkurs und der Schwarzmarkkurs drin. Im Gegensatz zu den Wechselstuben in den Metropolen ist bei solchen Geschäften das Handeln um den Kurs möglich und auch angebracht. Besonders bei größeren Beträgen hat man eine gute Position.

Wer sich nur in Rio de Janeiro, São Paulo oder Recife aufhält, braucht sich um Dollars nicht zu kümmern. Er bekommt seine DM (marco alemão), Schilling (xelim austríaco) oder Schweizer Franken (franco suíço) in bar oder als Reiseschecks (cheque de viagem) problemlos eingetauscht. An allen anderen Orten kommt man nur mit Dollars (dólar) oder Dollar-Reiseschecks (am besten von American Express) weiter. Der Schwarzmarkt von Privat läuft nur über Bares. Kreditkarten (cartão de crédito) sind nicht sinnvoll, da sie zum offiziellen Kurs abgerechnet werden.

In der Bank

Kann ich hier zum Touristenkurs tauschen ?	*'poßo tro'kar no 'kambio tu'rismo a'ki*
	Posso trocar no câmbio turismo aqui ?
	kann (ich) - tauschen - zum - Wechselkurs - touristisch - hier

Wie steht der Kurs des Dollars ?	*'kuantu es'ta a 'tascha do 'dolar*
	Quanto está a taxa do dólar ?
	wieviel - ist - der - Kurs - von dem - Dollar

ERLEDIGUNGEN

Ein Dollar sind *zwei* Cruzeiros.	uµ 'dolar wale doiß kru'sEiros **Um dólar vale *dois* cruzeiros.** ein - Dollar - ist wert - zwei - C.
Tauschen Sie auch Reiseschecks ?	o ßeñ'jor 'trOka 'scheke dJi wi'aJeñ tam'beñ **O senhor troca cheque de viagem também ?** der - Herr - tauscht - Scheck - von - Reise - auch
Wieviel Dollars möchten Sie wechseln ?	'kuantos 'dolares o ßen'jor ker trO'kar **Quantos dólares o senhor quer trocar ?** wieviel - Dollar - der - Herr - möchte - wechseln
Ich möchte Dollar / DM tauschen.	goßta'ria dJi trO'kar 'dolar/marko ale'mãu **Gostaria de trocar dólar/marco alemão.** (cih) würde mögen - zu - tauschen - Dollar/Mark - deutsch
Ich möchte *50* DM tauschen.	goßia'ria dJi trO'kar ßin'kuenta markos ale'mãu **Gostaria de trocar *cinquenta* marcos alemães.** (ich) würde mögen - zu - tauschen - 50 - Mark - deutsch
Bitte geben Sie mir kleine Scheine.	por fawor, kero 'nOtas pe'kenas **Por favor, quero notas pequenas.** bitte - mir - (ich) möchte - Scheine - klein
Bitte geben Sie es mir möglichst groß.	por fawor, me dee 'nOtas grandes **Por favor, me dê notas grandes.** bitte - mir - gib - Noten - groß
Bitte geben Sie mir Noten zu *10* Cruzeiros.	por fawor, me dee 'nOtas dJi deis kru'sEiros **Por favor, me dê notas de *dez* cruzeiros.** bitte - mir - gib - Noten - von - 10 - C.

Schwarz tauschen

Wieviel geben Sie für den Dollar ?	'kuantu o ßen'jor paga por uµ 'dolar **Quanto o senhor paga por um dólar ?** wieviel - der - Herr - bezahlt - für - einen - Dollar
Dieser Kurs ist zu niedrig.	eßte 'kambio eß'ta muito bascho **Este câmbio está muito baixo.** dieser - Kurs - ist - zu - niedrig
In der Zeitung liegt der Parallelkurs bei *3 Cruzeiros 25*.	no Jur'nau o para'lälo eß'ta treß kru'sEiros e vintschi-'ßinku ßen'tawos **No jornal o paralelo está *três cruzeiros e vinte e cinco centavos*.** in der - Zeitung - der - Parellelkurs - ist - 3 - C. - und - 25 - C.
Für einen Kurs von ... tausche ich.	por uµ 'kambio dJi ... Eu trOku **Por um câmbio de ... eu troco.** für - einen - Kurs - von - ... - ich - tausche
Warten Sie, bis ich das Geld geholt habe.	eß'päre atä Eu buß'kar o dschin'jEiro **Espere até eu buscar o dinheiro.** Warte - bis - ich - holen - das - Geld

Rund um's Geld

Bank	'banko	o banco
Betrag	'kuantia	a quantia
Deutsche Mark	'marko ale'mãu	o marco alemão
Dollar	do'lar	o dólar
einlösen	deßkon'tar	descontar
Formular	formu'lario	o formulário
Geld	dschin'jEiro	o dinheiro
Geldschein	'nOta	a nota
Geldschein	pa'päu-mo'eda	o papel-moeda
hoch/niedrig	'auto/'bascho	alto/baixo
Inflation	deswalorisa'ßãu	a desvalorização
Kleingeld	dschin'jEiro mi'udo	o dinheiro miúdo
Kreditkarte	'kartãu dJi 'krädito	o cartão de crédito
Münze	mo'eda	a moeda
Quittung	re'ßibo	o recibo
Scheck	'scheki	o cheque
Schilling	sche'liñ aus'triako	o xelim austríaco
Schweizer Franken	'franko ßu'ißo	o franco suíço
Travellerscheck	'scheki dJi wi'aJen	o cheque de viagem
unterschreiben	aßi'nar	assinar
Unterschrift	aßina'tura	a assinatura
Währung	mo'eda/ko'hentschi	a moeda/corrente
Wechselkurs	('tascha dJi) 'kambio	(a taxa de) câmbio
wechseln (Kleingeld)	tro'kar	trocar
wechseln (Währung)	'kambi'ar	cambiar
Wechselstube	'kambio	o câmbio
zahlen	pa'gar	pagar

Diese Scheine sind nur noch von nostalgischem Wert.

Brasilien besitzt ein modernes Fernmeldesystem, das einen als Besucher aus dem Land des Postmonopols ins Staunen versetzt. Selbst im tiefsten Amazonas läßt es sich bequem nach Hause telefonieren, zumindest von den größeren Orten aus.

Für internationale Telefonate geht man am besten in die Telefonzentrale (**agência telefônica**), die nichts mit der Post zu tun hat. Dort muß man das Gespräch zunächst anmelden und in den meisten Fällen erst einmal einen Batzen Geld (umgerechnet zwischen 30 und 50 DM) vorstrecken. Sobald eine Leitung frei geworden ist, wird man aufgefordert, in die betreffende Zelle (**cabine**) zu gehen. Im Anschluß an das Gespräch wird dann abgerechnet und überbezahltes Geld zurückgegeben. Jeder größere Ort hat mindestens eine solche Telefonzentrale. In den großen Städten finden sich auch an den Flughäfen (**aeroporto**) und den Busbahnhöfen (**rodoviária**) Möglichkeiten, ins Ausland zu telefonieren.

Für lokale Gespräche stehen in den größeren Orten die orangen Telefonzellen, für Ferngespräche (**interurbano**) die blauen zur Verfügung. Da sie wie "große Ohren" aussehen werden sie **orelhão** genannt. Für sie benötigt man genauso wie für die anderen öffentlichen Telefone in Bars, Restaurants und öffentlichen Einrichtungen besondere Telefonchips: **fichas** für lokale

Gespräche und **fichas interurbanas** für Ferngespräche. Diese wiederum gibt's am Zeitungskiosk (**banca de jornal**) oder in der Bar (**bar**).

Ist ein Telefon für Ferngespräche eingerichtet, so trägt es die Aufschrift **DDD**, sind internationale Gespräche möglich, die Aufschrift **DDI**.

Achtung: Fragt man jemanden, ob man nach Deutschland ein R-Gespräch führen kann, so wird die Antwort in der Regel ja lauten. Das ist aber leider falsch. Die Ursache dafür ist jedoch nicht auf brasilianischer, sondern auf deutscher Seite zu suchen.

Vorwahl: nach Deutschland 0049, nach Österreich 0043, in die Schweiz 0041. Danach die Rufnummer ohne die 0. Vorwahl für Brasilien ist von Deutschland und der Schweiz die 0055, von Österreich die 90055. Mit der brasilianischen Auslandsauskunft (000333) kann man auch Englisch sprechen. Hier sollte man sich ruhig Rat holen, wenn man nich zurechtkommt.

Der Brasilianer meldet sich einfach mit "Hallo!" - **"Alô!"**, wenn er angerufen wird. Auch der Anrufer sagt nicht sofort seinen Namen, sondern zunächst nur, mit wem er sprechen möchte. Nach einigem Hin und Her ("Wer spricht ?" - **"Quem está falando ?"**) wissen beide Partner dann, mit wem sie eigentlich verbunden sind.

Wo geht es zur Telefonzentrale ?	*'ondJi ä a a'Jenßia tele'fonica* **Onde é a agência telefônica ?** wo - ist - die - Agentur - telefonisch
Wo gibt es Telefonchips zu kaufen ?	*'ondJi teñ fischas tele'fonikas* **Onde tem fichas telefônicas ?** wo - (es) gibt - Chips - zum Telefonieren
Ich hätte gerne *10* Telefonchips.	*Eu 'kero deiß fischas tele'fonikas por fa'wor* **Eu quero *dez* fichas telefônicas, por favor.** ich - möchte - Chips - zum Telefonieren - bitte

Kann ich bei Ihnen telefonieren ?	*pOßo telefo'nar da'ki* **Posso telefonar daqui ?** (ich) kann - telefonieren - von hier
Können Sie mir beim Telefonieren helfen ?	*'pOdschi mi aJu'dar telefo'nar por fa'wor* **Pode me ajudar a telefonar, por favor ?** (er) kann - mir - helfen - zu - telefonieren - bitte
Ich möchte diese Nummer anrufen.	*kero li'gar pra 'eßi 'numero* **Quero ligar prá esse número.** (ich) möchte - anrufen - bei - dieser - Nummer

In der Agência Telefônica

Ich möchte nach *Deutschland* telefonieren.	*por fa'wor Eu gosta'ria dJi telefo'nar para a ale'mãja* **Por favor, eu gostaria de telefonar para a *Alemanha*.** bitte - ich - würde mögen - von - telefonieren - nach - die - D.
Was kostet die Minute nach Deutschland ?	*'kuantu kusta uµ mi'nuto para a ale'mãja* **Quanto custa um minuto para a Alemenha ?** wieviel - (es) kostet - eine - Minute - nach - D.
Gibt es einen Billigtarif ?	*'quau o'rario ä mais ba'rato* **Qual horário é mais barato ?** welche - Uhrzeit - ist - mehr - billig
Bezahlen Sie oder ist es ein R-Gespräch ?	*o ßen'jor paga a'ki ou ä ako'brar* **O senhor paga aqui ou é a cobrar?** der - Herr - bezahlt - hier - oder - ist (es) - durch - einziehen
Ich bezahle hier.	*Eu pago a'ki 'mesmo* **Eu pago aqui mesmo.** ich - bezahle - hier - selbst
Sie müssen erst *80* Cruzados bezahlen.	*pri'mEiro wo'ße teñ ki pa'gar oi'tenta kru'sados* **Primeiro você tem que pagar *oitenta* cruzados.** zuerst - du - hast - zu - zahlen - 80 - C.
Gehen Sie bitte in Kabine *10*.	*ka'bine 'numero des por fa'wor* **Cabine número *dez* , por favor.** Kabine - Numer - 10 - bitte
Ich habe telefoniert und möchte abrechnen.	*Eu telefo'nei e gosta'ria dJi pa'gar* **Eu telefonei e gostaria de pagar.** ich - telefonierte - und - würde mögen - zu - bezahlen

tele'foni
o telefone

Am Apparat

Sprechen Sie deutsch/englisch ?	*wo'ße 'fala ale'mãu/ing'les* **Você fala alemão/inglês ?** du - sprichst - Deutsch/Englisch

	Telefonieren	
anrufen	*telefo'nar*	**telefonar**
auflegen	*desli'gar*	**desligar**
besetzt	*oku'pado*	**ocupado**
falsch verbunden	*liga'ßãu e'hada*	**a ligação errada**
Ferngespräch	*interur'bana*	**o interurbano**
Ortsgespräch	*liga'ßãu lo'kau*	**a ligação local**
R-Gespräch	*ako'brar*	**a cobrar**
Telefon	*tele'foni*	**o telefone**
Telefonauskunft	*informa'ßãu tele'fOnika*	**a informação telefônica**
Telefonbuch	*'lißta tele'fOnika*	**a lista telefônica**
Telefonchip	*'fischa*	**a ficha**
für Ferngespräch	*dedede/interur'banas*	**DDD/interurbanas**
für Ortsgespräch	*lo'kau*	**local**
Telefongespräch	*scha'mada tele'fOnika*	**a chamada telefônica**
telefonieren	*telefo'nar*	**telefonar**
Telefonkabine	*ka'bine dJi tele'fone*	**a cabine de telefone**
Telefonnummer	*'numero do tele'fone*	**o número do telefone**
Telefonzelle	*orel'jãu*	**o orelhão**
Telefonzentrale	*a'Jãnßia tele'fOnika*	**agência telefônica**
Verbindung	*liga'ßãu*	**a ligação**
Vorwahl	*pre'fikßo*	**o prefixo**
wählen	*diß'kar*	**discar**

Hallo? Ich möchte mit *Maria* sprechen.	*a'lo gosta'ria dJi fa'lar coñ maria*	**Alô? Gostaria de falar com *Maria*.**
		Hallo - (ich) würde mögen - zu - sprechen - mit - M.
Wer spricht, bitte ?	*keñ 'fala por fa'wor*	**Quem fala, por favor ?**
		wer - spricht - bitte
Hier spricht *Matthias* aus *Deutschland*.	*a'ki 'fala M. da ale'mãja*	**Aqui fala *Matthias* da *Alemanha***
		hier - spricht - M. - aus - D.
Warten Sie einen Moment.	*eß'päri uµ mo'mento por fa'vor*	**Espere um momento, por favor.**
		warte - einen - Moment - bitte
Sie ist nicht da.	*ela nãu es'ta a'ki*	**Ela não esta aqui.**
		sie - nicht - ist - hier
Rufen Sie um *20 Uhr* noch einmal an.	*tele'fone as 'wintschi 'oras nOwa'mente*	**Telefone às *vinte horas* novamente.**
		rufe an - um die - 20 - Uhr - noch einmal
Sie haben sich ver- wählt.	*wo'ße dis'kou o 'numero e'hado*	**Você discou o número errado.**
		du - wähltest - die - Nummer - falsch

Sagen Sie ihr bitte,
daß ich angerufen
habe.

por fa'wor diga a ela kee Eu li'gEi
Por favor, diga a ela que eu liguei.
bitte - (er) sagt - zu - sie - daß - ich - anrief

Ich rufe später noch
einmal an.

tele'fono mais 'tardJi nOwa'mente
Telefono mais tarde novamente.
(ich) rufe an - mehr - spät - noch einmal

Im Postamt

Die Öffnungszeiten der Postämter (**agência de correios**) richten sich nach den normalen Geschäftszeiten. Wollen Sie die Daheimgebliebenen mit schönen Briefmarken (**selos**) beglücken, so müssen Sie das ausdrücklich sagen, denn normalerweise wird der Brief durch eine Frankiermaschine geschickt und bekommt nur einen langweiligen Stempel (**carimbo**). Briefmarken gibt es auch an den Zeitungskiosken (**banca de revista**) und verschiedentlich in Bars (**bar**).

Wer in Brasilien groß einkauft, der tut gut daran, die Sachen per Paket (**pacote**) nach Hause zu schicken. Nach zwei bis drei Monaten kommt die Ladung dann in der Heimat an.

In Briefe von oder nach Brasilien sollte man kein Geld und keine Gegenstände legen. Zu oft ist es schon passiert, daß solch ein Brief sein Ziel niemals erreicht hat.

Für das Telefonwesen ist in Brasilien übrigens nicht die Post zuständig (siehe S. 69) und einen Postbankdienst gibt es auch nicht.

Wo ist das nächste
Postamt ?

'ondJi 'fika a 'proβima a'Jenβia dJi ko'hEio
Onde fica a próxima agência de correio.
wo - befindet sich - das - nächste - Amt - von - Post

Ich möchte einen
Brief nach Deutschland schicken.

'kero man'dar uma 'karta para a ale'mãja
Quero mandar uma carta para a Alemanha.
(ich) möchte - schicken - einen - Brief - nach - das - Deutschl.

per Luftpost/als Eilbrief

wia a'erea/wia 'karta es'preβa
via aérea/via carta expressa
per - Luftpost/per - Brief - schnell

Wieviel hoch ist das
Porto ?

'kuantu kusta a ta'rifa ?
Quanto custa a tarifa ?
wieviel - kostet (es) - der - Tarif

Bitte kleben Sie
Briefmarken auf den
Brief.

por fa'wor ko'lOke βelos na 'karta
Por favor coloque selos na carta.
bitte - klebe - Briefmarken - auf den - Brief

Mein *Bruder* sammelt Briefmarken.

mEu ir'mãu kole'βiona βelos
Meu *irmão* coleciona selos.
mein - Bruder - sammelt - Briefmarken

Ich möchte ein Telegramm nach Deutschl. aufgeben.	*gosta'ria dJi pa'ßar uµ tele'grama para a ale'mãja* **Gostaria de passar um telegrama para a Alemanha.** (ich) würde mögen - von - aufg. - ein - Telegr. - nach - das - D.
Was kostet ein Telegramm mit *10* Worten ?	*'kuantu kusta uµ tele'grama koñ deiß pa'lawras* **Quanto custa um telegrama com *dez* palavras ?** wieviel - (es) kostet - ein - Telegramm - mit - 10 - Worten
Wann kommt es in Österreich an ?	*'kuandu ele 'schega na 'austria* **Quando ele chega na *Áustria* ?** wann - es - kommt an - in dem - Ö.
Was kostet ein Paket von *10* Kilo in die Schweiz ?	*'kuantu kusta uµ pa'kOtschi dJi deiß kilos para a 'ßuißa* **Quanto custa um pacote de *dez* quilos para a Suiça ?** wieviel - kostet - ein - Paket - von - 10 - Kilo - nach - die - S.
Was kostet es per Luftpost ?	*'kuantu kusta por wia a'erea* **Quanto custa por via aérea ?** wieviel - kostet (es) - per - Weg - Luft
Was kostet es mit dem Schiff ?	*'kuantu kusta por na'wiu* **Quanto custa por navio ?** wieviel - kostet (es) - mit dem - Schiff
Wie lange ist das Paket unterwegs ?	*'kuantu tempo de'mOra* **Quanto tempo demora ?** wieviel - Zeit - dauert (es)
Haben Sie bunte Briefmarken zum Sammeln ?	*teñ ßelos kolo'ridos para koleßio'nar* **Tem selos coloridos para colecionar ?** hat (er) - Briefmarken - farbig - zum - sammeln

Postlagernd

Ist für mich Post angekommen ?	*teñ 'kartas para miñ* **Tem cartas para mim ?** gibt (es) - Briefe - für - mich
Mein Name ist …	*o mEu nOmi ä* **O meu nome é …** der - mein - Name - ist
Ja, es ist welche da.	*ßiñ, teñ* **Sim, tem.** ja - (es) gibt
Ihren Ausweis bitte.	*o ßEu doku'mento por fa'wor* **O seu documento, por favor.** den - seinen - Ausweis - bitte

Post		
absenden	*eñwi'ar*	**enviar**
Absender	*reme'tentsche*	**o remetente**
Adresse	*ende'reßo*	**o endereço**
Ansichtskarte	*pos'tau ilus'trado*	**o postal ilustrado**
Bestimmungsort	*des'tschino*	**o destino**
Brief	*'karta*	**a carta**
Briefmarke	*'ßelo*	**o selo**
Briefträger	*kar'tEiro*	**o carteiro**
Briefumschlag	*enwe'lOpe*	**o envelope**
Eilbrief	*'karta es'preßa*	**a carta expressa**
Einschreiben	*'karta reJis'trada*	**a carta registrada**
frankieren	*franke'ar*	**franquear**
Gewicht	*'peso*	**o peso**
mit Luftpost	*wia a'erea*	**via aérea**
nachsenden	*heme'ter*	**remeter**
Paket	*enko'menda*	**a encomenda**
Porto	*'portsche*	**o porte**
Post(amt)	*ko'hEio*	**o correio**
Postkarte	*pos'tau*	**o postal**
postlagernd	*'posta hes'tantsche*	**posta restante**
Sondermarke	*'ßelo espe'ßiau*	**o selo especial**
Telegramm	*tele'grama*	**o telegrama**

Beim Optiker

ür Brillen (**óculos**) gibt es wie bei uns spezielle Fachgeschäfte (**óticas**), die mitunter auch Foto- apparate anbieten und bei denen man Filme entwickeln lassen kann.

Können Sie meine Brille reparieren ?	*'pOdJi konßer'tar os mEus 'Okulos* **Pode consertar os meus óculos ?** kann (er) - reparieren - die - meine - Brille
Können Sie mir das kaputte Glas ersetzen ?	*'pOdJi trO'kar a 'lentschi ke'brada* **Pode trocar a lente quebrada ?** kann (er) - wechseln - die - Linse - zerbrochen
Ich habe meine Kontaktlinsen verloren.	*per'dJi as 'miñjas lentes dJi kon'tato* **Perdi as minhas lentes de contato.** (ich) verlor - die - meinen - Linsen - von - Kontakt
Wie lange wird es dauern ?	*'kuantu tempo wai demo'rar* **Quanto tempo vai demorar ?** wieviel - Zeit - wird (es) - dauern

Wann kann ich die Brille abholen.	*'kuandu pOßo bus'kar os 'Okulos* **Quando posso buscar os óculos ?** wann - kann (ich) - holen - die - Brille	
Ich habe es sehr eilig.	*teñjo muita 'preßa* **Tenho muita pressa.** (ich) habe - viel - Eile	*'Okulos* **os óculos**
Ich bin auf der Durchreise.	*es'tou wia'Jando* **Estou viajando.** (ich) bin - reisend	
Reparieren Sie Fotoapparate ?	*wo'ße kon'ßerta 'makinas foto'grafikas* **Você conserta máquinas fotográficas ?** du - reparierst - Apparate - fotografisch	
Haben Sie Reinigungsmittel für Kontaktlinsen ?	*teñ 'likwido para lim'par lentes dJi kon'tato* **Tem líquido para limpar lentes de contato ?** hat (er) - Flüssigkeit - für - putzen - Linsen - von - Kontakt	
Ich möchte eine Sonnenbrille.	*Eu gosta'ria dJi kom'prar 'Okulos dJi ßou* **Eu gostaria de comprar óculos de sol.** ich - würde mögen - zu - kaufen - Brille - von - Sonne	

Beim Friseur

Wer das Glück hat, eine längere Reise zu machen, der wird irgendwann einmal auf dieses Kapitel zurückgreifen müssen. Obwohl die Verständigung beim Friseur (**cabeleireiro**) auch ohne viele Worte klappen sollte, hier trotzdem die wichtigsten Redewendungen.

Den Damen, die eine etwas kunstvollere Behandlung benötigen, ist zu empfehlen, sich an den Friseur in einem der internationalen Hotels zu wenden, wo man auch Fremdsprachen beherrscht.

Bei Zufriedenheit mit dem "Design" das Trinkgeld (**gorjeta**) von 10-15% nicht vergessen !

Wo gibt es hier einen Friseur ?	*'ondJi teñ a'ki uµ kabele'rEiro* **Onde tem aqui um cabelereiro ?** wo - gibt (es) - hier - einen - Friseur
Gibt es einen Friseursalon im Hotel ?	*teñ uµ ßa'lãu no o'täu* **Tem um salão no hotel ?** gibt (es) - einen - Friseusalon - in dem - Hotel
Was kostet ein normaler Haarschnitt ?	*'kuantu 'kusta uµ 'kOrtschi nor'mãu* **Quanto custa um corte normal ?** wieviel - kostet - ein - Schnitt - normal

Wie lange muß ich warten ?	'kuantu tempo 'dewo eßpe'rar **Quanto tempo devo esperar ?** wieviel - Zeit - muß (ich) - warten
Schneiden/Rasieren, bitte.	kOr'tar/fa'ser a 'barba por fa'wor **Cortar/Fazer a barba, por favor.** schneiden/machen - den - Bart - bitte
Bitte alles 2 cm. kürzer.	por fa'wor 'kOrte doiß ßen'tschimetros **Por favor, corte dois centímetros.** bitte - schneide - 2 - Zentimeter
Bitte mit Waschen und Föhnen.	por fa'wor la'war i ße'kar **Por favor, lavar e secar.** bitte - waschen - und - trocknen
So ist es kurz genug.	o kompri'mento es'ta boñ **O comprimento está bom.** die - Länge - ist - gut
Schneiden Sie hier bitte noch etwas weg.	'korte a'ki maiß uµ 'pouku **Corte aqui mais um pouco, por favor.** schneide - hier - mehr - ein - wenig - bitte
Danke, es ist sehr schön geworden.	obri'gado fi'kou muito bo'nito **Obrigado(a), ficou muito bonito.** danke - (es) blieb - sehr - schön
Das ist für Sie.	'ißto ä 'para o ßen'jor/a ßen'jora/wo'ße **Isto é para o senhor/a senhora/você** dies - ist - für - den - Herren/die - Dame/dich

te'soura
a tesoura

Friseur		
Bart	'barba	a barba
Dauerwelle	perma'nentsche	o permanente
färben	pin'tar	pintar
föhnen	ße'kar	secar
Friseur (Damen-)	kabelEi'rEiro	o cabeleireiro
Friseur (Herren-)	bar'bEiro	o barbeiro
Friseursalon	ßa'lãu dJi be'lesa	salão de beleza
frisieren	fa'ser a 'barba	fazer escova
Frisur	pentsche'ado	penteado
Glaze	ka'räka	a careca
Haar	ka'belo	o cabelo
Koteletten	koste'leta	a costeleta
rasieren	barbe'ar	barbear
Rasiermesser	na'walja dJi 'barba	a navalha de barba
Schere	te'soura	a tesoura
schneiden	kor'tar	cortar
Schnurrbart	bi'gOdJi	o bigode
waschen	la'war	lavar

Wo die Gegensätze zwischen kurz-vor-dem-Verhungern und unermeßlich-reich so stark aufeinanderprallen wie in den Metropolen Brasiliens, allen voran Rio de Janeiro, ist es kaum verwunderlich, daß Diebstähle und Überfälle an der Tagesordnung sind. Wer deshalb zu Hause bleibt oder sich nur mit Angst bewegt, zieht sicherlich die falsche Konsequenz.

Die richtige Strategie für unbeschwerten Reisespaß: 1. Sich gegen das Schlimmste (den Totalverlust von Ausrüstung und Reisekasse) absichern: Durch geeignete Verteilung seiner Habseligkeiten dafür sorgen, daß auch nach einem Überfall oder Raub noch ein Notgroschen übrig bleibt, so daß man nicht zum vorzeitigen Abbruch der Reise gezwungen ist. Gegen den Verlust des wohl sensibelsten Wertgegenstandes - das Flugticket - kann sich zumindest der, der vom Ankunftsflughafen auch wieder abfliegt, dadurch schützen, daß es an einem sicheren Ort, z.B. der deutschen Botschaft, deponiert. 2. Immer mit offenen Augen durch die Welt gehen und im Zweifelsfall um nicht zu beurteilende Situationen einen großen Bogen machen. Wertsachen (Uhr, Schmuck) niemals sichtbar mit sich herumtragen! 3. Im Falle eines Überfalls keinen Widerstand leisten sondern alles herausrücken. Denn Opfer einer Gewalttat sind in den allermeisten Fällen nur die, die versucht haben, sich zu wehren. Durch den Abschluß einer Reisegepäckversicherung trägt man dann noch nicht einmal einen finanziellen Schaden davon.

Aber aufgepaßt: Die Versicherung wird später versuchen, jede Kleinigkeit, die nicht den Versicherungsbedingungen entspricht, für sich auszunutzen um nicht zahlen zu müssen. Daher ist es nach einem Überfall (**assalto**) oder Diebstahl (**roubo**) wichtig, die Versicherungsleistung sicherzustellen. Daher: Die Versicherungsbedingungen auf die Reise mitnehmen und vor dem Gang zur Polizei den Teil "Obliegenheiten im Schadensfall" genau studieren. Insbesondere ist zu beachten: Den Schaden unverzüglich dem Versicherer melden (eine kurze Ansichtskarte sollte reichen), Ersatzansprüche gegen Dritte geltend machen (das ist das Hotel, in dem der Diebstahl geschehen ist, das Busunternehmen, usw.) oder zumindest eine Bescheinigung über den Diebstahl von diesen Stellen fordern. Darüber hinaus ist alles zur Aufklärung der Tat zu tun. D.h. es ist zur Polizei (**polícia**) zu gehen, wo man sich eine Bescheinigung (**certidão**) ausstellen läßt. Darin müssen auch sämtliche gestohlenen Gegenstände auftauchen. Nach der Rückkehr sind die Bescheinigungen und alle Quittungen der gestohlenen Sachen einzureichen.

Wo ist die nächste Polizeiwache ?	*'ondJi ä a 'proβima delega'βia* **Onde é a próxima delegacia ?** wo - ist - die - nächste - Polizeiwache	
Ich bin überfallen worden.	*Eu fui aβau'tado* **Eu fui assaltado.** ich - wurde - überfallen	
Mir ist der *Fotoapparat* gestohlen worden.	*miñja 'makina foto'grafika foi rou'bada* **Minha *máquina fotográfica* foi roubada** mein - Fotoapparat - wurde - geraubt	

Ich brauche eine Bescheinigung für die Versicherung.	pre'ßiso dʒi uɱ ßertifi'kado para o mEu ße'guro	
	Preciso de um certificado para o meu seguro	
	(ich) brauche - von - eine - Bescheinigung - für - die - meine - V.	

Der Mann/Junge hatte eine Pistole.

o 'omeñ/ra'paiß tiñja uɱ re'wouwer
O homen/rapaz tinha um revólver.
der - Mann/Junge - hatte - einen - Revolver

Es waren 3 Personen.

'eram treeß pe'ßoas
Eram *três* pessoas.
(es) waren - 3 - Personen

la'drãu
o ladrão

	Polizei	
Anzeige	de'nuñßia	a denúncia
anzeigen	denuñ'ßiar	denunciar
Bescheinigung	ßertifi'kado	o certificado
… für die Versicherung	'para o ße'guro	… para o seguro
Dieb	la'drãu	o ladrão
Diebstahl	'roubo	o roubo
er raubte	rou'bou	roubou…
Gefängnis	pri'sãu	a prisão
Gericht	tribu'nau dʒi Jus'tißa	o tribunal de justiça
Haschisch	ha'schischi	o haxixe
Heroin	ero'ina	a heroína
Kokain	koka'ina	a cocaína
Mariuana	ma'koñja	a maconha
Messer	'faka	a faca
Pistole	re'wouwer	o revólver
Polizei	po'lißja	a polícia
Polizeirevier	delega'ßia	a delegacia
Polizeiwagen	'kaho da po'lißja	o carro da policia
Polizist	poli'ßjau	o policial
Rauschgift	'drogas	as drogas
Richter	Ju'iß	o juíz
Schnüffelstoff	'lãßa per'fume	lança perfume
Überfall	a'ßauto	o assalto
Verbrechen	de'lito	o delito
verhaften	pren'der	prender
Waffe	'arma	a arma

Was wurde gestohlen ?		
Dollar	'dolares	dólares
Fotoapparat	'makina foto'grafika	a máquina fotográfica
Geld	dJin'jEiro	dinheiro
Geldbörse	kar'tEira	a carteira
Hemd	ka'misa	a camisa
Hose	'kauβa	a calça
Koffer	'mala	a mala
Papiere	doku'mentos	os documentos
Reisepass	paβa'pOrtschi	o passaporte
Ring	a'näu	o anel
Rucksack	mu'schila	a mochila
Schlüssel	'schawe	a chave
Schmuck	'JOja	a joía
Schuh	βa'pato	o sapato
Tasche	'bouβa	a bols
Ticket	'tiket	o ticket
Uhr	re'lOJio	o relógio

mu'schila
a mochila

re'lOJio
o relógio

βa'pato
o sapato

'makina foto'grafika
a máquina fotográfica

Die Öffnungszeiten (**horário de abertura**) der Geschäfte sind je nach Region sehr unterschiedlich. In den Städten richtet man sich weitgehend nach den allgemeinen Geschäftszeiten, die Wochentags (**dias da semana**) von 9 Uhr bis 18 Uhr gehen. Mit vorübergehender Schließung muß in der Mittagszeit (**horário de almoço**) von 11 Uhr 30 bis 14 Uhr gerechnet werden. Samstags (**sábado**) haben die meisten Geschäfte bis 13 Uhr geöffnet.

Wenn Sie in kleinen Läden oder in den Bars der Bedienung gegenüberstehen, werden Sie nicht, wie es bei uns üblich ist, gefragt, was Sie möchten. Da müssen Sie selbst die Initiative ergreifen und sobald Sie an der Reihe sind ihren Wunsch laut genug über die Theke rufen. Wenn Sie dabei ein **por favor** (bitte) voranstellen, brauchen Sie auch keine Angst zu haben, daß man Sie für unfreundlich hält, falls sie mal den richtigen Ton nicht getroffen haben.

In den Städten verdrängen die Supermärkte (**supermercado**) genauso wie bei uns immer stärker die kleinen Läden (**venda**). Sie entsprechen dem amerikanischen Vorbild und sind damit im wesentlichen so organisiert, wie man es auch hierzulande kennt. Ein wesentlicher Unterschied: An den Kassen (**caixa**) geht es um ein Vielfaches langsamer und lange nicht so ungeduldig und gereizt zu. In vielen Supermärkten packt eine extra dafür bereitstehende Kraft die Waren in die Einkaufstaschen. Ein kleines Trinkgeld als Dank schadet nicht.

Wer, wieder daheim, nicht auf diverse brasilianische Köstlichkeiten verzichten möchte, der wende sich an Walter Vassel Feinkost, Postfach 701163, 6000 Frankfurt 70.

EINKAUFEN

Wo gibt es *einen Supermarkt* ?	*'ondʒi teñ uɥ ßupermer'kado* **Onde tem *um supermercado* ?** wo - gibt (es) - einen - Supermarkt	
Wo finde ich den *Reis* ?	*'ondʒi teñ a'hoiß por fa'wor* **Onde tem *arroz*, por favor ?** wo - gibt (es) - Reis - bitte	
Wann öffnen Sie morgens ?	*kee 'oras abre dʒi mã'ja* **Que horas abre de manhã ?** welche - Stunden - öffnet - morgens	
Bis wann hat das Geschäft geöffnet ?	*a'tä kee 'oras o ko'merßio 'fika a'berto* **Até que horas o comércio fica aberto ?** bis - welche - Stunden - das - Geschäft - bleibt - geöffnet	

teuer/billig		
billig	*ba'rato*	**barato**
teuer	*'karo*	**caro**
zu teuer	*'muito 'karo*	**muito caro**

Einkaufen		
geöffnet	*a'berto*	**aberto**
geschlossen	*fe'schado*	**fechado**
Laden	*'lOJa*	**a loja**
Preis	*'preßo*	**o preço**
Rabatt	*des'konto*	**o desconto**
Verkäufer	*wen'dedor*	**o vendedor**

Bedienung

Wer ist der nächste ? *keñ ä o 'proßimo*
Quem é o próximo ?
wer - ist - der - Nächste

Was darfs sein ? *o'kee de'ßeJa*
O que deseja ?
was - wünscht (er)

Haben Sie ... ? *teñ*
Tem ... ?
hat (er)

Was kostet ... ? *'kuantu kusta*
Quanto custa ... ?
wieviel - kostet

Ich möchte bitte ... *gosta'ria dJi ... por fa'wor*
Gostaria de ..., por favor.
(ich) würde mögen - von - ... - bitte

Wo finde ich ... ? *'ondJi Eu eñ'kontro*   *'ondJi teñ*
Onde eu encontro ... ?   **Onde tem ... ?**
wo - ich - treffe   wo - gibt (es)

Geben Sie mir bitte *por fa'wor mi dee*
... ! **Por favor, me dê ...**
bitte - mir - gib

Das haben wir leider *'ißo nos infeliß'mentschi nãu temos*
nicht. **Isso nós infelizmente não temos.**
dies - wir - leider - nicht - haben

Sonst noch etwas ? *mais au'guma koisa*
Mais alguma coisa ?
mehr - irgendeine - Sache

Bezahlen

Was kostet es ?	*'kuantu kusta* **Quanto custa ?** wieviel - kostet (es)
Könnten Sie es bitte aufschreiben ?	*pOde'ria eskre'wer por fa'wor* **Poderia escrever, por favor ?** könnte (er) - schreiben - bitte
Nehmen Sie (auch) Dollars ?	*a'ßEita 'dolar tambeñ* **Aceita dólar (também) ?** nimmt (er) an - Dollar - auch
Können Sie es einpacken ?	*da'ria pra eñbru'jar* **Daria prá embrulhar ?** würde (es) reichen - für - einpacken
Könnten Sie mir eine Einkaufstüte geben ?	*pOde'ria mi dar uma 'ßakOla* **Poderia me dar uma sacola ?** könnte (er) - mir - geben - eine - Tüte

Irrtum ?

Ich glaube, Sie haben sich verrechnet.	*Eu 'ascho ke wo'ße e'hou na konta* **Eu acho que você errou na conta.** ich - finde - daß - du - irrtest - in der - Rechnung
Ich habe Ihnen 50 Cruzados gegeben.	*Eu dEi ßin'kuenta kru'sados* **Eu dei *cinquenta* cruzados.** ich - gab - 50 - C.
Sie haben mir nur ... Cruzados zurückgegeben.	*wo'ße mi dEu dJi 'wouta ßo'mentschi ... kru'sados* **Você me deu de volta somente ... cruzados.** du - mir - gabst - zurück - nur - ... - C.
Es fehlen ... Cruzados.	*es'tãu fãu'tando ... kru'sados* **Estão faltando ... cruzados.** (es) sind - fehlend - ... - C.

'uwas
as uvas

Geschäfte

Apotheke	far'maßja	a farmácia
Bäckerei	pada'ria	a padaria
Bank	'banko	o banco
Boutique	bou'tiki	a boutique
Buchhandlung	liwra'ria	a livraria
Drogerie	droga'ria	a drogaria
Eisenwarenladen	'lOJa dJi fe'haJeñs	a loja de ferragens
Elektrogeschäft	'lOJa dJi ar'tigos e'lätrikos	a loja de artigos elétricos
Fischhalle	pescha'ria	a peixaria
Fleischerei	a'ßouge	o açougue
Fotogeschäft	'lOJa dJi ar'tigos foto'grafikos	a loja de artigos fotográficos
Friseur (Schönheits- salon)	ßa'läu dJi be'lesa	o salão de beleza
Friseur	ßa'läu dJi kabele'rEiro	o salão de cabeleireiro
Gemüsehändler	werdu'rEiro	o verdureiro
Juwelier	Joalja'ria	a joalharia
Kaufhaus	'lOJa	loja
Lebensmittelgeschäft	mer'kado/arma'señ	o mercado/o armazém
Metzgerei	a'ßouge	o açougue
Musikgeschäft	'lOJa dJi ar'tigos musi'kais	a loja de artigos musicais
Optiker	oku'lista	o oculista
Polizei	po'lißia	a policia
Post	ko'hEio	o correio
Reinigung	tintura'ria	a tinturaria
Reisebüro	a'JänßJia dJi wi'aJeñs	a agência de viagens
Schallplattenladen	'lOJa dJi 'dißkos	a loja de discos
Schneider	kostu'rEira	a costureira
Schreibwarenladen	papela'ria	a papelaria
Schuhgeschäft	ßapata'ria	a sapataria
Schuhmacher	ßapa'tEiro	o sapateiro
Shopping Center	'schoping 'ßenter	o shopping center
Souvenirgeschäft	'lOJa dJi ßouve'nir	a loja de souvenir
Spirituosenhandlung	rewen'dedor dJi be'bidas	a revendedor de bebidas
Sportgeschäft	'lOJa dJi ar'tigos espor'tiwos	a loja de artigos esportivos
Stoffladen	'lOJa dJi te'ßidos	a loja de tecidos
Supermarkt	ßupermer'kado	o supermercado
Süßwarenladen	konfEita'ria	a confeitaria
Tabakladen	tabaka'ria	a tabacaria
Uhrmacher	reloJo'Eiro	o relojoeiro
Wäscherei	lawanda'ria	a lavanderia
Zeitungskiosk	'banca dJi re'wistas	a banca de revistas

Obst und Gemüse werden traditionell auf dem Markt (**mercado**) gekauft. Das Angebot ist aber nicht auf diese Lebensmittel beschränkt. Fleisch (**carne**), Fisch (**peixe**) und lebendes Getier werden ebenso angeboten wie Kleidung (**roupas**), Haushaltswaren (**utensílios domésticos**) und warme Mahlzeiten (**refeições**). An manchen Stellen des Marktes entsteht durch das Zusammentreffen der verschiedensten Gerüche mit der sengenden Hitze schon mal eine Luft, die einem glatt den Atem verschlägt.

Das Feilschen um den Preis (**preço**) ist hier natürlich besonders anzuraten und ein ausgesprochenes Muß auf den rei-

nen Touristenmärkten. Als letztere sind auch die sog. Hippiemärkte (**mercado hippie**), die Sonntags in Rio und São Paulo abgehalten werden und hauptsächlich Lederwaren (**couro**) und Kunstgegenstände (**pinturas**) anbieten, zu verstehen.

Auf Märkten gilt es ein waches Auge für Taschendiebe zu haben. Wenn Sie von Kindern angesprochen werden, dann dreht es sich höchstwahrscheinlich um die Frage, ob sie Ihnen die Einkaufstaschen nach Hause bzw. zum Taxi tragen dürfen. Zu diesem Zweck werden die typischen selbstgebastelten Holzkarren verwendet, bei denen nackte Kugellager als Räder dienen.

Wo/Wohin ?

ma´ßã
a maçã

Wann gibt es einen Markt ?	*'kuandu teñ mer'kado* **Quando tem mercado ?** wann - gibt (es) - Markt
Wo ist heute Markt ?	*'ondJi teñ mer'kado 'oJi* **Onde tem mercado hoje ?** wo - gibt (es) - Markt - heute
Wo geht es zum *Mercado Modelo* ?	*'kOmu po'demos ir para o mer'kado mo'delo* **Como podemos ir para o *Mercado Modelo* ?** wie - können (wir) - gehen - zu - dem - M. M.

Maße und Qualität		
Dutzend	*'dusia*	**a dúzia**
faul	*'podre*	**podre**
frisch	*'freßko*	**fresco**
gefrohren	*koñJe'lado*	**congelado**
Gramm	*'grama*	**o grama**
groß	*'grandJi*	**grande**
grün/unreif	*'werdJi*	**verde**
Kilo	*'kilo*	**o quilo**
klein	*pe'keno*	**pequeno**
Liter	*'litro*	**o litro**
reif	*ma'duro*	**maduro**
Stück	*pe'daßo*	**o pedaço**
weich	*'mOli*	**mole**

Am Stand

'miljo
o milho

Haben Sie Tomaten ?	*teñ to'matschi* **Tem *tomate* ?** hat (er) - Tomate

Was kostet *das Kilo* ?
'kuàntu kusta o kilo
Quanto custa *o quilo* ?
was - kostet - das - Kilo

Was kostet eine *Ananas* ?
'kuantu kusta uµ abaka'schi
Quanto custa um *abacaxí* ?
wieviel - kostet - eine - Ananas

Wo gibt es *Hänge-matten* zu kaufen ?
'ondJi pOßo kom'prar uma 'hedJi
Onde posso comprar uma *rede* ?
wo - kann (ich) - kaufen - eine - Hängematte

Ist *das Fleisch* frisch ?
a karne es'ta 'freßka
A carne está fresca ?
das - Fleisch - ist - frisch

Ich möchte *ein Kilo Bananen.*
gosta'ria dJi uµ kilo dJi ba'nanas
Gostaria de um quilo de bananas.
(ich) würde mögen - von - ein - Kilo - von - Bananen

Ich hätte gern *ein Dutzend Orangen.*
por fa'wor Eu gosta'ria dJi uma 'dusia dJi la'rānJa
Por favor, eu gostaria de uma dúzia de laranjas
bitte - ich - würde mögen - von - ein - Dutzend - von - Orangen

Früchte		
Ananas	*abaka'schi*	**a abacaxi**
Apfel	*ma'ßã*	**a maçã**
Banane	*ba'nana*	**a banana**
Birne	*'pera*	**a pêra**
Erdbeere	*mo'rango*	**o morango**
Erdnuß	*amendo'iñ*	**o amendoim**
Feige	*'figo*	**o figo**
Honigmelone	*me'lãu*	**o melão**
Kastanie	*kas'tañja*	**a castanha**
Kirsche	*ße'reJa*	**a cereja**
Limone (Zitrone)	*li'mãu*	**o limão**
Mandel	*a'mändoa*	**a amêndoa**
Mango	*'manga*	**a manga**
Orange	*la'ranJa*	**a laranja**
Papaia	*ma'mãu*	**o mamão**
Pfirsich	*'peßego*	**o pêssego**
Pflaume	*a'mEischa*	**a ameixa**
Trauben	*'uwas*	**as uvas**
Wassermelone	*melã'ßia*	**a melancia**

Bitte *3 Mangos*.   *treß mangas por fa'wor*
Três mangas, por favor.
3 - Mangos - bitte

unbedingt probieren:	
o cajú	*ka'Ju*
o caquí	*ka'ki*
a fruta de conde	*fruta dJi 'kondJi*
a goiaba	*go'jaba*
a jaca	*'Jaka*

AUF DEM MERCADO MODELO

Feilschen

Was kostet dies ?   *'kunatu 'kusta 'ißo*
Quanto custa isso ?
wieviel - kostet - dies

Es kostet nur … Cru-   *'kusta ßo'mentschi kru'sados*
zados.   **Custa somente … cruzados**
(es) kostet - nur - … - C.

Das ist aber teuer.   *es'ta muito 'karo*
Está muito caro.
(es) ist - sehr - teuer

Da vorne habe ich es   *a'li na 'frentschi Eu wii por*
für … gesehen.   **Ali na frente eu ví por …**
dort - vorne - ich - sah - für

Im Stadtzentrum bekomme ich es für … Cruzados.	*no 'ßentro 'kusta … kru'sados* **No centro custa … cruzados.** im - Zentrum - kostet (es) - … - C.	
Ich gebe Ihnen … Cruzados.	*Eu 'pago … kru'sados* **Eu pago … cruzados.** ich - zahle - … - C.	
Sie machen mich arm. (*scherzhaft*)	*wo'ße/o ßen'jor/a ßen'jora wai mi dEi'schar 'pObre* **Você/O senhor/A senhora vai me deixar pobre.** du/der - Herr/die - Dame - wird - mich - lassen - arm	
Ich bin nur ein armer Gringo. (*scherzhaft*)	*'ßou ßo'mentschi uµ 'gringo 'pObre* **Sou somente um gringo pobre.** (ich) bin - nur - ein - Gringo - arm	

ße'bola
a cebola

Lebensmittel/Waren		
Bohne	*fEi'Jão*	**o feijão**
Butter	*man'tega*	**a manteiga**
Ei	*'owo*	**o ovo**
Erbsen	*er'wijas*	**as ervilhas**
Filet	*'lOmbo*	**o lombo**
Fisch	*'peschi*	**o peixe**
Fleisch	*'karne*	**a carne**
Hängematte	*'hedJi*	**a rede**
Huhn	*ga'liñja*	**a galinha**
Kartoffel	*ba'tata*	**a batata**
Käse	*'keJo*	**o queijo**
Kohl	*'kouwi*	**a couve**
Kopfsalat	*au'faße*	**a alface**
Kotelett	*koste'leta*	**a costeleta**
Krabbe	*kama'rãu*	**o camarão**
Krake	*'polwo*	**o polvo**
Krebs	*karan'geJo*	**o caranguejo**
Milch	*'lEitschi*	**o leite**
Nudeln	*maka'hãu*	**o macarrão**
Puter	*pe'ru*	**o peru**
Reis	*a'hois*	**o arroz**
Rindfleisch	*'karne dJi boi*	**carne de boi**
Salz	*ßau*	**o sal**
Sandale	*ßan'dalja*	**a sandália**
Schuh	*ßa'pato*	**o sapato**
schwarze Bohnen	*fEi'Jão 'preto*	**feijão preto**
Schweinefleisch	*'karne dJi 'porko*	**carne de porco**
Sonnenöl	*broñsea'dor*	**o bronzeador**
Wurst	*ßau'ßischas*	**a salsicha**
Zwiebel	*ße'bola*	**a cebola**

Schicke Kleidung (**roupas**) und Bikinis (**biquínis**), die es so klein sonst nirgendwo gibt, bekommt die Dame in den diversen Boutiquen der Strandviertel von Ipanema und Copacabana. Traditionellere Kleidungsstücke kauft man am besten in den Städten des Nordens (Salvador, Recife) ein. Für den Herren wird es deutlich schwerer sein, das *passende* zu finden. Wegen der Durchschnittsgröße der männlichen brasilianischen Bevölkerung ist alles etwas kleiner zugeschnitten.

Die Größenangaben stimmen mit unseren nicht ganz überein. Bei Schuhen (**sapatos**) sollte man 1 bis 2 Nummern abziehen, bei Kleidungsstücken bis zu 4 Nummern dazugeben.

Gibt es bei Ihnen Kleidung für Damen/ Herren/Kinder ?	*teñ a'ki mOda femi'nina/masku'lina/infan'tiu* **Tem aqui moda feminina/masculina/infantil ?** gibt (es) - hier - Kleidung - weiblich - männlich - kindlich	
Haben Sie *Hemden* ?	*teñ ka'misas* **Tem camisas?** hat (er) - Hemden	
Was ist Ihre Größe ?	*kee ta'mãjo teñ* **Que tamanho tem ?** welche - Größe - hat (er)	
Ich habe Größe *36.*	*mEu ta'mãjo ä trinta i ßEis* **Meu tamanho é trinta e seis.** meine - Größe - ist - 36	
Welche Farbe wünschen Sie ?	*kee kor de'ßeJa* **Que cor deseja ?** welche - Farbe - wünscht (er)	
Haben Sie es in einer anderen Farbe ?	*teñ eñ outra kor* **Tem em outra cor ?** hat (er) - in - anderer - Farbe	
Haben Sie es auch in *rot* ?	*teñ tam'beñ eñ wer'meljo* **Tem também em vermelho ?** hat (er) - auch - in - rot	
Haben Sie auch billigere *Schuhe* ?	*teñ ßa'patos mais ba'ratos* **Tem sapatos mais barato ?** hat (er) - Schuhe - mehr - billig	

Einkaufen

anprobieren	*pro'war*	**provar**
bezahlen	*pa'gar*	**pagar**
Damen/Herren	*'omeñs/mul'jeres*	**homens/mulheres**
Größe	*ta'mãjo*	**o tamanho**
Kabine	*ka'bine*	**a cabine**
Kasse	*'kaischa*	**a caixa**
Kinder	*kri'ãßas*	**crianças**

Anprobe

zu klein/	*'muito pe'keno/*	**muito pequeno/**
zu groß	*'muito 'grandJi*	**muito grande**
kleiner/größer	*me'nor/ma'jor*	**menor/maior**
zu kurz/	*'muito 'kurto/*	**muito curto/**
zu lang	*'muito 'longo*	**muito longo**
kürzer/länger	*mais 'kurto/mais 'longo*	**mais curto/mais longo**
modern/unmodern	*'foha da 'mOda*	**moderno/fora da moda**
schön/häßlich	*bo'nito(a)/o'hiväu*	**bonito(a)/horrível**

Anprobe

'tenis
o tênis

Darf ich es anprobieren ?	*'pOßo pro'war* **Posso provar?** darf (ich) - probieren	
Wo kann ich es anprobieren ?	*'ondJi pOßo pro'war* **Onde posso provar ?** wo - kann (ich) - probieren	
Es ist zu klein/zu groß.	*es'ta muito pe'kena/muito 'grandJi* **Está muito pequena/muito grande.** (sie) ist - viel - klein/viel - groß	
Haben Sie es größer/ kleiner.	*teñ ma'jor/me'nor* **Tem maior/menor ?** hat (er) - größer/kleiner	
Haben Sie es eine Nummer kleiner/ größer ?	*teñ uµ 'numero me'nor/ma'jor* **Tem um número menor/maior ?** hat (er) - eine - Nummer - kleiner/größer	

Materialien

Baumwolle	*algo'dãu*	**o algodão**
Flanell	*fla'nela*	**a flanela**
Kunstleder	*'kouro artifi'ßiau*	**o couro artificial**
Kunstoff	*'plastiko*	**o plástico**
Leder	*'kouro*	**o couro**
Leinen	*'liñjo*	**o linho**
Seide	*'ßeda*	**a seda**
Stoff	*te'ßido*	**o tecido**
Synthetik	*sin'tätico*	**o sintético**
Wildleder	*'kouro ßäu'waJeñ*	**o couro selvagem**
Wolle	*lã*	**a lã**
gehäkelt	*'fEito a krO'schä*	**feito a crochet**
gestrickt	*triko'tado*	**tricotado**
handgemacht	*'fEito a mãu*	**feito a mão**
natürlich/künstlich	*natu'rau/artifi'ßiau*	**natural/artificial**

Farben und Muster

Farbe	kor	a cor
Muster	pa'drãu	o padrão
beige	'bEiJe	beige
blau	a'su	azul
braun	ma'hoñ	marron
bunt	kolo'rido/a	colorido/a
creme	'krämi	creme
gelb	ama'relo/a	amarelo/a
gold	dou'rado/a	dourado/a
grau	'ßinsa	cinza
grün	'werdJi	verde
orange	la'rãJa	laranja
rosa	kor dJi 'rosa	cor de rosa
rot	wer'meljo/a	vermelho/a
schwarz	'preto/a	preto/a
silber	prate'ado/a	prateado/a
türkis	a'su tur'kesa	azul-turquesa
violett	'roscho/a	roxo/a
weiß	'branko/a	branco/a
gemustert	estam'pado	estampado
gepunktet	koñ bO'liñjos	com bolinhos
kariert	'schadres	xadrez
längs gestreift	li'strado werti'kau	listrado vertical
quer gestreift	li'strado orison'tau	listrado horizontal

Bekleidung

Anzug	'terno	o terno
Badelatschen	schin'nelos	os chinelos
Bekleidung	'roupas	as roupas
Bluse	'blusa	a blusa
Hemd	ka'misa	a camisa
Hose	'kaußa	a calça
Jeans	'JiinB	a jeans
kurzärmelig	koñ mã'gas kur'tas	com mangas curtas
langärmelig	koñ mã'gas loñ'gas	com mangas longas
Rock	'ßaja	a saia
Sacko	'blEiser	o blazer
Sandale	ßan'dalia	a sandália
Schuhe	ßa'patos	os sapatos
Sonnenhut	scha'pEu dJi ßou	o chapéu de sol
Strümpfe	'mEias	as meias
Turnschuh	'tenis	o tênis

Von der dreiwöchigen Flugrundreise bis zum Bootstrip auf dem Amazonas: es bieten sich für jeden Geschmack vielfältige Möglichkeiten, das Land auf eigene Faust zu entdecken.

Restaurants, viele Stadtpläne sowie eine große Brasilienkarte. Durch das Piktogrammsystem ist er auch dem nicht Portugiesisch Sprechenden verständlich. Die einführenden Informationen sind außerdem dreisprachig (portugiesisch, spanisch, englisch) abgefaßt. Er wird jedes Jahr aktualisiert und ist an allen Zeitungskiosken (**banca de revista**) zu bekommen.

PALMENWALD BEI MACEIÓ

Egal, ob Sie mit dem Flugzeug fliegen oder mit dem Bus reisen, der Komfort ist ausgesprochen gut. Richtig erleben kann man das Land aber nur auf einer Busreise oder mit dem eigenen Auto. Sie ahnen nicht, was da für Kontakte zu den Menschen entstehen können.

Neben einem Reiseführer (siehe Anhang) empfiehlt sich ganz besonders die Mitnahme des vom bras. Automobilclub **Quatro Rodas** herausgegebenen **Guia Brasil**. Er enthält die wichtigsten Informationen zu über 600 Städten, mehr als 3000 Hotels mit Preisangaben und ebenso vielen

Haben Sie den "Guia Brasil" von "Quatro Rodas" ?
teñ o gia bra'siu do 'kuatro 'rOdas
Tem o Guia Brasil do Quatro Rodas ?
hat (er) - den - G. B. - von - Q. R.

Darf ich ihn mir ansehen ?
'pOßo 'wälo
Posso vê-lo ?
darf (ich) - sehen–ihn

Ist es die neueste Ausgabe ?
'eßtschi ä o mais re'ßente
Este é o mais recente ?
dieser - ist - der - mehr - kürzlich

Wohin fahren Sie/du ?
para 'ondJi wo'ße wai
Para onde você vai ?
nach - wo -- du - fährst

Woher kommen Sie/du ?
dJi 'ondJi wo'ße ä
De onde você é ?
von - wo - du - bist

Reisen

Auto	'kaho	o carro
Boot	'barko	o barco
Bus	'Onibus	o ônibus
Eisenbahn	treñ	o trem
Fähre	'bauȠa	a balsa
Fahrrad	biȠi'kläta	a bicicleta
Flugzeug	a'wiȠu	o avião
Hubschrauber	eli'kOptero	o helicóptero
Jacht	'iate	o iate
Lastwagen	kamiñ'jȠu	o caminhão
Moped	mobi'lätschi	a mobilete
Motorrad	'mOto	a moto
Schiff	na'wiu	o navio
Tamper	karo'nEiro/karo'nista	caroneiro/caronista
trampen	wia'Jar dJi ka'rOna	viagar de carona
U-Bahn	me'tro	o metrô
zu Fuß	a pee	a pé

Verkehrsmittel

anhalten	pa'rar	parar
Ankunft	sche'gada	a chegada
Anschluß/Verbindung	kone'Ƞau	a conexão
Ausgang	Ƞa'ida	a saída
aussteigen	Ƞau'tar/de'Ƞär/Ƞa'ir	saltar/descer/sair
Bahn	treñ	o trem
Bahnhof	esta'Ƞau fäho'wiaria	a estação ferroviária
buchen	mar'kar	marcar
Busbahnhof	esta'Ƞau hodo'wiaria	a estação rodoviára
Eingang	en'trada	a entrada
einsteigen	en'trar	entrar
Fahrplan	o'rario	o horário
Gepäckaufbewahrung	'guarda wO'lumes	o guarda volumes
Handgepäck	ba'gaJeñ dJi mȠu	a bagagem de mão
Hin- und Rückreise	'ida e 'wouta	ida e volta
Hinreise	'ida	a ida
losfahren	par'tir	partir
Rückfahrkarte	bil'jätschi dJi 'wouta	o bilhete de volta
Rückreise	'wouta	a volta
umsteigen	baude'ar	baldear
Wartesaal	'Ƞala dJi es'pära	a sala de espera

Brasilien hat ein weit verzweigtes und gut funktionierendes Netz an Busverbindungen, so daß man fast jeden Ort, zu dem eine Straße führt, auch mit dem Bus erreichen kann. Die Überlandbusse sind modern und komfortabel (Ausnahme: die entlegenen Gegenden im Norden) und in zwei Kategorien eingeteilt: den normalen Reisebus (**ônibus**) - Kostenpunkt ca. 2 DM pro 100 km - und den Liegebus (**leito**). Der Leito verfügt über etwa die Hälfte der Sitze eines Standardbusses (weshalb eine Fahrt auch ungefähr doppelt so teuer ist), die man zum Liegen ganz nach hinten klappen kann. Er fährt meist nachts. Zwischen den Metropolen gibt es außerdem teurere Luxusbusse (**executivo**), die mit Klimaanlage ausgestattet sind. Da in allen Kategorien nur Platzkarten ausgegeben werden, fährt man immer sehr bequem.

Die zentralen Anlaufpunkte der Busse sind Busbahnhöfe (**rodoviária**). Dort kauft man auch die Tickets, die man sich insbesondere während der Ferien und zur Karnevalszeit rechtzeitig im Voraus besorgen sollte. Die Strecken sind unter vielen privaten Gesellschaften (**viação**) aufgeteilt und jede Gesellschaft hat ihren eigenen Schalter. Rucksäcke (**mochila**) und Koffer (**mala**) dürfen nicht mit an den Platz genommen werden, sondern sind unten im Gepäckraum zu verstauen. Es empfiehlt sich daher, die Dinge, die man unterwegs braucht, in einer kleinen Tasche als Handgepäck mitzunehmen. Vor der Abfahrt muß außerdem jeder Mitfahrer einen Versicherungsschein (**formulário de seguro**) ausfüllen. Die Busse halten tagsüber alle 3 bis 4 Stunden an einer Raststätte (**lanchonete**), wo man zu den landesüblichen Preisen sehr gute Snacks bekommt oder auch wie in einem Restaurant essen kann.

An Wochenenden, während der Ferien und in der Karnevalszeit (da verlassen viele Cariocas fluchtartig ihre Stadt) sind viele Strecken schon weit im voraus ausgebucht. Bei Nachtfahrten unbedingt ein Sweatshirt bereithalten, da es doch kühler werden kann, als man sich das bei der Abfahrt in der Tageshitze vorstellt. Das gilt besonders für Fahrten durchs Gebirge.

Busfahren

Bahnsteig	plata'fOrma	a plataforma
Busfahren	an'dar dJi 'Onibus	andar de ônibus
Busgesellschaft	wia'ßãu dJi 'Onibus	a viação de ônibus
Buslinie	'liñja dJi 'Onibus	a linha de ônibus
Fahrkarte	pa'ßaJeñ	a passagem
Fahrpreis	'preßo da pa'ßaJeñ	o preço da passagem
Koffer	'mala	a mala
Rucksack	mu'schila	a mochila
Sitz / Platz	pOl'trOna	a poltrona
sitzen …	ßen'tar	sentar …
am Fenster	na Ja'nela	na janela
am Gang	no kohe'dor	no corredor
vorne	na 'frentschi	na frente
hinten	a'traiß	atrás
der Bus …	o 'Onibus	o ônibus …
fährt ab	'partsche	parte
hält an	'para	pára
kommt an	'schega	chega

Wo/Wohin ?

Wie komme ich zur Rodoviaria ?	*'kOmu 'faßo para ir a rodo'wiaria* **Como faço para ir á rodoviária ?** wie - mache (ich) - zu - gehen - zu der - Rodoviaria
Ist noch ein Platz frei nach *Recife* am *Montag* um ... Uhr ?	*teñ lu'gar para re'ßifi na ße'gunda fEira as ... 'oras* **Tem lugar para *Recife* na *segunda feira* ás ... horas?** (es) hat - Platz - nach - R. - am - Montag - um - Uhr
Wieviel kostet die Fahrt nach *São Paulo* mit dem Leito ?	*'kuantu kusta a pa'ßaJeñ dJi lEito para 'ßãu paulo* **Quanto custa a passagem de leito para *São Paulo*?** wieviel - kostet - die - Fahrt - von - Leito - nach - S. P.
Wieviel Stunden dauert die Fahrt nach *Brasilia* ?	*'kuantas 'oras 'dura a wi'aJeñ para bra'silja* **Quantas horas dura a viagem para *Brasilia*?** wieviel - Stunden - dauert - die - Reise - nach - B.
Wie komme ich von hier nach *Manaus* ?	*'kOmu dewo fa'zer para ir da'ki a ma'na-us* **Como devo fazer para ir daqui a *Manaus*?** wie - muß (ich) - machen - für - fahren - von hier - nach - M.
Welche Busgesellschaft fährt nach *Iguaçu* ?	*'kuãu wia'ßãu dJi 'Onibus wai para igua'ßu* **Qual viação de ônibus vai para *Iguaçu*?** welche - Gesellschaft - von - Bus - fährt - nach - I.
Auf welchem Bahnsteig fährt der Bus nach *São Paulo* ?	*dJi kee plata'forma 'partsche o 'Onibus para 'ßãu paulo* **De que plataforma parte o ônibus para *São Paulo* ?** von - welchem - Bahnsteig - fährt ab - der - Bus - nach - S. P.
Welchen Platz möchten Sie ?	*kee lu'gar o ßen'jor pre'fere* **Que lugar o senhor prefere ?** welchen - Platz - der - Herr - bevorzugt
Ich möchte *vorne am Fenster* sitzen.	*kero ßen'tar na 'frentschi do 'lado da Ja'nela* **Quero sentar *na frente do lado da janela*.** (ich) möchte - sitzen - vorne - nach - Seite - von dem - Fenster
Es gibt keinen Platz mehr.	*nãu a mais lu'gares* **Não há mais lugares.** nicht - es (gibt) - mehr - Plätze
Der nächste Bus fährt morgen um ... Uhr.	*o 'proßimo 'Onibus 'partsche amã'ja as ... 'oras* **O próximo ônibus parte amanhã às ... horas.** der - nächste - Bus - fährt ab - morgen - um - Uhr

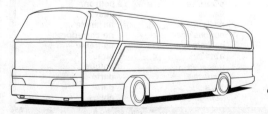

'Onibus
o ônibus

Im Bus

Sind wir hier schon in Vitória ?	*'Ja eß'tamos eñ wi'tOria* **Já estamos em *Vitória* ?** schon - (wir) sind - in - V.
Wo sind wir hier ?	*'ondJi eß'tamos a'ki* **Onde estamos aqui ?** wo - sind (wir) - hier
Wie heißt diese Stadt/dieser Fluß ?	*'kOmu ße 'schama 'esta ßi'dadJi/'este 'hio* **Como se chama esta cidade/este rio ?** wie - sich - nennt - diese - Stadt/dieser - Fluß
Wie lange noch, bis wir wieder anhalten ?	*'kuantu tempo de'mOra a'inda a'tä a 'prOßima pa'rada* **Quanto tempo demora ainda até a próxima parada ?** wieviel - Zeit - vergeht - noch - bis - die - nächste - Haltest.
Wie lange brauchen wir noch bis *Salvador* ?	*'kuantu tempo de'mOra a'tä ßauwa'dor* **Quanto tempo demora até *Salvador* ?** wieviel - Zeit - vergeht - bis - S.
Wann kommen wir in *Porto Alegre* an ?	*'kuandu 'wamos sche'gar eñ 'porto a'lägre* **Quando vamos chegar em *Porto Alegre* ?** wann - werden (wir) - ankommen - in - P. A.
Ich möchte am Stadtrand von *Maraba* aussteigen.	*gosta'ria dJi ßau'tar* **Gostaria de saltar.** (ich) würde mögen - zu - aussteigen
Können Sie mir bitte den *Rucksack* herausgeben ?	*por fa'wor 'pOdJi mi da a 'miñja mo'schila* **Por favor , pode me dar a minha *mochila* ?** bitte - (er) kann - mir - geben - den - meinen - Rucksack

IM BUS ÜBER DEN RIO TOCANTINS

Flugreisen sind - gemessen an den geflogenen Kilometern - zwar nicht so teuer wie bei uns, aber noch lange kein billiges Vergnügen. Ausnahme: der Airpaß (s.u.).

Die Fluggesellschaften heißen VARIG, CRUZEIRO, TRANS BRASIL und VASP. Sie unterhalten in den größeren Städten Büros (**agência de viagem**), wo die Tickets gekauft werden können. Die Flugreservierungen sollten so früh wie möglich gemacht werden, da es immer wieder passiert, daß auch die vermeintlich weniger frequentierten Strecken ausgebucht sind. Auf manchen Routen gibt es verbilligte Nachtflüge. Erkundigen Sie sich danach.

Airpaß: Der Airpaß (**airpass**) stellt eine ausgesprochen günstige Möglichkeit dar, das Land kreuz und quer zu bereisen, wenngleich man lange nicht so viel erlebt wie auf einer Busreise. Der Airpaß muß in Deutschland gekauft werden, ist 3 Wochen gültig und kostet $330. Während der Zeit kann man so viel fliegen wie es einem gefällt, mit der einzigen Einschränkung, keine Strecke zweimal in derselben Richtung zurückzulegen. Es empfiehlt sich auf jeden Fall, die Buchung der einzelnen Strecken schon in Deutschland vorzunehmen. So hat man seine Flüge sicher, umbuchen kann man im Lande dann immer noch. Leider muß man sich vorab auf eines von zwei Streckennetzen festlegen (das von VARIG/CRUZEIRO oder das von TRANS BRASIL/VASP) und kann nicht zwischen den Netzen wechseln. Wenn man nur die großen Städte anfliegt, ist das wiederum nicht so schlimm, da sie von beiden Gruppen bedient werden. Die Flughafensteuer (**taxa de embarque**) ist mit dem Airpaß nicht abgegolten !

Einige der teureren Hotels bieten Airpaß-Inhabern Rabatte auf die Übernachtungskosten. Bei der Flugbuchung kann man Ihnen diese Hotels nennen.

Buchung

Wo gibt es hier ein Reisebüro der *VARIG* ?	*'ondJi teñ uma a'Jeñßia dJi wi'aJeñ* **Onde tem uma agência de viagem da *VARIG*?** wo - gibt (es) - eine - Agentur - von - Reise - von der - V.
Ich möchte einen Flug nach *Manaus* buchen.	*gosta'ria dJi mar'kar uñ 'wo para ma'na-us* **Gostaria de marcar um vôo para *Manaus*.** (ich) würde mögen - zu - buchen - einen - Flug - nach - M.
Gibt es einen billigen Nachtflug nach *Recife* ?	*teñ uñ 'wo ba'rato a 'noitschi para re'ßifi* **Tem um vôo barato à noite para *Recife*?** gibt (es) - einen - Flug - billig - in - Nacht - nach - R.
Ich habe den Airpaß.	*teñjo o 'ärpaß* **Tenho o Airpass.** (ich) habe - den - Airpaß
Ich möchte einen Flug umbuchen.	*gosta'ria dJi mu'dar uñ 'wo* **Gostaria de mudar um vôo.** (ich) würde mögen - zu - wechseln - einen - Flug
Es gibt leider keinen Platz mehr.	*infelis'mentschi nãu a mais lu'gares* **Infelizmente não há mais lugares.** leider - nicht - (es) gibt - mehr - Plätze

Fliegen		
buchen	mar'kar	marcar
Chartermaschine	'scharter	a charter
fliegen	wo'ar	voar
Flughafen	aero'porto	o aeroporto
Flughafensteuer	'tascha	a taxa de viagem
Flugzeug	a'wiãu	o avião
Gate	por'tão	o portão
Handgepäck	ba'gaJeñ dJi mãu	a bagagem de mão
Inlandsflug	wou do'mestiko	o vôo domestico
Internationaler Flug	wou internaßio'nau	o vôo internacional
Jet	'Jato	jato
landen	atähi'ßar	aterrissar
Landung	atähi'ßaJeñ	a aterrissagem
Linienmaschine	a'wiãu dJi 'liñja	o avião de linha
Notausgang	ßa'ida dJi emer'Jeñßia	a saída de emergência
Pilot	pi'loto	o piloto
Rollfeld	eß'kada ro'lantschi	a escada rolante
starten	deko'lar	decolar
Stewardess	aero'moßa	a aeromoça
Ticket	pa'ßaJeñ	a passagem
Übergepäck	e'ßeßo dJi ba'gaJeñ	o excesso de bagagem
der Flug ist ...	o woo ä	o vôo é ...
pünktlich	pontu'au	pontual
verspätet	atra'sado	atrasado
gestrichen	kañße'lado	cancelado

Ich nehme die erste/letzte Maschine.
'tomo o pri'mEiro/'ultimo awiãu
Tomo o primeiro/último avião.
(ich) nehme - das - erste/letzte - Flugzeug

Wann ist der Abflug ?
'kuando 'partsche o awiãu
Quando parte o avião ?
wann - fliegt (es) ab - das - Flugzeug

Wann muß ich am Flughafen sein ?
'kuando 'dewo es'tar no aero'porto
Quando devo estar no aeroporto ?
wann - (ich) muß - sein - an dem - Flughafen

Wann kommt das Flugzeug an ?
'kuando 'schega o awiãu
Quando chega o avião ?
wann - (es) kommt an - das - Flugzeug.

Wie komme ich zum Flughafen ?
'kOmu 'faßo para ir ao aero'porto
Como faço para ir ao aeroporto ?
wie - mache (ich) - zu - gehen - zu dem - Flughafen

Am Flugplatz

Ich möchte einen Fensterplatz.
gosta'ria dJi uñ lu'gar na Ja'nela
Gostaria de um lugar na janela.
(ich) würde mögen - von - ein - Platz - am - Fenster

Ich möchte einen Platz mit guter Sicht.
gosta'ria dJi uñ lu'gar coñ uma boa wista pano'ramika
Gostaria de um lugar com uma boa vista panorâmica.
(ich) würde mögen - von - ein - Platz - mit - einem - guten - Blick - pano.

Ich möchte hinten/vorne sitzen.
gosta'ria dJi ßen'tarmi a'trais/na 'frentschi
Gostaria de sentar-me atrás/na frente.
(ich) würde mögen - zu - setzen - mich - hinten/nach - vorne

Ich möchte auf der rechten/linken Seite sitzen.
gosta'ria dJi ßen'tarmi do 'lado di'rEito/es'kerdo
Gostaria de sentar-me do lado direito/esquerdo.
(ich) würde mögen - zu - setzen - mich - von der - Seite - re./li.

Raucher oder Nichtraucher ?
fu'mantschi ou nãufu'mantschi
Fumante ou não-fumante ?
Raucher - oder - Nichtraucher ?

Ich hätte gerne einen Nichtraucher-Platz.
gosta'ria dJi uñ lu'gar na 'ala nãufu'mantschi
Gostaria de um lugar na ala não-fumante.
(ich) würde mögen - von - einem - Pl. - in der - Reihe - Nichtr.

Zu welchem Gate muß ich gehen ?
a'kuãu por'tãu dJi eñ'barke dewo mi diri'gir
A qual portão de embarque devo me dirigir ?
zu - welchem - Gate - muß (ich) - mich - begeben

Das Flugzeug ist schon gestartet/gelandet.
o awião Ja dekol'jo/atehi'sou
O avião já decolou/ aterrisou ?
das - Flugzeug - schon - hob ab/landete

Der Flug hat verspätung.
o 'wo es'ta atra'sado
O vôo está atrasado.
der - Flug - ist - verspätet

Der Flug ist gestrichen worden.
o 'wo foi kanße'lado
O vôo foi cancelado.
der - Flug - wurde - gestrichen

In der Luft

Anschnallen !
ko'lOke o 'ßinto dJi ßegu'rãßa
Coloque o cinto de segurança !
lege an - den - Gurt - von - Sicherheit

Das Rauchen einstellen !
'pare dJi fu'mar
Pare de fumar.
halte an - zu - rauchen

Wie heißt dieser Fluß/diese Stadt unter uns ?
'kOmu ße schama 'eße hio/'eßa ßi'dadJi a'bascho dJi nos
Como se chama esse rio/essa cidade abaixo de nós ?
wie - sich - nennt - dieser - Fluß / diese - Stadt - unter - uns

a'wiãu
o avião

Ist das schon *der Amazonas* ?

'eßi Ja ä o hio ama'sOnas
Esse já é *o Rio Amazonas* ?
dies - schon - ist - der - Fluß - A.

Können Sie mir etwas zu trinken bringen ?

por fa'wor 'pOdJi mi tra'ser au'guma koisa para be'ber
Por favor, pode me trazer alguma coisa para beber ?
bitte - kann (er) - mit - bringen - irgendeine - Sache - zu - trinken

Gibt es etwas zu essen ?

teñ au'guma koisa para ko'mer
Tem alguma coisa para comer ?
gibt (es) - irgendeine - Sache - zu - essen

Könnte ich einen Blick in das Cockpit werfen ?

'pOßo wer a ka'bine do pi'loto
Posso ver a cabine do piloto ?
kann (ich) - sehen - die Kabine - von dem - Pilot

Wann werden wir landen ?

'kuando wamos atähi'ßar
Quando vamos aterrisar ?
wann - werden (wir) - landen

ABENDSTIMMUNG BEI BELEM

A ls Transportmittel kann die brasilianische Eisenbahn (trem) nicht empfohlen werden, allenfalls eignen sich einige Strecken für schöne Erlebnistouren. Da wären die Linie Campo Grande-Corumbá durchs Pantanal (die kann auch schon in São Paulo begonnen werden) und die Gebirgsstrecke im Süden des Landes von Curitiba nach Paranaguá. Die Strecke von São Paulo nach Rio, und umgekehrt, kann nachts sehr bequem mit einem Schlafwagen zurückgelegt werden.

Ich hätte gerne ein Nichtraucher-Abteil.
gosta'ria dJi uñ lu'gar na ala näufu'mantschi
Gostaria de um lugar na ala não-fumante.
(ich) würde mögen - von - einem - Pl. - in der - Reihe - Nichtr.

Auf welcher Seite habe ich die bessere Aussicht ?
dJi kee lado 'teñße o mel'jor pano'rama
De que lado tem-se o melhor panorama ?
von - welcher - Seite - hat-sich - die - bessere - Aussicht

Ist dies der Schlafwagen ?
'eßtschi ä o wa'gãu 'lEito
Este é o vagão leito ?
dies - ist - der - Schlafwagen

Ist dies ein 1. Klasse Abteil ?
'eßtschi ä o wa'gãu da pri'mEira klaßi
Este é o vagão da primeira-classe ?
dies - ist - der - Wagon - von der - ersten - Klasse

Haben Sie etwas dagegen, wenn ich das Fenster öffne ?
inko'mOda ße Eu a'brir a Ja'nela
Incomoda se eu abrir a janela ?
stört - es - wenn - ich - öffnen - das - Fenster

Stört es sie, wenn ich rauche ?
inko'mOda ße Eu fu'mar
Incomoda se eu fumar ?
stört - es - wenn - ich - rauchen

Eisenbahnfahren		
1. Klásse	*pri'mEira 'klaßi*	**primeira classe**
2. Klasse	*pri'mEira 'klaßi*	**segunda classe**
Lokomotive	*lokomo'tschiwa*	**a locomotiva**
Nichtraucher	*näufu'mantschi*	**não-fumante**
Raucher	*fu'mantschi*	**fumante**
Wagon	*wa'gãu*	**o vagão**
Zug	*treñ*	**o trem**

Ein in Amazonien und dem Pantanal viel benutztes Verkehrsmittel ist das Boot (**barco**). Für längere Fahrten nimmt man sich eine Hängematte mit, auf der man dann den Tag oder auch die Nacht verbringt. Organisierte Fahrten (**viagens**) können in verschiedenen Reisebüros in Manaus gebucht werden. Für teures Geld wird man dann durch die engen Arme des Rio Negro geschippert und kann in herrlichen Buchten baden.

Von der Amazonas-Fahrt Manaus-Belem sollte man allerdings nicht allzuviel erwarten. Die Boote fahren die meiste Zeit in der Mitte des Stromes, so daß man wegen der immensen Breite das Ufer und den Urwald höchstens als Siluetten am Horizont zu Gesicht bekommt.

Ein besonderer Tip: In der Gegend um **Angra dos Reis** (südlich von Rio) gibt es auf einer Strecke von 50 Kilometern mehr als hundert kleinere und größere Inseln (**ilha**), von denen viele kaum besiedelt sind. In Angra am Hafen (**porto**) kann man die Fischer (**pescador**) fragen, ob sie einen nach dort hin übersetzen. Ganz billig ist das aber nicht.

Wo/Wohin ?

Wo legt das Boot nach *Manaus* an ?
dJi 'ondJi 'partsche o 'barko para ma'na-us
De onde parte o barco para *Manaus* ?
von - wo - fährt ab - das - Boot - nach - M.

Gibt es ein Boot nach *Tucuruí* ?
teñ uñ 'barko para 'tukuru'i
Tem um barco para *Tucuruí* ?
gibt (es) - ein - Boot - nach - T.

Wann legt es ab ?
'kuando 'partsche p 'barko
Quando parte o barco ?
wann - fährt ab - das - Boot

Wie lange dauert die Fahrt ?
'kuantu tempo 'dura a wi'aJeñ
Quanto tempo dura a viagem ?
wieviel - Zeit - dauert - die - Fahrt

Gibt es eine Fähre über diesen Fluß ?
teñ uma 'baußa ke 'paßa por 'eßi 'hio
Tem uma balsa que passa por esse rio ?
gibt (es) - eine - Fähre - die - überquert - durch - diesen - Fluß

Ist der Fluß breit/schmal?
o 'hio ä kom'prido/eß'trEito
O Rio é comprido/estreito ?
der - Fluß - ist - breit/schmal

Exkursionen

Wo kann ich Exkursionen in den Amazonas buchen ?
'ondJi 'pOßo mar'kar uma eskur'sãu para o ama'sOnas
Onde posso marcar uma excursão para o Amazonas ?
wo - kann (ich) - buchen - eine - Exkursion - nach - dem - A.

Bieten Sie Bootsfahrten auf dem Rio Negro an ?
wo'ße ofe'reße wia'Jeñs para o 'hio 'negro
Você oferece viagens para o Rio Negro ?
du - bietest an - Reisen - nach - dem - R. N.

Geben Sie für 2 Personen einen Preisnachlaß ?	*teñ uñ des'konto para duas pe'ßoas*	
	Tem um desconto para duas pessoas ?	
	gibt (es) - einen - Nachlaß - für - 2 - Personen	

Welche Kleidung muß ich dazu anziehen ?	*kee 'tschipo dJi 'roupa 'teñjo ki u'sar*
	Que tipo de roupa tenho que usar ?
	welche - Art - von - Kleidung - habe (ich) - zu - benutzen

Was muß ich mitbringen ?	*o'kee dewo le'war*
	O que devo levar ?
	- was - muß (ich) - mitbringen

Halten Sie irgendwo zum Baden an ?	*wo'ße 'para eñ au'guñ lugar para to'mar bãjo*
	Você pára em algum lugar para tomar banho ?
	du - hältst an - an - irgendeinem - Ort - für - nehmen - Bad

Sieht man auf der Fahrt viele Tiere ?	*du'rantsche a wi'aJeñ ße wee muitos ani'mais*
	Durante a viagem se vê muitos animais ?
	während - der - Reise - man - sieht - viele - Tiere

Bootfahren

ablegen	*par'tschir*	partir
Anker	*'ankora*	a âncora
anlegen	*anko'rar*	ancorar
Anleger	*ankora'douro*	o ancoradouro
Besatzung	*tripula'ßãu*	a tripulação
Boot	*'barko*	o barco
Bootsfahrt	*wi'aJeñ*	a viagem de barco
Bucht	*'baja*	a baía
Bug	*'proa*	a proa
Fähre	*'baußa*	a balsa
Fluß	*hio*	o rio
Flußarm	*'braßo do hio*	o braço do rio
Hafen	*'porto*	o porto
Heck	*'popa*	a popa
Insel	*'iilja*	a ilha
Kabine	*ka'bina*	a cabina
Kapitän	*kapi'tãu*	o capitão
Rettungsring	*'bOja 'Bauwa'widas*	a bóia salva-vidas
Schiff	*na'wiu*	o navio
schwimmen	*na'dar*	nadar
Schwimmweste	*ko'lätschi 'Bauwa'widas*	o colete salva-vidas
seekrank	*eñJo'ado*	enjoado
Steg	*embarka'douro*	o embarcadouro
Strand	*'praja*	a praia
Ufer	*'marJeñ*	a margem
Welle	*'Onda*	a onda

Inseltrip

Können Sie uns zu
der Insel dort
bringen ?

o ßen'jor/wo'ße 'pOdsche le'war a'tä a'kela iilja
O senhor/você pode nós levar até aquela ilha ?
der - Herr/du - kann(st) - uns - bringen - bis - diese - Insel

Was kostet es ?

'kuantu kusta ?
Quanto custa ?
wieviel - (es) kostet

Wie lange dauert die
Überfahrt ?

'kuantu tempo dura a wi'aJeñ
Quanto tempo dura a viagem ?
wieviel - Zeit - dauert - die - Fahrt

Wann können wir
wieder
zurückfahren ?

'kuandu po'demos wou'tar
Quando podemos voltar ?
wann - können (wir) - zurückkehren

Kann uns von dort je-
mand
zurückbringen ?

au'geñ 'pOdJe nos tra'ser dJi 'wouta dJi la
Alguém pode nos trazer de volta de lá ?
jemand - kann - uns - bringen - zurück -- von - dort

Ist die Insel
bewohnt ?

mOra au'geñ na iilja
Mora alguém na ilha ?
(es) wohnt - jemand - auf der - Insel

Gibt es dort schöne
Strände ?

teñ 'prajas bo'nitas
Tem praias bonitas ?
gibt (es) - Strände - schön

Kann man dort
kampieren ?

'pOdJe akam'par la
Pode acampar lá ?
kann (man) - campieren - dort

iilja
a ilha

Trampen (**pegar carona**) ist in Brasilien möglich und mit dem "exotischen" Aussehen des Mitteleuropäers wird man auch sehr schnell mitgenommen. Wegen der großen Entfernungen zwischen den sehenswerten Städten ist es allerdings sehr fraglich, ob das die geeignete Fortbewegungsart zum Kennenlernen des Landes ist.

In den Urwaldregionen gibt es manchmal keine andere Möglichkeit als sich von den vorbeifahrenden Lastwagen (**caminhão**) mitnehmen zu lassen, wenn wegen der Unpassierbarkeit von Straßen kein Bus mehr fährt. Dann bieten sich auch die sogenannten

Camionettes als Transportmittel an. Das sind private Pickups, meist vierradgetrieben, die am frühen Morgen an den Ausfallstraßen der Orte warten und abfahren, sobald sich genügend Mitfahrer gefunden haben. Wenn es zu Anfang auf den Holzbänken der Ladefläche auch noch recht "gemütlich" zugeht, kann das bald schon sehr eng werden. Es wird nämlich unterwegs alles mitgenommen, was mit will.

Zum Trampen hält man wie bei uns die Faust mit gestrecktem Daumen (**dedão**) heraus, wobei man den Unterarm gedoch nicht starr läßt sondern parallel zur Straße hin und her bewegt.

Wo ist ein guter Platz zum Trampen ?	*'ondJi teñ uñ lu'gar bõ para pe'gar ka'rona* **Onde tem um lugar bom para pegar carona ?** wo - gibt (es) - einen - Ort - gut - für -- trampen
Wohin fahren Sie ?	*es'ta indo para 'ondJi* **Está indo para onde ?** (er) ist - fahrend - nach - wo
Wir möchten zum Strand.	*gostar'jamos dJi ir a 'praja* **Gostaríamos de ir à praia.** (wir) würden mögen - zu - gehen - an den - Strand
Können Sie uns mitnehmen ?	*'pOdJi nos le'war* **Pode nos levar ?** kann (er) - uns - mitnehmen
Wir haben Rucksäcke dabei.	*temos mo'schilas* **Temos mochilas.** (wir) haben - Rucksäcke
Wo können wir sie unterbringen ?	*'ondJi po'demos kolo'kalas* **Onde podemos colocá-las ?** wo - können (wir) - hintun - sie
Könnten Sie bitte kurz anhalten.	*pode'ria pa'rar uñ po'kiñjo por fa'wor* **Poderia parar um pouquinho, por favor ?** könnte (er) - anhalten - ein - wenig - bitte
Ich muß mal austreten.	*'teñjo ki ir ao bañ'jEiro* **Tenho que ir ao banheiro.** (ich) habe - zu - gehen - auf die - Toilette
Darf ich das Fenster öffnen/schließen ?	*'pOßo a'brir/fe'schar a Ja'nela* **Posso abrir/fechar a janela ?** kann (ich) - öffnen/schließen - das - Fenster

Wo soll ich Euch rauslassen ?	*'ondJi dewo dEi'schar wo'ßes*	
	Onde devo deixar vocês ?	
	wo - soll (ich) - lassen - euch	

Könnten Sie uns dort drüben rauslassen ?
'pOdsche nos dEi'schar a'lii na 'frentschi
Pode nos deixar alí na frente ?
kann (er) - uns - lassen - dort -- vorne

Vielen Dank für's Mitnehmen.
obri'gado(a) pela ka'rona
Obrigado(a) pela carona.
danke - für - Mitnahme

Camionettes

Wo fahren die Camionettes ab ?
dJi 'ondJi 'parteñ as kamjo'nets
De onde partem as camionettes ?
von - wo - fahren ab - die - C.

Wann muß man dort sein ?
'kuandu a'Jentschi teñ ki'estar la
Quando a gente tem que estar lá ?
wann - die - Leute (=man) - haben - zu - sein - dort

Wo fahren Sie hin ?
para 'ondJi wai
Para onde vai ?
nach - wo - fährt (er)

Haben Sie noch Plätze für uns ?
teñ lu'gares 'liwriß
Tem lugares livres ?
gibt (es) - Plätze - frei

Wie lange wird die Fahrt dauern ?
'kuantu tempo wai durar a wi'aJeñ
Quanto tempo vai durar a viagem ?
wieviel - Zeit - wird - dauern - die - Reise

"NUR GOTT KENNT MEIN SCHICKSAL"

Wer meint, er könne Brasilien auf die Schnelle mit dem Auto (**carro**) entdecken, der hat die immensen Entfernungen unterschätzt. Schon die Fahrt zwischen den "benachbarten" Städten Rio und São Paulo beansprucht gut 6 Stunden. Um von Rio nach Brasília zu gelangen braucht es locker 20 und nach Salvador mindestens 30 Stunden. Beschränkt man sich allerdings auf den Süden (**o sul**) des Landes (der etwa auf der Höhe von Rio beginnt), dann ist auch schon eine einwöchige Tour eine Menge Erlebnisse wert. Eine feine Sache ist es, wenn für gelegentliche Spritztouren an den Küsten entlang ein Auto zur Verfügung steht. Endlose Strände und einsame Buchten sind einem dann sicher. Mietwagen (**carro alugado**) sind in Brasilien aber leider kein billiges Vergnügen.

Im Süden des Landes sind die Straßen (**estrada, pista**) gut ausgebaut, und vereinzelt gibt es soetwas wie Autobahnen (**auto estrada**). Die Höchstgeschwindigkeit von 80 km/h darf nicht überschritten werden. Aufpassen muß man auf Löcher (**buraco**) in den Straßen, vor denen man nirgendwo sicher sein kann. Im Norden des Landes mache man sich hinsichtlich der Straßenverhältnisse auf alles gefaßt. Die Brasi-

lianer gelten auf ihrem Kontinent als die größten Raser, was die Unfallbilanzen auch belegen.

Der Benzin(**gasolina**)-preis ist häufigen Schwankungen unterworfen und meist sehr hoch. Diesel (**diesel**) ist deutlich billiger. 80 Prozent der Autos tanken bereits den aus Zuckerrohr gewonnenen Alkohol (**álcool**).

Wer sich ein Abenteuer aus Staub, Schlamm (**lama**) und Durchhaltevermögen gönnen möchte, der befährt die Transamazonica (mit dem eigenen Auto oder als Tramper) oder eine andere unbefestigte Sandpiste im Amazonasgebiet. Dieses Abenteuer kann in der Regenzeit jedoch böse im Schlamm versinken.

Der **Guia Brasil** (siehe S. 91) ist der unentbehrliche Begleiter für die Fortbewegung mit dem Auto.

Ampeln (**sinal, semáforↄ**) werden in Rio nur an verkehrsreichen Stellen beachtet oder wenn ein Polizist daneben steht. In São Paulo hält man sich besser an die Vorschriften. Nachts muß man auch bei grün aufpassen.

Ich möchte nach *Blumenau* fahren.	*gosta'ria dↃi ir para blume'nau* **Gostaria de ir para *Blumenau*.** (ich) würde mögen - zu - gehen - nach - B.
Können sie mir bitte den Weg sagen ?	*'pOdↃi mi moß'trar o ka'miɲo por fa'wor* **Pode me mostrar o caminho, por favor ?** kann (er) - mir - zeigen - den - Weg - bitte
Ist dies die Küstenstraße nach *Angra dos Reis* ?	*'eßi ä o ka'miɲo da 'praja para aɲgra dos hEis* **Esse é o caminho da praia para *Angra dos Reis* ?** dies - ist - der - Weg - von - Strand - nach - A. d. R.
Bin ich hier richtig nach *Búzios* ?	*eß'tou no ka'miɲo 'ßerto para 'busios* **Estou no caminho certo para *Búzios* ?** bin (ich) - auf dem - Weg - richtig - nach - B.
Führt diese Straße zur Küste ?	*'eßa hua ä o ka'miɲo para a 'praja ?* **Essa rua é o caminho para a praia ?** diese - Straße - ist - der - Weg - zu - dem - Strand

Können Sie mir den Weg auf der Karte zeigen?	*'pOdJi mi moß'trar o ka'miñjo no 'mapa* **Pode me mostrar o caminho no mapa?** kann (er) - mir - zeigen - den - Weg - auf der - Karte
Wie weit ist es noch bis nach *Petrópolis*?	*'kuāu a diß'tãßia da'ki a pe'trOpolis* **Qual a distância daqui à *Petrópolis*?** welche - der - Abstand - von hier - nach - P.
Wie weit ist es zum nächsten Ort?	*'kuantu tempo 'läva da'ki a 'proßima ßi'dadJi* **Quanto tempo leva daqui até a próxima cidade?** wieviel - Zeit - nimmt (es) - von hier - bis - die - nächste - Stadt
Wieviele Stunden fährt man?	*'kuantas 'oras temos ke diri'Jir* **Quantas horas temos que dirigir?** wieviel - Stunden - haben (wir) - zu - fahren
In welchem Ort befinde ich mich hier?	*eñ kee ßi'dadJi eß'tou* **Em que cidade estou?** in - welcher - Stadt - bin (ich)
Zu welchem Ort führt diese Straße?	*para kee ßi'dadJi läva e'ßa e'strada* **Para que cidade leva essa estrada?** zu - welcher - Stadt - führt - diese - Straße
Hier sind Sie falsch.	*a'ki wo'ße es'ta e'hado* **Aqui você está errado.** hier - du - bist - falsch
Sie müssen umdrehen.	*'deve wou'tar* **Deve voltar.** (er) muß - umdrehen
Dies ist nicht die Straße *zum Strand*.	*'eßa ñau ä a hua para a 'praja* **Essa não é a rua para *a praia*.** diese - nicht - ist - die - Straße - zum - Strand

TRANSAMAZÔNICA

Im Verkehr		
abbiegen (rechts / links)	en'trar a di'rEita/ eß'kerda	entrar à direita/ esquerda
Alkohol	'auko	o álcool
Ampel	ßi'nau/ße'maforo	o sinal/o semáforo
anhalten	pa'rar	parar
anschnallen	kolo'kar o 'ßinto dJi ßegu'ranßa	colocar o cinto de segurança
Autobahn	autoe'strada	auto-estrada
Autovermietung	loka'dora dJi auto'mOwEis	a locadora de automóveis
befestigte Straße	hua asfau'tada	a rua asfaltada
Beifahrer	akompan'jantsche	o acompanhante
Benzin	gaso'lina	a gasolina
beschleunigen	aßele'rar	acelerar
bremsen	fre'ar	frear
Brücke	'pontschi	a ponte
Diesel	'Oleo 'dJisEu	o óleo diesel
Einfahrt	en'trada	a entrada
fahren (steuern)	diri'Jir	dirigir
Fahrer	moto'rista	o motorista
Führerschein	kar'tEira dJi moto'rista	a carteira de motorista
Fußweg	kalßa'dãu/kal'ßada	o calçadão/a calçada
Garage	gara'Jeñ	a garagem
Hochstraße	wia'duto	o viaduto
Kontrolle	kon'trole	o controle
Kreuzung	krusa'mento	o cruzamento
losfahren	par'tschir	partir
Öl	'Oleo	o óleo
Panne	de'fEito	o defeito
parken	estaßio'nar	estacionar
rasen	an'dar dJi 'auta weloßi'dadJi	andar em alta velocidade
reparieren	konßer'tar	consertar
Richtung	dire'ßãu	a direção
Sandpiste	e'strada dJi 'teha	a estrada de terra
Schlagloch	bu'hako	o buraco
Straße	hua	a rua
Straßenkarte	'mapa	o mapa
Straßensperre	'transito	o trânsito interrompido
tanken	bo'tar gaso'lina	botar gasolina
Tankstelle	'posto dJi gaso'lina	o posto de gasolina
überholen	ultrapa'ßar	ultrapassar
Umleitung	des'wio	o desvio
Unfall	aßi'dentschi	o acidente
Verkehrspolizei	'guarda dJi 'transito	o guarda de trânsito
Verkehrsschild	'plaka dJi 'transito	a placa de trânsito
Wasser	'agua	a água
wenden	wi'rar	virar
Werkstatt	ofi'ßina	a oficina

Autovermietung

Wo kann ich ein Auto mieten ?
'ondJi 'pOßo alu'gar uɰ 'kaho
Onde posso alugar um carro ?
wo - (ich) kann - mieten - ein - Auto

Ich möchte einen Wagen mieten.
gosta'ria dJi alu'gar uɰ 'kaho
Gostaria de alugar um carro.
(ich) würde mögen - zu - mieten - ein - Auto

Welches ist das billigste Fahrzeug ?
'kuãu ä o 'kaho mais ba'rato
Qual é o carro mais barato ?
welches - ist - das - Auto - mehr - billig

Wie hoch ist der Tagessatz / die Wochenpauschale ?
'kuantu kusta por dJia/por ße'mana
Quanto custa por dia/por semana ?
wieviel - kostet (es) - pro - Tag/pro - Woche

Ist der Wagen versichert ?
o 'kaho es'ta no ße'guro
O carro está no seguro ?
das - Auto - ist - in der - Versicherung

Wo kann ich den Wagen wieder abgeben ?
'ondJi pOßo devol'ver o 'kaho
Onde posso devolver o carro ?
wo - kann (ich) - zurückgeben - das - Auto

Was kostet der gefahrene Kilometer ?
'kuãu ä o 'preßo por ki'lOmetro
Qual é o preço por quilômetro ?
was - ist - der - Preis - pro - Kilometer

Sie müssen eine Kaution von 100 Dollar hinterlegen.
dewe pa'gar uma kau'ßãu dJi ßeñ 'dolares
Deve pagar uma caução de cem dólares.
(er) muß - bezahlen - eine - Kaution - von - 100 - Dollars

Haben Sie einen Kreditkarte ?
teñ kar'tãu dJi 'krädito
Tem cartão de crédito ?
hat (er) - Karte - von - Kredit

Zeigen Sie mir bitte Ihren Führerschein.
por fa'wor me 'mOstre a ßua kar'tEira dJi moto'rista
Por favor, me mostre a sua carteira de motorista.
bitte - mir - zeige - den - seinen - Ausweis - von - Kraftfahrer

'kaho
o carro

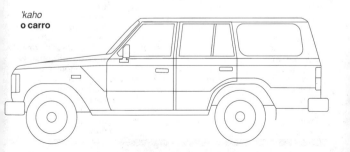

Das Auto		
Achse	'Eischo	o eixo
Anlasser	mo'tor dJi a'hanke	o motor de arranque
Auspuff	eß'kape	o escape
Batterie	bate'ria	a bateria
Batterieflüssigkeit	'agua dJi bate'ria	a água da bateria
Benzinkanister	ga'lão (dJi gaso'lina)	o galão (de gasolina)
Benzinleitung	'tubo dJi gaso'lina	o tubo de admissão
Benzinpumpe	'bOmba dJi gaso'lina	a bomba de gasolina
Blinker	'pißka'pißka	o pisca-pisca
Bremsbelag	pas'tilja do 'frejo	a pastilha do freio
Bremse	'frejo	o freio
Bremsflüssigkeit	'likwido dos 'frejos	o líquido dos freios
Bremslicht	luß do 'frejo	a luz do freio
Bremstrommel	tam'bor do 'frejo	o tambor do freio
Dichtung	weda'ßãu	a vedação
Düse	tu'bEira	a tubeira
Einspritzpumpe	'bOmba dJi inJe'ßãu	a bomba de injeção
Ersatzteil	'peßa ßobreßa'lentschi	a peça sobressalente
erster Gang	pri'mEira 'marscha	a primeira marcha
Fahrgestell	scha'ßi	o chassi
Federung	suspen'ßãu	a suspensão
Felge	'aro da 'hOda	o aro da roda
Fernlicht	luß 'auta	a luz alta
Gang	'marscha	a marcha
Gangschaltung	'kambio	o câmbio
Gaspedal	aßelera'dor	o acelerador
Getriebe	'kaischa dJi mu'dañßa	a caixa de mudança
Handbremse	'frejo dJi mãu	o freio de mão
Heizung	ake'ßi'mento	o aquecimento
Hinterachse	'Eischo tra'sEiro	o eixo traseiro
Hinterrad	'hOda tra'sEira	a roda traseira
Hupe	bu'sina	a buzina
Karosserie	karoße'ria	a carroceria
Keilriemen	ko'hEia	a correia
Klimaanlage	ar kondißio'nado	o ar condicionado
Kofferraum	pOrta'mala	o porta-mala
Kolben	'ämbolo	o êmbolo
Kontakt	kon'tato	o contato
Kugellager	rola'mento dJi es'feras	o rolamento de esferas
Kühler	radia'dor	o radiador
Kühlerdeckel	'tampa do radia'dor	a tampa do radiador
Kühlwasser	'agua dJi refriJera'ßãu	a água de refrigeração
Kupplung	embre'aJeñ	a embreagem
Kurbelwelle	'Eischo dJi mani'wäla	o eixo de manivela
Leerlauf	'marscha 'lenta	a marcha lenta
Lenkrad	wo'lantschi	o volante
Lichtmaschine	'dinamo	o dínamo
Luftfilter	'filtro dJi ar	o filtro de ar
Motor	mo'tor	o motor

Das Auto(*FORTS.*)

Deutsch	Lautschrift	Portugiesisch
Motorhaube	ka'pO	o capô
Nummernschild	'plaka	a placa
Öl	'Oleo	o óleo
Ölfilter	'filtro dJi 'Oleo	o filtro de óleo
Ölstand	'niwäu do 'Oleo	o nível do óleo
Ölwanne	reserwa'tOrio para o 'Oleo	o reservatório para o óleo
Ölwechsel	mu'dañßa do 'Oleo	a mudança do óleo
Rad	'hOda	a roda
Reifen	'pnEu	o pneu
Reifendruck	pre'ßäu do 'pnEu	a pressão do pneu
Rücklicht	'luses tra'sEiras	as luzes traseiras
Rücksitz	pou'trona tra'sEira	a poltrona traseira
Rückspiegel	retrowi'sor	o retrovisor
Rückstrahler	refle'tor/'oljo dJi 'gato	o refletor/o olho de gato
Rückwärtsgang	marscha'rä	a marcha-ré
Scheibenwischer	limpa'dor dJi para'brisas	o limpador de para-brisas
Scheinwerfer	fa'rou	o farol
Sicherheitsgurt	'ßinto (dJi ßegu'rãßa)	o cinto (de segurança)
Sitz	a'ßento	o assento
Standlicht	lan'ternas	as lanternas
Stoßdämpfer	amorteße'dor	o amortecedor
Stoßstange	para'schokes	o pára-choques
Tachometer	welo'ßimätro	o velocímetro
Tür	'porta	a porta
Ventil	'wauwula	a válvula
Vergaser	karbura'dor	o carburador
Verteiler	distribui'dor	o distribuidor
Vorderachse	'Eischo dJian'tEiro	o eixo dianteiro
Vorderrad	'hOda dJian'tEira	a roda dianteira
Warnblinkanlage	'pißka a'lerta	a pisca-alerta
Wasserpumpe	'bOmba dJi 'agua	a bomba de água
Windschutzscheibe	'para'brisa	o pára-brisa
Zündkerze	'wela	a vela
Zündspule	bO'bina dJi igni'ßãu	a bobina de ignição
Zündung	igni'ßãu	a ignição
Zünschlüssel	'schawe dJi igni'ßãu	a chave de ignição
Zylinder	ßi'lindro	o cilindro
Zylinderkopf	ka'beßa do ßi'lindro	a cabeça do cilindro

Panne

Ich habe eine Panne.	*o 'kaho ke'brou* **O carro quebrou.** das - Auto - zerbrach	
Der Wagen ist ste- hen geblieben.	*o 'kaho fi'kou pa'rado* **O carro ficou parado.** das - Auto - blieb - gestanden	*o 'kaho mo'hEu* **O carro morreu.** das - Auto - starb ab
Es springt nicht mehr an.	*eli nãu 'pega* **Ele não pega.** er - nicht - springt an	
Ich bin durch ein Loch gefahren.	*ka'i nuñ bu'rako* **Caí num buraco.** (ich) fiel - in ein - Loch	
Der Reifen ist ge- platzt.	*os pnEus eß'tãu fu'rados* **Os pneus estão furados.** die - Reifen - sind - durchlöchert	
Die Achse ist gebro- chen.	*o 'Eischo ke'brou* **O eixo quebrou.** die - Achse - zerbrach	
Aus dem Kühler tropft Wasser.	*es'ta wa'sando 'agua do radia'dor* **Está vazando água do radiador.** (es) ist - entleerend - Wasser - aus dem - Kühler	
Der Wagen verliert Öl.	*o 'kaho es'ta wa'sando 'Oleo* **O carro está vazando óleo.** das - Auto - ist - entleerend - Öl	
Die Bremsen funkti- onieren nicht.	*o 'frEio nãu fu'ßiona* **O freio não funciona.** die - Bremse - nicht - funktioniert	
Der Motor ist heißge- laufen / stottert.	*o mo'tor es'ta ßuperake'ßido/rate'ando* **O motor está super-aquecido/rateando.** der - Motor - ist - super–erhitzt - stotternd	
Der Wagen zieht nicht.	*o 'kaho nãu 'puscha* **O carro não puxa.** das - Auto - nicht - zieht	
Die Batterie ist leer.	*a bate'ria es'ta deßkahe'gada* **A bateria está descarregada.** die - Batterie - ist - entladen	
Ein Stein hat die Scheibe zerschla- gen.	*uma 'pädra ke'brou o widro do 'kaho* **Uma pedra quebrou o vidro do carro.** ein - Stein - zerbrach - das - Glas - von dem - Auto	
Die Schaltung klemmt.	*o 'kambio (a 'marscha) es'ta empe'hada* **O câmbio (a marcha) está emperrada.** der - Gang ist - klemmend	

Der Auspuff ist kaputt.	*o es'kapi es'ta ke'brado* **O escape está quebrado.** der - Auspuff - ist - gebrochen

Erste Hilfe

Ich habe eine Panne.	*o 'kaho ke'brou* **O carro quebrou.** das - Auto - zerbrach
Können Sie mir helfen ?	*'pOdJi mi aJu'dar* **Pode me ajudar ?** kann (er) - mir - helfen
Gibt es in der Nähe eine Werkstatt ?	*teñ uma ofi'ßina a'ki perto* **Tem uma oficina aqui perto ?** gibt (es) - eine - Werkstatt - hier - nahe
Können Sie mich zur nächsten Werkstatt mitnehmen ?	*'pOdJi mi le'war a'tä a 'pOßima ofi'ßina* **Pode me levar até a próxima oficina ?** kann (er) - mich - mitnehmen - bis - die - nächste - Werkstatt
Könnten Sie mich abschleppen ?	*'pOdJi rebo'kar o 'kaho* **Pode rebocar o carro ?** kann (er) - abschleppen - das - Auto
Könnten Sie vielleicht einmal nachschauen ?	*pode'ria da uma ol'jada* **Poderia dar uma olhada ?** könnte (er) - geben - einen - Blick
Der Tank ist leer.	*o 'tañke dJi gaso'lina es'ta wa'siu* **O tanque de gasolina está vazio.** der - Tank - von - Benzin - ist - leer
Könnten Sie mir mit Benzin aushelfen ?	*'pOdJi mi wen'der uñ pouku dJi gaso'lina por fa'wor* **Pode me vender um pouco de gasolina, por favor ?** kann (er) - mir - verkaufen - ein - wenig - von - Benzin - bitte

In der Werkstatt

Wo geht es zur nächsten Werkstatt ?	*'ondJi ä o ka'minjo para a 'prOßima ofi'ßina* **Onde é o caminho para a próxima oficina ?** wo - ist - der - Weg - zu - der - nächsten - Werkstatt
Können Sie sich mein Auto mal ansehen ?	*'pOdJi ol'jar o mEu 'kaho* **Pode olhar o meu carro ?** kann (er) - ansehen - das - mein - Auto
besser:	*da'ria pra da uma ol'jada no mEu 'kaho* **Daria prá dar uma olhada no meu carro ?** ginge (es) - für - geben - einen - Blick - auf das - mein - Auto

Probleme		
abgenutzt	*ru'iñ*	**ruim**
beschädigt	*awar'jado*	**avariado**
blockiert	*bloke'ado*	**bloqueado**
defekt	*defEitu'oso*	**defeituoso**
durchgebrannt	*kEi'mado*	**queimado**
Fehlzündung	*'falja da igni'ßãu*	**falha da ignição**
gebrochen	*par'tschido/ke'brado*	**partido/quebrado**
geplatzt	*fu'rado*	**furado**
Kurzschluß	*'kurto'ßirkuito*	**curto-circuito**
locker	*es'ta 'largo*	**largo**
Motor klopft	*mo'tor 'batsche*	**o motor bate**
Panne	*de'fEito*	**o defeito**
Reifenpanne	*'pnEus fu'rados*	**pneus furados**
schleift	*es'ta patschi'nando*	**está patinando**
schwach	*'frako*	**fraco**
überhitzt	*ßuperake'ßendo*	**super-aquecendo**
undicht	*wa'sando*	**vazando**
Unfall	*aßi'dentschi*	**o acidente**
verrostet	*koho'ido*	**corroído**
verschmutzt	*'ßuJo*	**sujo**
vibriert	*wi'brando*	**vibrando**

Wer kann mein Auto reparieren ?	*keñ 'pOdJi konßer'tar o mEu 'kaho* **Quem pode consertar o meu carro ?** wer - kann - reparieren - das - mein - Auto
Es steht 10 Minuten von hier entfernt.	*o 'kaho es'ta pa'rado a deß mi'nutos da'ki* **O carro está parado a dez minutos daqui.** das - Auto - ist - gestanden - nach - 10 - Minuten - von hier
Es steht auf der Stra-ße nach *Bélem*.	*eli es'ta na e'strada ke wai para be'leñ* **Ele está na estrada que vai para *Belém*.** er - ist - auf der - Straße - die - geht - nach - B.
Könnten Sie es ab-schleppen.	*pode'ria hebo'kalo* **Poderia reboca-lo ?** könnte (er) - abschleppen–es
Könnten Sie dort hinkommen ?	*pode'ria ir a'tä la* **Poderia ir até lá ?** könnte (er) - gehen - bis - dort
Wie lange wird die Reparatur dauern ?	*'kuantu tempo de'mOra o kon'ßerto* **Quanto tempo demora o conserto ?** wieviel - Zeit - dauert - die - Reparatur
Was wird die Repa-ratur kosten ?	*'kuantu wai kus'tar o kon'ßerto* **Quanto vai custar o conserto ?** wieviel - wird - kosten - die - Reparatur

Reparieren

abschleppen	*rebo'kar*	**rebocar**
anziehen	*aper'tar*	**apertar**
aufladen	*kahe'gar*	**carregar**
ausbauen	*desmon'tar*	**desmontar**
auswechseln	*mu'dar*	**mudar**
auswuchten	*ekili'brar*	**equilibrar**
einbauen	*mon'tar*	**montar**
einstellen	*aJus'tar*	**ajustar**
entleeren	*eswa'siar*	**esvaziar**
nachstellen	*aJus'tar*	**ajustar**
reinigen	*tro'kar*	**trocar**
Reparatur	*kon'ßerto*	**o conserto**
reparieren	*konßer'tar*	**consertar**

Kennen Sie sich mit diesem Typ aus ?	*ßabe koßer'tar 'eßi tschipo dJi 'kaho*	
	Sabe consertar esse tipo de carro ?	
	weiß (er) - reparieren - diesen - Typ - von - Auto	
Haben Sie dafür Ersatzteile ?	*teñ 'peßas dJi reposi'ßãu*	
	Tem peças de reposição ?	
	hat (er) - Ersatzteile	
Haben Sie einen *13er* Schrauben- schlüssel ?	*teñ uma 'schawi 'tresi*	
	Tem uma chave *treze*.	
	hat (er) - einen - Schlüssel - 13	

mar'telo
o martelo

'schawi
a chave

Werkzeug

Brecheisen	*pe dJi 'kabra*	**o pé de cabra**
Hammer	*mar'telo*	**o martelo**
Mutter	*'pOrka*	**a porca**
Radmutternschlüssel	*'schawe dJi 'hOda*	**a chave de roda**
Schraube	*para'fuso*	**o parafuso**
Schraubenschlüssel	*'schawe dJi 'bOca*	**a chave de boca**
Schraubenzieher	*'schawe dJi 'fenda*	**a chave de fenda**
Werkzeug	*feha'menta*	**a ferramenta**
Zange	*ali'katsch*	**a alicate**

Transamazônica

Ich möchte von *Imperatriz* nach *Marabá* fahren.	*gosta'ria dJi ir dJi impera'triß a mara'ba* **Gostaria de ir de *Imperatriz* à *Marabá*.** (ich) würde mögen - zu - gehen - von - I. - zu dem - M.
Wie ist der Zustand der Straße ?	*'kOmu ä a e'strada* **Como é a estrada ?** wie - ist - die - Straße
Ist die Straße passierbar ?	*'pOdJi ße pa'ßar pela e'strada* **Pode se passar pela estrada.** kann - man - passieren - über die - Straße
Ist die Straße befestigt.	*a e'strada ä asfau'tada* **A estrada é asfaltada ?** die - Straße - ist - asphaltiert
Hat diese Strecke viele Löcher ?	*o ka'miñjo teñ muito bu'rako* **O caminho tem muito buraco ?** der - Weg - hat - viel - Loch
Gibt es auf dieser Strecke Schlammlöcher ?	*'nestschi ka'miñjo teñ muita 'lama* **Neste caminho tem muita lama ?** auf dieser - Straße - gibt (es) - viel - Schlamm
Wie lange braucht man für diesen Weg ?	*'kuantu tempo wamos gas'tar koñ 'eßi ka'miñjo* **Quanto tempo vamos gastar com esse caminho ?** wieviel - Zeit - werden (wir) - verbrauchen - mit - diesem - Weg
Ist die Strecke stark befahren ?	*'eßi ka'miñjo ä muito mowimen'tado* **Esse caminho é muito movimentado ?** diese - Strecke - ist - sehr - bewegt
Wieviele Tankstellen gibt es unterwegs ?	*'kuantus 'postos dJi gaso'lina teñ no ka'miñjo* **Quantos postos de gasolina tem no caminho ?** wieviele - Tankstellen - gibt (es) - auf dem - Weg
Wie weit entfernt ist die nächste Tankstelle ?	*'kuäu ä a dis'tãßia a'tä o 'prOßimo posto dJi gaso'lina* **Qual é a distância até o proximo posto de gasolina ?** was - ist - die - Entfernung - bis - die - nächste - Tankstelle
Gibt es eine Brücke über diesen Fluß ?	*ex'sistschi uma pOntschi 'ßObre 'eßi hio* **Existe uma ponte sobre esse rio ?** (es) existiert - eine - Brücke - über - diesen - Fluß
Gibt es eine Fähre über diesen Fluß ?	*ex'sistschi uma 'baußa pra atrawe'ßar 'eßi hio* **Existe uma balsa prá atravessar esse rio ?** (es) existiert - eine - Fähre - für - überqueren - diesen - Fluß

E s gibt Alkohol (**álcool**), Super (**super**) und Diesel (**diesel**). Selbstbedienung gibt es an den Tankstellen in Brasilien nicht. Man ist sofort von einigen hilfsbereiten Tankwarten umgeben, die man nach erledigter Arbeit mit einem Trinkgeld (**gorjeta**) belohnt.

Wo gibt es eine Tankstelle ?	'ondJi teñ uñ 'posto dJi gaso'lina **Onde tem um posto de gasolina ?** wo - gibt (es) - eine - Tankstelle
Wie weit ist es noch bis zur nächsten Tankstelle ?	ä muito 'lõJe a'tä o 'prõßimo posto dJi gaso'lina **É muito longe até o próximo posto de gasolina ?** ist (es) - sehr - weit - bis - die - nächste - Tankstelle
Haben Sie Super / Diesel / Alcohol ?	teñ ßuper/dJisEu/'auko **Tem super/diesel/álcool ?** hat (er) - Super/Diesel/Alkohol
Dieses Auto braucht *Alkohol*.	'eßi 'kaho pre'ßisa dJi 'auko **Esse carro precisa de *álcool*.** dieses - Auto - braucht - von - Alkohol
Bitte machen Sie den Tank voll.	por fa'wor 'eñscha o 'tañke **Por favor, encha o tanque** bitte - fülle - den - Tank
30 Liter *Benzin*, bitte.	'trinta 'litros dJi gaso'lina por fa'wor ***Trinta* litros de *gasolina*, por favor.** 30 - Liter - Benzin - bitte
Bitte für 100 Cruzados Alkohol.	por fa'wor ßeñ kru'sados dJi 'auko **Por favor, cem Cruzados de álcool.** bitte - 100 - Cruzados - von - Alkohol
Könnten Sie bitte den Reifendruck prüfen ?	da'ria pra werifi'kar o 'Oleo **Daria prá verificar o óleo ?** würde (es) reichen - für - prüfen - das
Könnten Sie bitte den Ölstand prüfen?	da'ria pra balañße'ar os pnEus **Daria prá balancear os pneus ?** würde (es) reichen - für - ausgleichen - die - Reifen
Füllen Sie bitte Öl auf !	por fa'wor ko'lOke 'Oleo **Por favor, coloque óleo !** bitte - fülle ein - Öl
Könnten Sie bitte die Scheiben putzen ?	pode'ria lim'par o 'widro **Poderia limpar o vidro ?** könnte (er) - putzen - das - Glas
Danke, Sie brauchen das nicht zu überprüfen.	obri'gado nãu pre'ßisa ol'jar 'ißo **Obrigado, não precisa olhar isso.** danke - nicht - (er) braucht - nachsehen - dies
Können Sie einen Reifen auswechseln / reparieren ?	pode'ria trO'kar/konßer'tar uñ pnEu **Poderia trocar/consertar um pneu ?** könnte (er) - wechseln/reparieren - einen - Reifen

Könnten Sie bei mir einen Ölwechsel machen ?

pode'ria trO'kar o 'Oleo para miñ
Poderia trocar o óleo para mim ?
könnte (er) - wechseln - das - Öl - für - mich

Trinkgeld: Das ist für Dich/Sie !

'ißo ä para wo'ße/o ßen'jor
Isso é para você/o senhor.
dies - ist - für - dich/den - Herrn

HAUPTACHSE VON BRASILIA

BRASILIA

Was es an Sehenswertem so gibt - und davon gibt es in Brasilien reichlich - entnimmt man am besten dem Reiseführer (siehe Anhang). Nicht immer ist es jedoch leicht, auch verstanden zu werden; etwa wenn man sich nach dem Weg zu einem bestimmten Ziel erkundigt. So heißt der Zuckerhut in Brasilien nicht "chapéu de açucar" sondern **pão de** **açucar** ("Zuckerbrot"), und Karneval wird wie *karna'wau* ausgesprochen.

Die folgenden Seiten geben alphabetisch geordnet einen Überblick über die Aussprache der wichtigsten Sehenswürdigkeiten, Institutionen und Ereignisse.

UNTERWEGS

Wo geht es zum *Edifício Itália*?	*'kOmu 'faßu para ir ao edi'fißio i'talia* **Como faço para ir ao *Edifício Itália*?** wie - mache (ich) - für - gehen - zum - E. I.
Ist das der *Mercado Modelo*?	*'eßi ä o mer'kado mo'delo* **Esse é o *Mercado Modelo*?** dies - ist - der - M. M.
Wie heißt diese *Kirche*?	*'kOmu ße 'schama 'eßa i'greJa* **Como se chama essa *igreja*?** wie - sich - nennt - diese - Kirche
Wann wurde sie erbaut?	*'kuandu foi konßtru'ida* **Quando foi construida?** wann - wurde (sie) - erbaut
Wie alt ist dieses *Gemälde*?	*'kuantus 'anos teñ 'eßa pin'tura* **Quantos anos tem essa *pintura*?** wieviele - Jahre - hat - dieses - Gemälde
Gibt es eine Führung durch dieses Gebäude?	*teñ uñ giia 'nesta konstru'ßäu* **Tem um guia nesta construção?** gibt (es) - einen - Führer - in diesem - Gebäude
In welcher Sprache?	*eñ kee i'dioma* **Em que idioma?** in - welcher - Sprache
Wann ist *das Museum* geöffnet?	*'kuäu ä o o'rario dJi aber'tura do mu'säu* **Qual é o horário de abertura do *museu*?** was - ist - die - Zeit - der - Öffnung - von dem - Museum
Kann man den *Staudamm* besichtigen?	*a'Jentschi 'pOdJi wisi'tar a ba'haJeñ* **A gente pode visitar a barragem?** die - Leute (=man) - kann - besichtigen - den - Staudamm
Darf man hier fotografieren?	*a'Jentschi 'pOdJi ti'rar fotogra'fias* **A gente pode tirar fotografias aqui?** die - Leute (=man) - kann - ziehen - Fotografien - hier
Dieses Bauwerk ist sehr berühmt.	*'eßi monu'mentu ä muito fa'mOsu* **Esse monumento é muito famoso.** dieses - Bauwerk - ist - sehr - berühmt

Sehenswürdigkeiten

Deutsch	Aussprache	Portugiesisch
Altar	*au'tar*	o altar
Altstadt	*ßi'dadJi 'welja*	a cidade velha
Ausflug	*eskur'sãu*	a excursão
Ausstellung	*esposi'ßãu*	a exposição
barock	*ba'hoko*	barroco
Berg	*mon'tañja*	a montanha
besichtigen	*wisi'tar*	visitar
Besichtigung	*wi'sita*	a visita
besuchen	*wisi'tar*	visitar
Bildhauer	*eskul'tOr*	o escultor
Bildnis	*'kuadro*	o quadro
Brücke	*'pontschi*	a ponte
Brunnen	*'fontschi*	a fonte
Burg	*kas'telo*	o castelo
Bürgermeister	*pre'fEito*	o prefeito
Christ	*kris'tãu*	o cristão
Denkmal	*monu'mento*	o monumento
Dom	*kate'drau*	a catedral
Entdecker	*deskobri'dor*	o descobridor
Eroberer	*konkista'dor*	o conquistador
Exkursion	*eskur'sãu*	a excursão
Fassade	*fa'schada*	a fachada
fotographieren	*tschi'rar fotogra'fias*	tirar fotografias
Friedhof	*ßemi'tärio*	o cemitério
Galerie	*gale'ria*	a galeria
Gebäude	*edi'fißjo*	o edifício
Gemälde	*pin'tura*	a pintura
Glocke	*'sino*	a sino
gotisch	*'gOtiko*	gótico
Gottesdienst	*'mißa*	a missa
Grab	*'tumulo/sepul'tura*	o túmulo/a sepultura
Hof	*'patschio*	o pátio
Hügel	*ko'lina*	a colina
Indio	*'indio*	o indio
Jahrhundert	*'ßäkulo*	o século
Kapelle	*ka'pela*	a capela
Kathedrale	*kate'drãu*	a catedral
Katholik	*ka'tOliko*	o católico
Kirche	*i'greJa*	a igreja
Kirchturm	*'tohe*	a torre
Kreuz	*'krus*	a cruz
Kuppel	*'kupula*	a cúpula
Maler	*pin'tOr*	o pintor
Marktplatz	*mer'kado*	o mercado
Marmor	*'marmore*	a mármore
Museum	*mu'säu*	o museu
Oper	*'Opera*	a ópera
Orgel	*'Or'gão*	o órgão

Sehenswürdigkeiten (*Forts.*)		
Palast	*pa'laβio*	o palácio
Park	*'parke*	o parque
Pater	*'padre*	o padre
Platz	*'praβa*	a praça
Portal	*por'tau*	o portal
Rathaus	*prfEi'tura*	a prefeitura
Religion	*reli'Jiãu*	a religião
Ruine	*ru'ina*	a ruína
Rundfahrt	*βirkui'to/'wouta*	o circuito/a volta
Säule	*ko'luna*	a coluna
Schloß	*kas'telo*	o castelo
Schule	*es'kOla*	a escola
Sehenswürdigkeit	*atra'βãu*	o atração
Seifenstein	*'pädra βa'bãu*	a pedra sabão
Stadtrundfahrt	*wi'sita a βi'dadJi*	a visita à cidade
Stadtzentrum	*'βentro da βi'dadJi*	o centro da cidade
Statue	*e'statua*	a estátua
Stil	*e'stilo*	o estilo
Strand	*'praja*	a praia
Theater	*te'atro*	o teatro
Tor	*por'tau*	o portal
Tunnel	*'tunEu*	o túnel
Turm	*'tohe*	a torre
Umgebung	*ahe'dores*	os arredores
Vitrine	*wi'trine*	a vitrine
Vorort	*βub'urbio*	o subúrbio

AMAZONASINSEL

RIO DE JANEIRO

Avenida Presidente Vargas	awe'nida presi'dentschi 'wargas	wichtige Straße
Baía de Guanabara	'baja dJi guana'bara	Guanabara-Bucht
Barra da Tijuca	'baha da ti'dJuka	Strand
Copacabana	kOpaka'bana	Stadtteil/Strand
Corcovado	korko'vado	Fels mit Christusstatue
Escola de Samba	eß'kOla dJi 'ßamba	Sambaschule
Floresta da Tijuca	flO'reßta da ti'dJuka	Tijuca-Park
Galeão	gale'ãu	internat. Flughafen
Ipanema	ipa'nema	Stadtteil/Strand
Jardim Botânico	Jar'dJiñ bo'taniko	Botanischer Garten
Lagoa Rodrigo de Freitas	la'goa rodrigo dJi fréitas	Lagune
Leblon	le'blõ	Stadtteil/Strand
Leme	'lämi	Stadtteil/Strand
Maracanã	maraka'na	Fußballstadion
Museu Nacional	mu'säu naßio'nau	Nationalmuseum
Pão de Açucar	pãu dJi a'ßuka	Zuckerhut
Paquetá	pake'ta	Ausflugsinsel
Párque do Flamengo	'parke do fla'mengo	Flamengo-Park
Santos Dumont	'ßantOs dü'mõ	Flughafen
São Conrado	ßau coñ'rado	Stadtteil/Strand
Urca	'urka	Stadtteil/Strand

O CORCOVADO

BRASILÍA

Catedral	*kate'drau*	Kathedrale
Eixo Monumental	*'Eischo monumen'tau*	*Straße*
Eixo Rodoviário	*'Eischo rodo'wiario*	*Straße*
Lago do Paranoá	*lago do parano'a*	*See*
Monumento Kubitschek	*monu'mento 'kubitschek*	Kubitschek-Denkmal
Setor Bancário	*'ßetor ban'kario*	Bankensektor
Setor Comercial	*'ßetor komer'ßiau*	Einkaufssektor
Setor Embaixadas	*'ßetor embai'schadas*	Botschaftssektor
Setor Hoteleiro	*'ßetor ote'lEiro*	Hotelsektor

SALVADOR

SALVADOR

Baia de Todos os Santos	*baia dJi 'tOdos os 'ßantos*	Bucht
Candomblé	*kandoñ'blä*	Kult
Capoeira	*kapo'Eira*	*ritueller Tanz*
Cidade Alta	*ßi'dadJi auta*	Oberstadt
Cidade Baixa	*ßi'dadJi 'baischa*	Unterstadt
Conceiçao da Praia	*koñßEi'ßau da 'praia*	Kirche
Convento de São Francisco	*koñ'wento dJi ßão frã'ßisko*	Kirche
Estrada do Coco	*e'strada do 'koko*	*Palmenstrand*
Ilha de Itaparica	*'iilja dJi itapa'rika*	*Insel*
Jardim de Alá	*Jar'dJiñ dJi a'la*	*Strand*
Mercado Modelo	*mer'kado mo'delo*	*Markt*

Städte (*nicht in Karte eingetragen*)

Angra dos Reis	*'angra dos 'hEis*
Armação dos Búzios	*arma'ßãu dJi 'busios*
Blumenau	*blume'nau*
Cabo Frio	*'kabo 'frio*
Caxias do Sul	*ka'schias do ßu*
Diamantina	*dJiaman'tschina*
Guajará-Mirim	*guadJa'ra mi'riñ*
Guarapari	*guarapa'ri*
Iguaçu	*igua'ßu*
Ilha Grande	*'iilja 'grandJi*
Ilhéus	*il'jäus*
Juazeiro	*Jua'sEiro*
Ouro Preto	*'ouru 'preto*
Parati	*para'tschi*
Petrópolis	*pe'trOpolis*
Porto Meira	*'porto 'mEira*
Porto Seguro	*'porto ße'guro*
Santos	*'ßantos*
São Sebastião	*ßãu ßebas'tião*
Teresópolis	*tere'sOpolis*

Sonstiges

Amazonas	*ama'sOnas*	
Boa Viagem	*boa wi'aJeñ*	Stadtteil von Recife
Cataratas de Iguaçu	*kata'ratas dJi igua'ßu*	Wasserfall von Iguaçu
catarata	*kata'rata*	Wasserfall
Encontro das Aguas	*en'kontro das'aguas*	Zus.fluß Amaz. u. Rio Negro
Fernando de Noronha	*fer'nando dJi no'roñja*	Inselgruppe
Iguaçu	*igua'ßu*	Ort mit Wasserfall
Ilha de Itamaracá	*'iilja dJi itamara'ka*	Insel
Ilha de Marajó	*'iilja dJi mara'Jo*	Flußinsel
Ilha do Bananal	*'iilja do bana'nau*	Flußinsel
Itaipu	*itai'pu*	
Pantanal	*panta'nau*	Überschwemmungs-gebiet
Praia Genipabu	*'praia Jenipa'bu*	Strand bei Natal
Serra dos Carajás	*'ßeha dos kara'Jaß*	Explorationsgebiet
Serra Pelada	*'ßeha pe'lada*	Goldmine
Teatro Amazonas	*te'atro ama'sOnas*	Opernhaus (Manaus)
Transamazônica	*transama'sOnika*	
Usina Hidrelétrica de Itaipu	*usina hiidre'letrika dJi itai'pu*	Wasserkraftwerk

Abseits der ausgetretenen Pfade ist so manches anders, als der Stadtmensch sich das vorstellt. Eine Tour durch die Wildnis Amazoniens oder des Pantanals ist daher nicht nur wegen der einzigartigen Natur ein unvergeßliches Erlebnis. Auf intensive Weise wird man auch erfahren, daß hier für Natur und Mensch andere Gesetze gelten. So mancher wird danach einiges aus seiner gewohnten Welt auf einmal ganz anders bewerten.

Gerade weil der Urwald so gar nicht den Erwartungen entspricht, heißt es, sich gut vorzubereiten und immer auf der Hut zu sein. Straßen können von einer Stunde auf die andere nicht mehr passierbar sein, Flüge für Wochen eingestellt werden.

Die Redewendungen dieses Abschnitts drehen sich in der Hauptsache um Essen und Unterkunft. Weitere Redewendungen siehe unter REISEN MIT DEM SCHIFF und REISEN MIT DEM AUTO.

pi'raña
a piranha

Übernachten/Essen

Wo kann man hier übernachten ?
'ondJi a'Jentschi 'pOdJi pa'ßar a 'noitschi
Onde a gente pode passar a noite ?
wo - die - Leute - (er) kann - verbringen - die - Nacht

Kann ich bei Ihnen übernachten ?
'pOßo pa'ßar a 'noitschi na ßua kasa
Posso passar a noite na sua casa ?
(ich) kann - verbringen - die - Nacht - in der - seinerm - Haus

Ich habe eine Hängematte dabei.
'teñjo uma 'hedJi ko'migo
Tenho uma rede comigo.
(ich) habe - eine - Hängematte - mit mir

Wo bekomme ich eine Hängematte ?
'ondJi 'pOßo kom'prar uma 'hedJi
Onde posso comprar uma rede ?
wo - (ich) kann - kaufen - eine - Hängematte

Haben Sie Haken für die Hängematte ?
teñ 'gäschos para 'hedJi
Tem ganchos para rede ?
hat (er) - Haken - für - Hängematte

Wann wird der Generator abgestellt ?
'kuandu wäu desli'gar o Jera'dor
Quando vão desligar o gerador ?
wann - (sie) werden - ausschalten - den - Generator

Wann wird der Generator wieder angestellt ?
'kuandu wäu religar o Jera'dor dJi'novo
Quando vão religar o gerador de novo ?
wann - (sie) werden - wiedereinschalten - den - G. - noch einmal

Wo gibt es Wasser zum Waschen ?
'ondJi teñ 'agua para to'mar bäjo
Onde tem água para tomar banho ?
wo - (es) gibt - Wasser - für - nehmen - Bad

Kann man irgendwo duschen ?
'ondJi pOßo to'mar bājo
Onde posso tomar banho ?
wo - (ich) kann - nehmen - Bad

Haben Sie ein Moskitonetz für mich ?
teñ uμ moski'tEiro para miñ
Tem um mosquiteiro para mim ?
(er) hat - ein - Moskitonetz - für - mich

Wo gibt es hier etwas zu essen.
'ondJi teñ a'ki au'guma 'koisa 'para ko'mer
Onde tem aqui alguma coisa para comer
wo - gibt (es) - irgendeine - Sache - für - essen

Kann ich bei Ihnen etwas zu essen bekommen ?
'pOßo ko'mer au'guma 'koisa a'ki
Posso comer alguma coisa aqui ?
kann (ich) - essen - irgendeine - Sache - hier

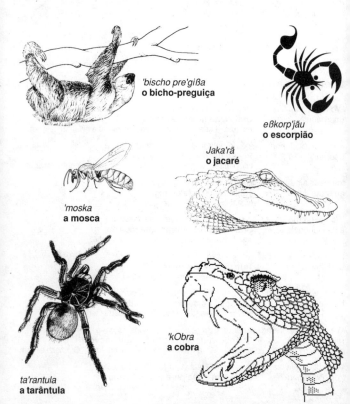

'bischo pre'gißa
o bicho-preguiça

eßkorp'jāu
o escorpião

Jaka'rä
o jacaré

'moska
a mosca

ta'rantula
a tarântula

'kObra
a cobra

GOLDSUCHER IN DER SERRA PELADA

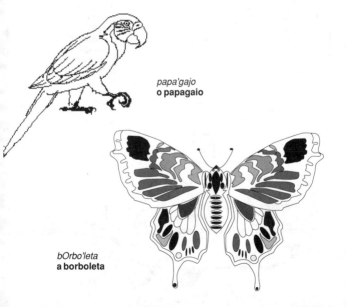

papa'gajo
o papagaio

bOrbo'leta
a borboleta

Tiere

Affe	ma'kako	o macaco
Ameise	for'miga	a formiga
Ameisenbär	tamandu'a	o tamanduá
Anakonda	ßuku'ri	a sucurí
Boa	Ji'bOja	a jibóia
Delphin	gol'fiñjo	o golfinho
Eidechse	lar'gato	o largato
Ente	'pato	o pato
Faultier	'bischo pre'gißa	o bicho-preguiça
Fisch	'peschi	o peixe
Fliege	'moska	a mosca
Floh	'pulga	a pulga
Frosch	'ßapo	o sapo
Geier	uru'bu	o urubu
Haifisch	tuba'rãu	o tubarão
Hase	ko'eljo	o coelho
Huhn	ga'liñja	a galinha
Hund	ka'schoho	o cachorro
Jaguar	'oñßa	a onça
Kakerlake	ba'rata	a barata
Kolibri	bEija'flor	o beija-flor
Krokodil	Jaka'rä	o jacaré
Kuh	'waka	a vaca
Maus	'rato	o rato
Mücke	mos'kito	o mosquito
Papagei	papa'gajo	o papagaio
Pferd	ka'walo	o cavalo
Piranha	pi'rañja	a piranha
Ratte	'rato	o rato
Regenwurm	miñ'jOka	a minhoca
Schildkröte	tarta'ruga	a tartaruga
Schlange	'kObra	a cobra
Schmetterling	bOrbo'leta	a borboleta
Schwein	'pOrco	o porco
Spinne	a'rañja	a aranha
Stinktier	gam'ba	o gambá
Süßwasserdelphin	'boto	o boto
Tier	ani'mau	o animal
Vogel	'paßaro	o pássaro
Vogelspinne	ta'rantula	a tarântula
Wal	ba'leja	a baleia
Wildschwein	Ja'wali	o javali
Ziege	'kabra	a cabra

Sie werden es sicherlich schon irgendwo gehört haben: Brasilien hat 7500 km Küste. So haben Sie die Wahl zwischen endlosen, menschenleeren Stränden und dicht gepackten Rummelplätzen. Auf letzteren herrscht ein reges Verkaufstreiben durch umherziehende Händler. Vom erfrischenden Zitronentee (**mate e limão**) über gegrillte Krabben (**camarões**), Kekse (**biscoitos**) und Eis (**sorvete**, **picolé**) bis hin zur Sonnencreme (**bronzeador**) kann man alles, was man Strand so gebraucht wird, bekommen. Dies wird in einer unaufdringlichen Art angeboten, und man sollte ruhig mal von den diversen Köstlichkeiten probieren.

Aufpassen muß man auf drei Dinge: Die Sonne, seine Sachen (keine Wertsachen mitnehmen!) und die Strömung. Die Sonne (**sol**) kann den frisch Angekommenen in kürzester Zeit gehörig verbrennen - daher hohen Sonnenschutzfaktor verwenden und sich zu Anfang nur kurz der Sonne aussetzen. Am Strand gehen die Taschendiebe (**ladrão**), meist Kinder, am dreistesten vor. Sie greifen sich einfach die umherliegenden Sachen und sind dann ruckzuck verschwunden. In Copacabana gibt es für solche Fälle sogar eine eigene Polizeiwache. Die Strömung (**corrente**) schließlich ist der tückischste Feind des Badenden. Höchste Vorsicht ist an einsamen Stränden geboten. Aber auch an Rio's Ipanema-Strand kann es einem passieren, daß man sich mit einem Mal mit anderen in einem Strudel wiederfindet, der einen nicht ans Ufer zurück lassen will. Manchmal hilft es dann, zunächst auf's Meer hinauszuschwimmen um dann in großem Bogen wieder ans Ufer zurückzuschwimmen. An den Stränden von Rio sind an verschiedenen Stellen Rettungsschwimmer postiert. Wer ganz sicher sein will, nimmt in deren Nähe sein Bad. Verschiedentlich zeigt eine rote Fahne (**bandeira vermelha**) an, daß man nicht ins Wasser gehen sollte.

"Oben Ohne" (**topless**) ist mal für kurze Zeit versucht worden, aber sehr schnell wieder verschwunden. Und vor aller Augen die Badehose wechseln oder gar nackt Baden ist in Brasilien absolut tabu. Dafür werden Sie staunen, wie wenig Stoff noch unter dem Begriff Bikini (**biquíni**) rangiert. Der kleinste unter ihnen hat den passenden Namen **fio dental**. So heißt auch der dünne Nylonfaden, mit dem man sich die Zahnzwischenräume reinigt.

Wo geht es hier zum Strand ?	*'kOmu 'faßo para ir a 'praia*
	Como faço para ir à praia.
	wie - mache (ich) - für - gehen - an den - Strand

Welcher Bus fährt am Strand entlang ?	*'kuau 'Onibus ke per'kohe tOda a 'praia*
	Qual ônibus que percorre toda a praia ?
	welcher - Bus - der - fährt entlang - ganz - den - Strand

Am Strand

Badehose	*kau'ßāu dJi 'bãjo*	o calção de banho
baden	*to'mar 'bãjo*	tomar banho
Bikini	*bi'kini*	o biquíni
Boot	*'barko*	o barco
Dusche	*'duscha*	a ducha
Nichtschwimmer	*nãu-nada'dor*	o não-nadador
Rettungsring	*'bOja 'ßauwa'widas*	a bóia salva-vidas
Rettungsschwimmer	*'ßauwa'widas*	a salva-vidas
Sand	*a'rEia*	a areia
Schatten	*'ßõmbra*	a sombra
Schnorchel	*'ßnurkle*	snurkle
Schwimmbad	*pi'ßina*	a piscina
schwimmen	*na'dar*	nadar
Sonnenbrand	*kEima'dura*	a queimadura
Strand	*'praja*	a praia
Strömung	*ko'hentschi/kohen'tesa*	a corrente/a correnteza
Surfboard	*'präscha dJi 'ßörf*	prancha de surf
(wind-)surfen	*an'dar dJi 'windßörf*	andar de wind-surf
surfen	*ßör'far*	surfar
Swimmingpool	*pi'ßina*	a piscina
tauchen	*mergul'jar*	mergulhar
Taucherausrüstung	*ekipa'mento dJi mer'guljo*	equipamento de mergulho
Taucherbrille	*'Okulos dJi mer'guljo*	óculos de mergulho
Taucherflossen	*päs dJi 'pato*	pés-de-pato
Wasser	*'agua*	a água
Wellen	*'ondas*	as ondas

Am Strand

Wie heißt dieser Strand ?	*'kOmu ße 'schama 'eßa 'praia*
	Como se chama essa praia ?
	wie - sich - nennt - dieser - Strand

Vorsicht! Die Wellen sind sehr stark heute !	*kui'dado as Ondas eß'tãu 'muito 'fortes 'oJi*
	Cuidado! As ondas estão muito fortes hoje !
	Vorsicht - die - Wellen - sind - viel - stark - heute

Ich möchte ins Wasser gehen.
Eu wou en'trar na 'agua
Eu vou entrar na água.
ich - werde - eintreten - ins - Wasser

Kannst du bitte auf meine Sachen aufpassen ?
wo'ße 'pOdJi to'mar 'konta das 'mñijas 'koisas
Você pode tomar conta das minhas coisas ?
du - kannst - aufpassen - von den - meinen - Sachen

Ist es hier gefährlich ins Wasser zu gehen ?
ä peri'goso to'mar 'bãjo a'ki
É perigoso tomar banho aqui ?
ist (es) - gefährlich - nehmen - Bad - hier

Kann man hier baden ?
'pOde'ßee to'mar 'bãjo a'ki
Pode-se tomar banho aqui ?
kann-man - nehmen - Bad - hier

Gibt es hier Strömungen ?
teñ kohen'tesa a'ki
Tem correnteza aqui ?
gibt (es) - Strömung - hier

Das Wasser ist sehr kalt/warm.
a 'agua es'ta muito fria/'kentschi
A água está muito fria/quente
das - Wasser - ist - viel - kalt / warm

Kann man hier tauchen ?
'pOde'ßee mergul°jar a'ki
Pode-se mergulhar aqui ?
kann-man - tauchen - hier

Sie werden sich einen Sonnenbrand holen !
wo'ße wai kEi'mar
Você vai se queimar !
du - wirst - sich - verbrennen

Ich gehe jetzt ins Wasser.
wou na 'agua
Vou na água.
(ich) gehe - in das - Wasser

Wer kommt mit ?
keñ weñ ko'migo
Quem vem comigo ?
wer - geht - mit mir

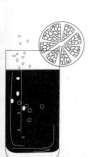

Erfrischungen

Was kostet die *Zitro-nenlimonade* ?	*'kuantu 'kusta a limo'nada* **Quanto custa a *limonada* ?** wieviel - kostet - die - Limonade	
Ist die *Kokosnuss-milch* gekühlt ?	*o 'koko es'ta Je'lado* **O *côco* está gelado ?** die - Kokosnuss - ist - gekühlt	

Snacks am Strand

picolé	*piko'lä*	Eis am Stil
sorvete	*ßOr'wetschi*	Eis
cuscuz	*'kußkuß*	eine Süßspeise
biscoitos	*biß'koitos*	Kekse (salzig/süß)
(salgados/doces)	*(ßau'gados/'doßes)*	
bolachas	*bo'laschas*	Kekse
pão integral	*pãu inte'grãu*	Graubrot
camarão no palito	*kama'rãu no pa'lito*	Krabben am Spieß
água mineral	*'agua mine'rau*	Mineralwasser
refrigerantes	*refriJe'rantschi*	Erfrischungsgetränke
água de coco	*'agua dJi 'koko*	Kokosnussmilch
mate e limão	*'matsche-e-li'mãu*	Zitronentee

Das Wetter

Blitz/Donner	*re'lãmpago/tro'wãu*	**o relâmpago/o trovão**
frieren	*ßen'tir 'frio*	**sentir frio**
Gewitter	*trowo'ada*	**a trovoada**
heiß/kalt	*'kentschi/frio*	**quente/frio**
Himmel	*'ßäu*	**o céu**
Mond	*'lua*	**a lua**
Nebel	*ne'blina*	**a neblina**
Regen	*'schuwa*	**a chuva**
schön/schlecht	*bo'nito(a)/'fejo*	**bonito(a)/feio(a)**
schwitzen	*'ßuar*	**suar**
Sonne	*'ßou*	**o sol**
stark/schwach	*'fortschel'frako*	**forte/fraco**
Sterne	*e'strela*	**as estrelas**
Wetter	*'tempo*	**o tempo**
Wind	*'wento*	**o vento**
Wolken	*'nuweñs*	**as nuvens**

Um´s Wetter (**tempo**) kümmert man sich in Brasilien recht wenig. Entsprechend schwer ist es denn auch, eine brauchbare Wettervorhersage (**previsão de tempo**) zu bekommen. Erschwerend kommt hinzu, daß dieses große Land aus vielen Klimazonen besteht und häufig das Lokalklima ausschlaggebend ist. Und das taucht sowieso in keinem Wetterbericht auf.

Mit einem Regenschauer (**chuva**) muß man im Sommer (**verão**) (dann ist bei uns Winter!) eigentlich immer rechnen. Im Amazonasgebiet gehört er sogar zum Tagesablauf. Ansonsten ist es im Sommer (November bis April) im ganzen Land sehr warm bis heiß. Einen Pullover sollte man aber trotzdem immer dabei haben. Nächtliche Busfahrten oder Aufenthalt in den Bergen können einen sonst ganz schön frieren lassen. Im Winter (**inverno**) (Juni bis September) kann es im Süden empfindlich kalt werden. Und obwohl viele Wintertage in Rio schönstes Badewetter bieten, wird es auch hier manchmal ungemütlich kühl. Und Heizungen gibt es dann keine. Im Norden Brasiliens herrscht eigentlich immer Sommer. Die Jahreszeiten machen sich hier lediglich durch mehr oder weniger starken Regen bemerkbar.

Wie wird das Wetter heute ?	*'kOmu wai fi'kar o tempo 'oJi* **Como vai ficar o tempo hoje ?** wie - wird - bleiben - das - Wetter - heute
Wird es heute Regen geben ?	*'oJi wai scho'wer* **Hoje vai chover ?** heute - wird - regnen
Wird es bald aufhören zu regnen ?	*wai pa'rar dJi scho'wer lOgo* **Vai parar de chover logo ?** wird (es) - aufhören - zu - regnen - bald
Heute ist es aber heiß!	*'oJi es'ta muito 'kentschi* **Hoje está muito quente.** heute - ist (es) - viel - heiß
Das Wetter ist sehr schön heute.	*o tempo es'ta muito bo'nito 'oJi* **O tempo está muito bonito hoje.** das - Wetter - ist - sehr - schön - heute
Es ist aber schwül heute.	*o tempo es'ta aba'fado 'oJi* **O tempo está abafado hoje.** das - Wetter - ist - schwül - heute

Gewitter
trowo'ada
a trovoada

Sonne
'ßou
o sol

Regen
'schuwa
a chuva

Wolken
'nuweñs
as nuvens

Carnaval. Der Startschuß erfolgt mit den Neujahrsfeiern. Dann beginnen die Radiostationen wieder Samba (**samba**) zu spielen, und das Fernsehen berichtet von den Vorbereitungen der Sambaschulen (**escola de samba**). Etwa eine Woche vorher sieht man die ersten Sambagruppen (**bateria**) durch die Straßen ziehen. Die Menschen schließen sich Ihnen an, und es entsteht ein wilder, tanzender Zug, der sich erst spät in der Nacht irgendwo verliert. Ab Samstag vor Aschermittwoch gibt es dann kein Halten mehr. 4 Tage lang wird die Nacht zum Tag und das Verrückte zum Alltäglichen. Allerorten trifft man auf musizierende und tanzende Menschen.

In den Clubs und Veranstaltungsorten werden Bälle (**bailes**) organisiert, die nachts um 23 Uhr beginnen und bis in die Morgenstunden andauern. Während der ganzen Zeit macht die Musik nicht eine Sekunde Pause - die Musiker werden einzeln im fliegenden Wechsel ausgetauscht.

Ein ungetrübtes Schauspiel der Lebensfreude (**alegria**) war früher einmal der große Umzug (**desfile**) der Sambaschulen in der **passarela do samba** von Rio de Janeiro. Heute ist das immer noch ein einmaliges Erlebnis, hat aber durch die starke Kommerzialisierung vieles von seiner Natürlichkeit verlohren. Der Umzug findet seit einigen Jahren in einer eigens dafür errichteten Betonarena, dem 800 Meter langen und 60000 Menschen fassenden Sambadrom (**sambódromo**) statt. Jedes Jahr kommt es zu kleinen Krawallen, wenn für die ärmeren Schichten der Bevölkerung wieder keine Karten mehr da sind, weil diese über dunkle Kanäle an Reisebüros, Touristenhotels und den Schwarzmarkt gegangen sind.

Wer nicht im Besitz einer Eintrittskarte (**bilhete**) ist oder wem diese zu teuer ist, der kann sich trotzdem ein hautnahes Erlebnis verschaffen. An beiden Enden des Sambadroms besteht nämlich die Möglichkeit, sich unter die sich vorbereitenden bzw. wieder erholenden Tänzer zu mischen. So kann man die einzigartige Armosphäre aus Anspannung und Vorfreude bzw. Erschöpfung und Erfüllung unmittelbar miterleben. Aber Vorsicht! Es gibt wohl kaum einen Ort, an dem man leichter das Opfer von Taschendieben werden könnte.

Viele **Cariocas** (die Einwohner von Rio) sind des Karnevalstrubels überdrüssig und legen wärend der tollen Tage einen Kurzurlaub am Meer oder in den Bergen ein. Dann sieht es mit freien Plätzen in den verschiedenen Verkehrsmitteln sehr schlecht aus. Während dieser Zeit muß man im ganzen Land damit rechnen, daß das öffentliche Leben außer Betrieb ist.

Carnaval		
Ball	'baile	o baile
Eintrittskarte	en'trada	a entrada
Kostüm	fanta'sia	a fantasia
Musikgruppe	'banda	a banda
Sitzplatz	lu'gar ßen'tado	o lugar sentado
Stehplatz	lu'gar eñ pe	o lugar em pé
Tänzer(in)	dääßa'rino(a)	o/a dançarino(a)
Tribüne	arkibä'kada	a arquibancada
Umzug	des'file	desfile
vorne/hinten	a 'frentschi/a'traiß	a frente/atrás

Karten besorgen

Wo bekomme ich Karten für den ... Ball ?
'ondʒi 'pOßo kom'prar en'trada para o 'baile
Onde posso comprar entrada para o baile ... ?
wo - (ich) kann - kaufen - Eintritt - für - den - Ball

Bekomme ich bei Ihnen Karten für das Sambadrom ?
ä a'ki ke ße 'kompra en'trada para o ßam'bOdromo
É aqui que se compra entrada para o sambódromo ?
ist (es) - hier - daß - man - kauft - Eintritt - für - das - S.

Sie sind leider ausverkauft.
infelis'mentschi näu 'temos mais in'greßOs
Infelizmente não temos mais ingressos.
leider - nicht - (wir) haben - mehr - Eintritte

Wo könnte ich noch welche bekommen ?
'ondʒi 'pOßo a'inda konße'gir uμ in'greßo
Onde posso ainda conseguir um ingresso ?
wo - kann (ich) - noch - schaffen - einen - Eintritt

Bei den Tänzern

Von welcher Sambaschule sind Sie ?
dʒi kee eß'kola dʒi 'ßamba wo'ße ä
De que escola de samba você é ?
von - welcher - Schule - von - Samba - du - bist

Wann geht es los ?
'kuandu ko'meßa
Quando começa ?
wann - beginnt (es)

Sie haben ein sehr schönes Kostüm.
wo'ße teñ uma fanta'sia muito bo'nita
Você tem uma fantasia muito bonita.
du - hast - ein - Kostüm - sehr - schön

Haben Sie es selbst gemacht ?
wo'ße 'mesmo a feß
Você mesmo a fez ?
du - selbst - das - machtest

Sie haben sehr gut getanzt.
wo'ße dä'ßou muito beñ
Você dançou muito bem.
du - tanztest - sehr - gut

Wer hat das Desfile gewonnen ?
keñ gä'jou o deß'file
Quem ganhou o desfile ?
wer - gewann - das - Desfile

Wer hat im letzten Jahr gewonnen ?
keñ gä'jou no 'ultimo ano
Quem ganhou no último ano ?
wer - gewann - in dem - letzten - Jahr

Wieviele Mitglieder hat diese Sambaschule ?
'kuantas pe'ßoas a 'neßa eß'kOla dʒi 'ßamba
Quantas pessoas há nessa escola de samba ?
wieviele - Personen - gibt (es) - in dieser - Sambaschule

BAHIANA

Ausgehen

Ausgehen		
Aufführung	*apresenta'ßãu*	**a apresentação**
ausgehen	*ßa'ir*	**sair**
Ausstellung	*exposi'ßãu*	**a exposição**
Disco	*'dißko*	**o disco**
Fußballspiel	*'Jogo dJi futschi'bOl*	**o jogo de futebol**
Fußballstadion	*o 'kampo dJi futschi'bOl*	**o campo de futebol**
Kino	*ßi'nema*	**a cinema**
Kneipe	*bar*	**o bar**
Konzert	*scho/kon'ßerto*	**o show/o concerto**
live	*ao 'wiwo*	**ao vivo**
Museum	*mu'säu*	**o museu**
Open Air Konzert	*scho ao ar 'liwri*	**o show ao ar livre**
Rockkonzert	*scho dJi 'oki*	**o show de rock**
Sambaschule	*eß'kOla dJi 'ßamba*	**a escola de samba**
Show	*scho*	**o show**
tanzen	*dã'ßar*	**dançar**
Theater	*'teatro*	**o teatro**
(Karnevals-) Umzug	*des'file dJi karna'wau*	**desfile de carnaval**
Veranstaltung	*programa'ßãu*	**a programação**

O bwohl die rosigen Zeiten eines **Zico** oder **Pelé** vorbei sind, die Begeisterung für den Fußball (**futebol**)l ist ungebrochen. So zählt der Besuch eines Spiels (**jogo**) im **Maracanã** nach wie vor zu den eindrucksvollen Erlebnissen. Besonders turbulent geht es zu, wenn die beiden Lokalrivalen **Flamengo** und **Fluminense** aufeinandertreffen. Sämtliche Wertsachen einschließlich Uhr und Ehering sollten jedoch im Hotel bleiben, da das Gedränge groß werden kann.

Während eines Spieles der Nationalmannschaft und insbesondere bei der Fußball-WM (**copa do mundo**) muß mit Behinderungen des öffentlichen Lebens gerechnet werden.

Wo/Wohin

Welcher Bus fährt zum Fußballstadion ?
'kuau ä o 'Onibus ke wai para o ä'stadio
Qual é o ônibus que vai para o estádio ?
welcher - ist - der - Bus - der - geht - zu - dem - Stadion

Fährt dieser Bus zum Maracana ?
'este 'Onibus wai para o maraka'na
Este ônibus vai para o Maracanã ?
dieser - Bus - fährt - zu - dem - M.

Wie komme ich zum Fußballstadion ?
'kOmu 'faßo para ir a'tä o ä'stadio dJi futschi'bOl
Como faço para ir até o estádio de futebol ?
wie - mache (ich) - um zu - fahren - bis - das - Stadion - von - Fußball

Wann findet in diesem Stadion das nächste Spiel statt ?
'kuandu 'ßera o 'prOßimo 'Jogo a'ki 'nesta ä'stadio
Quando será o próximo jogo aqui neste estádio ?
wann - (es) wird sein - das - nächste - Spiel - hier - in diesem - Stadion

Eintrittskarten

Bitte *2* Eintrittskarten für das Spiel *Brasilien* gegen *Uruguay.*
por fa'wor 'duas en'tradas para o 'Jogo do B. 'kontra 'uruguai
Por favor, duas entradas para o jogo do B. contra Uruguai
bitte - 2 - Eintritte - für - das - Spiel - von - B. - gegen - U.

Wir möchten bei den Fans von *Brasilien* sitzen.
gosta'ria dJi ßen'tar 'perto dos torße'dores brasi'lEiros
Gostaria de sentar perto dos torcedores brasileiros.
(ich) würde mögen - zu - sitzen - nahe - von den - Fans - bras.

futschi'bOl
o futebol

Im Stadion

Wie steht´s ?	*'kOmu es'ta o 'Jogo* **Como está o jogo ?** wie - ist - das - Spiel	
Wer hat das Tor geschossen ?	*keñ fees o gou* **Quem fez o gol ?** wer - machte - das - Tor	
Wie heißt der Spieler mit der Nummer *8* ?	*'kOmu ße 'schama o Joga'dor koñ o 'numero 'oito* **Como se chama o jogador com o número *oito* ?** wie - sich - nennt - der - Spieler - mit - der - Nummer - 8	

Fußball		
Abpfiff	*'apito fi'nau*	o apito final
Abseits	*impedi'mento*	o impedimento
Abstoß	*'tschiro dJe 'mäta*	o tiro de meta
Anpfiff	*'apito ini'ßiau*	o apito inicial
Eckstoß	*eßkan'tEio*	o escanteio
Elfmeter	*pe'nauti*	o pênalti
Fan	*tOr'ßida*	a torcida
Foul	*'fauta*	a falta
Freistoß	*'tschiro 'liwri*	o tiro livre
Fußball	*futschi'bOl*	o futebol
Gelbe Karte	*kar'tãu ama'relo*	o cartão amarelo
Halbzeit	*'mejo tempo*	o meio tempo
Linienrichter	*bandEi'riñja*	o bandeirinha
Mannschaft	*'tschimi*	o time
Rote Karte	*kar'tãu wer'mäljo*	o cartão vermelho
Schiedsrichter	*Ju'íß*	o juiz
Spieler	*Joga'dOr*	o jogador
Spielfeld	*'kampo*	o campo
Tor	*gou*	o gol
Tribüne	*arkibañ'kada*	a arquibancada
Zuschauer	*espeta'dOr*	o espectador

Spielfeld
'kampo
o campo

Musik ist ein Teil von Brasilien. Deshalb fahren Sie nicht ohne ein paar Schallplatten (**disco**) nach Hause. Die bekommen Sie wie bei uns in Plattenläden und Kaufhäusern. Probehören ist meistens möglich.

Da ist zunächst natürlich der **Samba** mit einer schier unerschöpflichen Auswahl an Platten. Jedes Jahr wird die offizielle Schallplatte des Karnevals in Rio herausgegeben. Sie enthält die Lieder aller Sambaschulen, die am großen Umzug (**desfile**) im Sambadrom teilgenommen haben. **Bossa-Nova**, **Forró**, **Batuque**, **Pagode** sind andere Stilrichtungen, die sich großer Beliebtheit erfreuen. In Bars, Restaurants, auf der Straße oder in den Häusern wird man auf diese Klänge stoßen. Die Gitarre (**violão**) spielt immer noch die Hauptrolle unter allen Instrumenten. Beim gemütlichen Beisammensein steht sie oft im Mittelpunkt. Mit ihr werden Gefühle ausgedrückt und Geschichten erzählt. Die mittlerweile wohl jedem bekannte **Lambada** (das ist nicht nur der Name eines einzigen Titels sondern die Bezeichnung für eine eigene Musikrichtung) hat ihren Ursprung übrigens in der Gegend um Salvador da Bahia. Von dort aus hat sie bereits vor einigen Jahren ihren Siegeszug in die Tanzszene der Jugendlichen angetreten.

So hat sich denn auch die brasilianische Popmusik zu einer eigenständigen Stilrichtung entwickelt, die mit der internationalen sehr gut konkurrieren kann. Wer auf seiner Reise hin- und wieder Radio hört, dem wird auffallen, daß die heimische Musik einen großen Anteil der gespielten Titel abdeckt. Und so macher Song wird einem nicht mehr aus dem Ohr gehen. **Roberto Carlos**, **Gilberto Gil**, **Milton Nascimento**, **Simone**, **Gal Costa**, **Maria Bethania**, **Djavan** sind nur einige von vielen sehr beliebten Songschreibern und Musikern. Einen guten Querschnitt der momentan aktuellen Popmusik findet man auf LPs, die ähnlich wie bei uns nach dem Motto "Aus der Fernsehwerbung" zusammengestellt sind. Meist werden sie von dem Label **Som Livre** unter dem Titel der gerade populären **Novela** (TV-Seifenoper mit täglicher Ausstrahlung) angeboten.

Einige Musikstile		
Forró	*fO'hO*	Musik und Tanz des Nordens und Nordostens
Batuque	*ba'tuke*	Percussion mit Sambarythmus
Samba	*'ßamba*	Samba
Pagode	*pa'gOdschi*	wieder modern gewordene Urform des Samba mit Gesang
Bossa Nova	*boßa'nOwa*	Bossa Nova
Lambada	*lam'bada*	Lambada

Können Sie mir bitte diese Platte auflegen?

por fa'wor, 'pOßo u'wier 'eßtschi 'disko
Por favor, posso ouvir este disco ?
bitte - kann (ich)- hören - diese - Platte

Ich möchte eine Platte mit der aktuellen bras. Popmusik.

gosta'ria dJi uµ 'disko coñ as 'musikas atu'ais brasi'lEiras
Gostaria de um disco com as músicas atuais brasileiras
(ich) würde mögen - von - eine - Platte - mit - den - Liedern - aktuell - bras.

Ich möchte die Platte des Karnevalumzugs von Rio.

Eu gosta'ria dJi kom'prar o 'disko do des'file do 'hio
Eu gostaria de comprar o disco do desfile do Rio
ich - würde mögen - von - kaufen - die - Platte - von - Vorbeizug - von - Rio

Haben Sie die neueste Platte von *Roberto Carlos* ?

a ßen'jora teñ o 'disko mais 'nowo dJi ro'berto 'karlos
A senhora tem o disco mais novo de *Roberto Carlos* ?
die - Dame - hat - die - Platte - mehr - neu - von - R. C.

Haben Sie auch Kassetten ?

wo'ße teñ 'fitaka'ßetschi
Você tem fita-cassete ?
du - hast - Kassette

Haben Sie Videokassetten vom Karnevalsumzug ?

wo'ße teñ 'wideo dJi au'guma es'kOla dJi 'ßamba
Você tem vídeo de alguma escola de samba ?
du - hast - Video - von - irgendeiner - Schule - von - Samba

Wieviel kostet diese Platte ?

'kuantu 'kusta 'eßtschi 'disko
Quanto custa este disco ?
wieviel - (sie) kostet - diese - Kassette

'musika
a música

'dißko
o disco

wio'lãu
o violão

Musik		
hören	*u'wir*	ouvir
Lied	*kã'ßão*	a canção
Musik	*'musika*	a música
brasilianische ...	*brasi'lEira*	brasileira
internationale ...	*internaßio'nau*	internacional
Popmusik	*'musika popu'lar*	a música popular
romantische Musik	*'musika ro'mantica*	a música romântica
Volksmusik	*ßerta'neJa*	sertaneja
Musikkassette	*'fita*	a fita
Schallplatte	*'dißko*	o disco

Ein Radio (**rádio**) sollte bei keiner Brasilienreise fehlen. So kann man sich morgens und abends im Hotelzimmer von der Stimmung (**animação**) gefangennehmen lassen. Auch wenn man nicht viel verstehen sollte, das Klanggemälde aus nationaler und internationaler Musik (**música**), Werbung (**propaganda**) und Wortbeiträgen bringt viel von der Atmosphäre rüber. Hoch im Kurs steht immer noch die brasilianische Popmusik (**música popular brasileira**). Daneben hat auch in Brasilien, so wie wohl in der ganzen Welt, die englische und amerikanische Popmusik (**música inglesa e americana**) ihren Stellenwert, wobei den sanften Tönen eindeutig der Vorzug gegeben wird.

Auf Busfahrten nützt das Radio wenig. Der Empfang (**recepção**) außerhalb von Städten ist in der Regel nicht möglich. Ein Walkman (**walkman**) ist daher ein nützlicher Begleiter, um sich auf den langen Fahrten die Zeit zu vertreiben. Mit der Sprachkassette im Reisegepäck kann dann sogar noch die Aussprache trainiert werden.

Ist das dein/Ihr Radio/Walkman ?	*'estschi ä o 'ßEu 'radio/'wOkmän* **Este é o seu radio/walkman ?** dies - ist - das/der - sein - Radio/Walkman
Kann ich ihn kurz ausleihen ?	*'pOdJi mi empres'tar hapi'dJiñjo* **Pode me emprestar rapidinho ?** kann (er) - mir - leihen - schnell
Welches ist hier der beliebteste Sender ?	*'kuãu ä a esta'ßãu mais ou'wida* **Qual é a estação mais ouvida ?** welches - ist - die - Station - mehr - gehört
Welche Frequenz hat er ?	*'kuau ä a fre'kuäßia 'deli* **Qual é a frequência dele ?** welches - ist - die - Frequenz - von ihm

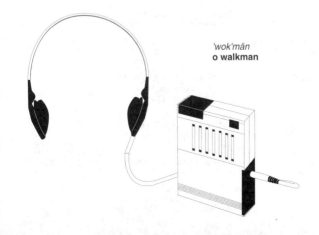

'wok'män
o walkman

Mit REDE GLOBO hat Brasilien den viertgrößten Medienkonzern der Welt und ein Fernsehprogramm, das dem amerikanischen Vorbild nur wenig nachsteht. In alle Welt exportiert werden die Telenovellen (**novela**). Das sind Herz-Schmerz-Geschichten, die mit täglicher Ausstrahlung und für die Dauer mehrerer Monate ein Thema aus der schönen Welt der Superreichen abhandeln. Die einzelnen Folgen (**capítulo**) werden etwa 2 Wochen vor der Ausstrahlung gedreht, so daß der Verlauf der Geschichte nach den Reaktionen des Fernsehpublikums bestimmt werden kann. Während der Sendezeiten, später Nachmittag und Abend, wird man festellen können, daß sie gleichermaßen das Interesse von alt und jung finden.

Wer an den neuesten Nachrichten interessiert ist, sollte sich von 20 Uhr bis 20 Uhr 30 das **Jornal Nacional** im Kanal GLOBO ansehen. Dort werden auch die aktuellen Wechselkurse (**taxas de câmbio**) sowie der Stand des Dollars durchgegeben. Aus Europa wird man allerdings nur dann etwas hören, wenn hautnah von irgendeiner Katastrophe berichtet werden kann.

Gibt es hier ein Fernsehgerät ?	*teñ a'ki uma telewi'sãu* **Tem aqui uma televisão ?** (es) gibt - hier - ein - Fernsehen
Wo ist der Fernsehraum ?	*'ondJi ä a 'ßala dJi telewi'sãu* **Onde é a sala de televisão ?** wo - (er) ist - der - Raum - von - Fernsehen
Kann ich das Fernsehen einschalten ?	*'pOßo li'gar a telewi'sãu* **Posso ligar a televisão ?** (ich) kann - einschalten - das - Fernsehen
Ich möchte gerne das *Journal Nacional* sehen.	*gosta'ria dJi wer o Jor'nau naßjo'nau* **Gostaria de ver o *Jornal Nacional*.** (ich) würde mögen - zu - sehen - das - J. N.
Auf welchem Kanal gibt es jetzt Nachrichten ?	*eñ kee ka'nau 'paßa o Jor'nau naßjo'nau* **Em que canal passa o *Jornal Nacional* ?** in - welchem - Kanal - läuft - das - J. N.
Ist das der Kanal *Manchete* ?	*'eßi ä o ka'nau da mã'schetschi* **Esse é o canal da *Manchete* ?** dies - (es) ist - der - Kanal - M.
Welcher Kanal ist das ?	*kee ka'nau ä 'eßi* **Que canal é esse ?** welcher - Kanal - ist - dies
Könnten Sie bitte auf den Kanal *Globo* umschalten ?	*o ßen'jor pode'ria mu'dar para o ka'nau da 'globo* **O senhor poderia mudar para o canal da Globo ?** der - Herr - könnte - wechseln - zu - dem - Kanal - von - der - G.
Ist das eine Telenovelle ?	*'eßa ä uma no'vela* **Essa é uma Novela ?** dies - (es) ist - eine - Telenovelle

Wie heißt sie ?

'kuau ä o 'numero 'dela
Qual é o nome dela ?
welches - ist - der - Name - von ihr

Kino

Da die amerikanischen Filme (**filmes americanos**) alle im Originalton (mit portugiesischen Untertiteln) gezeigt werden, muß man als Sprachneuling nicht auf den Genuß eines Vorführung (**seção**) in klimatisierter Umgebung verzichten. Leider ist die Tonqualität oft sehr schlecht. Man findet vorwiegend noch die richtig großen Kinos (**cinema**) vor und zahlt umgerechnet weniger als zwei Mark Eintritt (**ingresso**). Ein Trinkgeld (**gorjeta**) für die Platzanweiserin (**lanterninha**) kommt noch dazu.

Welcher Film läuft hier ?

kee 'fiumi es'ta pa'ßando a'ki
Que filme está passando aqui ?
welcher - Film - ist - laufend - hier

In welcher Sprache wird der Film gezeigt ?

eñ kee 'lingua o 'fiumi es'ta 'ßendo mos'trado
Em que lingua o filme está sendo mostrado ?
in - welcher - Sprache - der - Film - ist - gezeigt

Ist der Film in englisch ?

o 'fiumi ä eñ ing'les
O filme é em inglês ?
der - Film - ist - in - englisch

Was kostet der Eintritt ?

'kuantu 'kusta o in'greßo
Quanto custa o ingresso ?
wieviel - kostet - der - Eintritt

Hat die Vorstellung schon begonnen ?

a ße'sãu ja kome'ßou
A seção já comecou ?
die - Vorstellung - schon - begann

Sind noch Plätze frei ?

a'inda teñ lu'gares 'wagOs
Ainda tem lugares vagos ?
noch - gibt (es) - Plätze - frei

Bitte 2 mal den Film ...

por fa'wor duas en'tradas para o 'fiumi
Por favor, duas entradas para o filme ...
bitte - 2 - Eintritte - für - den - Film

In welchem Kino läuft der Film ... ?

eñ kee ßi'nema es'ta pa'ßando o 'fiumi
Em que cinema está passando o filme ... ?
in - welchem - Kino - ist - laufend - der - Film

Der Film ist ausverkauft.

Os in'gräßOs para o 'fiumi es'tãu esgo'tadOs
Os ingressos para o filme estão esgotados.
die - Eintritte - für - den - Film - sind - vergriffen

A m Ende Ihrer Reise werden Sie die Redewendungen dieses Abschnitts wohl im Schlaf aufsagen können. Denn auch wenn Sie sich noch so sehr den verschiedenen Situationen anpassen, man wird Sie schon von weiten als einen Nicht-Einheimischen ("**gringo**") erkennen und mit Fragen nach der Herkunft (**"De onde vem ?"** - "Wo kommst Du her") und danach, wie es Ihnen in Brasilien gefällt, bestürmen.

Besonders da, wo sonst kein Fremder hinkommt, brennt man darauf zu erfahren, was einen ausgerechnet in diesen entlegenen Winkel der Welt getrieben hat. Sie werden dann auch festellen, daß die Aussage, man mache Ferien (**ferias**), irgendwie nicht so recht verstanden wird. Ferien heißt für viele Brasilianer, falls sie überhaupt im Bereich des Möglichen liegen, in erster Linie am Strand liegen oder es sich für kurze Zeit in einer luxuriösen Umgebung gut gehen lassen.

Wollen Sie das Herz Ihres Gesprächspartners erfreuen, dann loben Sie sein Land, sagen Sie, wie schön (**bonito**) es ist und daß er stolz sein kann, dort zu leben. Auf absolutes Unverständnis werden Sie stoßen, wenn Sie dabei gleichzeitig schlecht über Ihr eigenes Land reden. Denn erstens ist der Brasilianer ein großer Patriot und kann sich nicht vorstellen, daß das bei Ihnen anders ist, und zweitens kommt das Bild, das man in Brasilien von Europa und den USA hat, der Vorstellung vom Paradies recht nahe. Der Traum vieler Brasilianer ist ein Leben im Wohlstand dieser Industriestaaten, von deren Problemen sie nichts ahnen.

KONTAKTE

Wer bist du ?

Wie heißt du ?	*kuãu ä o ßEu nOmi* **Qual é o seu nome ?** was - ist - der - dein - Name	*'kOmu wo'ße ße 'schama* **Como você se chama ?** wie - du - sich - nennst
Ich heiße *Thomas*.	*o mEu nOmi ä T.* **O meu nome é *Thomas*.** der - mein - Name - ist - T.	
Wo kommst du her ?	*dJi ondJi wo'ße weñ* **De onde vem ?** von - wo - (er) kommt	
Ich bin *Deutscher*.	*Eu ßou ale'mãu* **Eu sou *alemão*.** ich - bin - Deutscher	
Ich wohne in der Nähe von *München*.	*'mOro 'perto dJi mu'niki* **Moro perto de *Munique*.** (ich) wohne - nahe - von - München	
Ich komme aus *Österreich*.	*Eu ßou da 'austria* **Eu sou da *Áustria*.** ich - bin - von - Österreich.	

Mein Name ist ...		
Beruf	profi'ßão	**a profissão**
geschieden	deski'tado	**desquitado**
heißen	scha'mar ße	**chamar-se**
leben	wi'wer/mo'rar	**viver/morar**
ledig	ßou'tEiro	**solteiro**
Name	'ßObri'nOmi	**o sobrenome**
Spitzenname	ape'lido	**o apelido**
verheiratet	ka'sado	**casado**
Vorname	'nOmi	**o nome**
wohnen	mo'rar	**morar**

Was machst du hier ?

Was machst du hier ?
o'kee wo'ße es'ta fa'sendo a'ki
O que você está fazendo aqui ?
was - du - bist - machend - hier

Ich mache Ferien.
eß'tou dJi färias
Estou de férias ?
(ich) bin - mit - Ferien

Ich bin geschäftlich hier.
eß'tou a'ki a ßer'wißo
Estou aqui a serviço.
(ich) bin - hier - für - Geschäft.

Wie lange bist du schon hier ?
a 'kuantu tempo wo'ße es'ta a'ki
Hà quanto tempo você está aqui ?
(es) hat - wieviel - Zeit - du - bist - hier

Wie lange bleibst Du hier ?
kuantu tempo wo'ße 'fika a'ki
Quanto tempo você fica aqui ?
wieviel - Zeit - du - bleibst - hier

Bist du allein hier ?
wo'ße eß'ta ßO'siñjo a'ki
Você está sozinho aqui ?
du - bist - allein - hier

Ich bin mit meinem Freund hier.
eß'tou koñ uµ 'amigo
Estou com um amigo.
(ich) bin - mit - einem - Freund

Ich mache eine Reise durch Brasilien.
eß'tou fa'sendo uma vi'aJeñ pelo bra'siu
Estou fazendo uma viagem pelo Brasil.
(ich) bin - machend (=mache gerade)- eine - Reise - durch das - B.

Ich war schon in *Rio* und *Salvador*.
Ja es'tschiwi no 'hio e eñ ßauwa'dor
Já estive no *Rio* e em *Salvador*.
schon - (cih) war - in - R. - und - in - S.

Morgen fahre ich nach *Belém* und dann nach *Manaus*.
amaña Eu wou para be'leñ e depois para ma'naus
Amanhã eu vou para *Belém* e depois para *Manaus*.
morgen - ich - gehe - nach - B. - und - danach - nach - M.

Wie gefällt es Dir hier ?

Wie gefällt es Dir hier ?	*wo'ße 'goßta da'ki* **Você gosta daqui ?** du - magst - von hier	
Es gefällt mir hier sehr gut.	*gosto muito da'ki* **Gosto muito daqui.** (ich) mag - viel - von hier	
Ich liebe Brasilien.	*Eu a'doro o bra'siu* **Eu adoro o Brasil.** ich - verehre - das - Brasilien	
Brasilien ist ein wunderschönes Land.	*o bra'siu ä uµ pa'is marawi'joso* **O Brasil é um país maravilhoso.** das - B. - ist - ein - Land - wunderschön	

Familienverhältnisse

(fester) Freund/Freundin	*namo'rado/namo'rada*	o namorado/ a namorada
Bruder/Schwester	*ir'mãu/irmã*	o irmão/a irmã
Cousin/Cousine	*'primo/prima*	o primo/a prima
Ehemann/Ehefrau	*äß'poso/äß'posa*	o esposo/a esposa
Eltern	*pais*	os pais
Familie	*fa'milja*	a família
Freund/Freundin	*a'migo/a'miga*	o amigo/a amiga
Großvater/Großmutter	*a'wo/a'wO*	o avô/a avó
Neffe/Nichte	*ßO'briñjo/ßO'briñja*	o sobrinho/a sobrinha
Onkel/Tante	*'tschio/'tschia*	o tio/a tia
Opa/Oma	*wO'wo/wO'wO*	vovô/vovó
Sohn/Tochter	*'filjo/'filja*	o filho/a filha
Vater/Mutter	*pai/mãi*	o pai/a mãe
Verlobte/Verlobter	*'noiwo/'noiwa*	o noivo/a noiva

Und selbst ?

Wohnst du/Wohnen Sie in *Rio* ?	*wo'ße 'mOra no 'hio* **Você mora no *Rio* ?** du - wohnst - in dem - Rio	
Kennst du/Kennen Sie Europa ?	*wo'ße koñ'jeßi a Eu'rOpa* **Vôce conhece a Europa ?** du - kennst - das - E.	
Warst du/Waren Sie schon einmal in Deutschland ?	*wo'ße Ja es'tevi au'guma wEiß na ale'mañja* **Você já esteve alguma vez na Alemanha ?** du - schon - warst - irgendein - Mal - in dem - D.	

| Hat es dir/Ihnen dort gefallen ? | wo'ße gos'tou dJi la
Você gostou de lá ?
du - mochtest - von - dort |
| Ich habe *zwei Brü-der*. | 'teñjo dois ir'mãus
Tenho *dois irmãos*.
(ich) habe - zwei - Brüder |

Studienfächer		
Architektur	*arkitä'tura*	**arquitetura**
Betriebswirtschaft	*administra'ßãu dJi em'presas*	**administração de empresas**
Biologie	*biolo'Jia*	**biologia**
Chemie	*'kimika*	**química**
Elektrotechnik	*eletro'täknika*	**eletrotécnica**
Geographie	*Jeogra'fia*	**geografia**
Geologie	*JeolO'Jia*	**geologia**
Germanistik	*Jerma'nistika*	**germanística**
Geschichte	*is'tOria*	**história**
Informatik	*infor'matschika*	**informática**
Jura	*di'rEito*	**direito**
Kunstgeschichte	*is'tOria dJi 'artschi*	**história da arte**
Maschinenbau	*koñstru'ßãu dJi 'makinas*	**construção de máquinas**
Mathematik	*mate'matika*	**matemática**
Medizin	*medi'ßina*	**medicina**
Musik	*'musika*	**música**
Physik	*'fisika*	**física**
Psychologie	*psikOlo'Jia*	**psicologia**
Romanistik	*roma'nistika*	**romanística**

Schule/Ausbildung		
Abitur	*westschibu'lar*	**o vestibular**
Berufsschule	*eß'kOla prOfißionali'santschi*	**a escola profissionali-sante**
Grundschule	*pri'mEiro grau*	**o 1º (primeiro) grau**
Handelsschule	*eß'kOla komer'ßiau*	**a escola comercial**
Hochschule	*uniwersi'dadJi*	**a universidade**
Institut	*insti'tuto*	**o instituto**
Oberschule	*ße'gundo grau*	**o 2º (segundo) grau**
Schule	*eß'kOla*	**a escola**
Universität	*uniwersi'dadJi*	**a universidade**
Unterricht	*'aulas*	**as aulas**
(Unterrichts-)Fach	*ma'täria*	**a matéria**
Vorlesungen	*'aulas*	**as aulas**

Berufe		
Angestellter	*empre'gado/fuñßio'nario*	**empregado/funcionário**
Apotheker	*farma'ßeutico*	**farmacêutico**
Arbeiter	*ope'rario*	**operário**
Archäologe	*arke'oloJo*	**arqueólogo**
Architekt	*arki'teto*	**arquiteto**
Arzt	*'mediko*	**médico**
Bäcker	*pa'dEiro*	**padeiro**
Bauingenieur	*enJen'jEiro ßi'wiu*	**engenheiro civil**
Beamter	*fuñßio'nario 'publiko*	**funcionário público**
Briefträger	*kar'tEiro*	**carteiro**
Buchhalter	*kontabi'lista*	**contabilista**
Buchhändler	*li'wrEiro*	**livreiro**
Busfahrer	*moto'rista dJi 'Onibus*	**motorista de ônibus**
Chemiker	*'kimiko*	**químico**
Dolmetscher	*in'tärpretschi*	**intérprete**
Elektriker	*elektri'ßista*	**eletricista**
Fischer	*peska'dOr*	**pescador**
Förster	*'guarda flOreß'tau*	**guarda-florestal**
Friseur (Damen-)	*kabelEi'rEiro*	**cabeleireiro**
Friseur (Herren-)	*bar'bEiro*	**barbeiro**
Gärtner	*JardJi'nEiro*	**jardineiro**
Handwerker	*Ope'rario*	**operário**
Hausfrau	*'dOna dJi 'casa*	**dona de casa**
Ingenieur	*enJen'jEiro*	**engenheiro**
Journalist	*JOrna'lista*	**jornalista**
Kaufmann	*kOmer'ßiante*	**comerciante**
Koch/Köchin	*kosi'nEiro/a*	**cozinheiro/a**
Kraftfahrer	*kamio'nEiro*	**camioneiro**
Kraftfahrer	*moto'rista*	**motorista**
Krankenschwester	*enfer'mEira*	**enfermeira**
Landwirt	*agrikul'tOr*	**agricultor**
Lehrer/Lehrerin	*profe'ßOr/a*	**professor/a**
Maler	*pin'tOr*	**pintor**
Maurer	*pe'drEiro*	**pedreiro**
Mechaniker	*me'kaniko*	**mecânico**
Metzger	*aßou'gEiro*	**açougueiro**
Musiker	*'musiko*	**músico**
Notar	*eßkri'wãu*	**escrivão**
Optiker	*Oku'lista*	**oculista**
Pfarrer	*'padre*	**padre**
Physiker	*'fisiko*	**físico**
Pilot	*'piloto*	**piloto**
Polizist	*poli'ßiãu*	**policial**
Rechtsanwalt	*adwo'gado*	**advogado**
Rentner	*aposen'tado*	**aposentado**
Richter	*Ju'iß*	**juiz**
Schauspieler/in	*a'tOr/a'triß*	**ator/atriz**
Schlachter	*aßou'gEiro*	**açougueiro**

Berufe (*Forts.*)		
Schlosser	*ßehau'jEiro*	**serralheiro**
Schneider/in	*aufa'jate/kOstu'rEira*	**alfaiate/costureira**
Schreiner	*marßi'nEiro*	**marcineiro**
Schriftsteller	*eßkri'tOr*	**escritor**
Schuhmacher	*ßapa'tEiro*	**sapateiro**
Schüler	*estu'dantschi*	**estudante**
Sekretärin	*ßekre'taria*	**secretária**
Stewardess	*aero'moßa*	**aeromoça**
Techniker	*'täkniko*	**técnico**
Tierarzt	*weteri'nario*	**veterinário**

Zwischenmenschliches

Wie in vielen anderen Ländern, so pflegt man auch in Brasilien bei Begrüßung (**cumprimento**) und Abschied (**despedida**) den Körperkontakt. Mann & Frau bzw. Frau & Frau geben sich dabei rechts und links ein Küßchen (**beijinho**) auf die Wange, Männer schütteln sich kräftig die Hand und häufig klopft man sich auch auf die Schulter oder umarmt (**abraço** - Umarmung) sich leicht. Das findet jedoch nur statt, wenn man sich bereits kennt und ein gewisses Vertrauensverhältnis besteht. Ein Fremder wird den Freunden vorgestellt, und man gibt sich lediglich freundlich die Hand. Ist man sich beim ersten Kennenlernen durch ein angeregtes Gespräch oder durch ein gemeinsames Erlebnis nähergekommen, so kommt man bereits beim Abschied in den Genuß der Beijinhos bzw. Abraços. In der Regel wird es beim Europäer jedoch etwas länger dauern, da gegenüber der andersartigen Mentalität doch eine gewisse Scheu besteht.

Cool sein ist bei Zwischenmenschlichem in Brasilien überhaupt nicht angesagt - von den durch ihre Stadt ein wenig verwöhnten Cariocas (Rio) vielleicht einmal abgesehen. Es wird alles getan, um Außenstehende schnell in die Gruppe zu integrieren. Man geht sehr einfühlsam miteinander um und ist doch offen zueinander. Um die eigenen Schwächen wird kein Geheimnis gemacht, da man nicht zu befürchten braucht, daß der Gegenüber das Wissen darum einmal ausnutzen wird. Vielleicht ist dies sogar die Eigenschaft, die das friedliche Zusammenleben des bunten Völkergemisches in Brasilien ermöglicht. Man kann zwar nicht sagen, daß Brasilien frei von Rassismus ist, er ist aber auf jeden Fall nicht so ausgeprägt und läuft auf einer weniger diskriminierenden Ebene ab als dies in anderen Staaten der Fall ist.

Man fragt nicht gleich nach dem Beruf, um ein Gesprächsthema zu finden. Statt dessen unterhält der Brasilianer sich über Zwischenmenschliches, Liebe (**amor**), Frauen (**garotas**) bzw. Männer (**garotos**), Fußball (**futebol**), die Telenovelas im Fernsehen (**novela**) und überhaupt alles Angenehme im Leben. Hauptsache man hat eine Menge Spaß im Umgang miteinander. Auch wenn es bei kontroversen Themen manchmal heiß hergeht, die Atmosphäre bleibt locker und letztlich nimmt man doch alles nicht so ernst.

Guten Tag !		
Guten Morgen !	*boñ 'dJia*	**Bom dia**
Guten Tag !	*boa 'tardJi*	**Boa tarde**
Guten Abend !	*boa 'noitschi*	**Boa noite**
Gute Nacht !	*boa 'noitschi*	**Boa noite**
Hallo !	*a'lo*	**Alô**
Hallo !	*oi*	**Oi**
Auf Wiedersehen !	*a'deus/a'tä 'lOgo*	**Adeus/Até logo**
Bis bald !	*a'tä 'bräwi*	**Até breve**
Bis später !	*a'tä mais 'tardJi*	**Até mais tarde**
Bis morgen !	*a'tä amã'ja*	**Até amanhã**
Tschüß !	*'tschau*	**Tchau...**

Typischer Ablauf des Begrüßungszeremoniells:

Carlos: Wie geht´s ?   *'kOmu wai*   *oder:*   *tudo beñ*
Como vai ?   **Tudo bem ?**
wie - (es) geht   alles - gut

Sandra: Alles in Ordnung !   *'tudo beñ*
Tudo bem !
alles - gut

Und selbst ? Alles in Ordnung ?   *i wo'ße 'tudo beñ*
E você ? Tudo bem ?
und - du - alles - gut

Carlos: Alles Bestens !   *'tudo 'JOja*
Tudo jóia !
alles - "Schmuckstück"

Das ist Stephan. Ein Freund aus Deutschland.   *'estschi ä o S. uµ a'migo da ale'mãja*
Este é o Stephan. Um amigo da Alemanha.
dies - ist - der - S. - ein - Freund - aus - D.

Sandra: Freut mich ! Wie geht´s ?   *pra'ser 'kOmu wai*
Prazer ! Como vai ?
Vergnügen - wie - geht (es)

Stephan: Freut mich ! Alles in Ordnung.   *pra'ser 'tudo beñ*
Prazer ! Tudo bem.
Vergnügen - alles - gut

Und beim Abschied:

Schön dich kennen- gelernt zu haben.	*foi uµ pra'ser te konje'ßer* **Foi um prazer te conhecer.** (es) war - ein - Vergnügen - dich - kennenlernen	

Gleichfalls.	*ä mEu tam'beñ* *oder:* **É meu também.** (es) ist - mein - auch	*o pra'ser foi o mEu* **O prazer foi meu** die - Freude - war - meine

Tschüß !	*'tschau* **Tchau !** Tschüß	Bis bald ! *a'tä 'lOgo* **Até logo !** bis - bald

Verabredung

Wollen wir uns heute abend treffen ?	*po'demos nos enkon'trar 'oJi a 'noitschi* **Podemos nos encontrar hoje à noite ?** können (wir) - uns - treffen - heute - in der - Nacht
Treffen wir uns mor- gen am Strand ?	*po'demos nos enkon'trar amã'ja* **Podemos nos encontrar amanhã na praia ?** können (wir) - uns - treffen - morgen - am - Strand
Ich würde Dich gerne noch einmal wieder- sehen.	*gosta'ria dJi te wer dJi 'nowo* **Gostaria de te ver de novo.** (ich) würde mögen - von - dich - sehen - von - neu
Sehen wir uns noch einmal wieder ?	*'wamos nos enkon'trar dJi 'novo* **Vamos nos encontrar de novo ?** werden (wir) - uns - treffen - von - neu
Ja, gerne.	*ßiñ ße'ra uµ pra'ser* **Sim, será um prazer.** ja - (es) wird sein - eine - Freude
Es geht leider nicht.	*infelis'mentschi nãu wai da* **Infelizmente não vai dar.** leider - nicht - (es) wird - geben
Ich habe schon et- was vor.	*Ja 'teñjo 'outra 'koisa para fa'ser* **Já tenho outra coisa para fazer.** schon - (ich) habe - andere - Sache - zu - tun

Sich näherkommen

Du bist sehr hübsch.	*wo'ße ä muito bo'nita* **Você é muito bonita.** du - bist - sehr - schön
Ich mag Dich.	*Eu 'gosto dJi wo'ße* **Eu gosto de você.** ich - mag - von - du

Zwischenmenschliches		
Abschied	*despe'dJida*	**a despedida**
begrüßen	*ßau'dar*	**saudar**
Begrüßung	*ßauda'ßãu*	**a saudação**
flirten	*pake'rar*	**paquerar**
Gespräch	*koñ'werßa*	**a conversa**
kennenlernen (jdn.)	*conje'ßär au'geñ*	**conhecer alguém**
Kuß	*'bEiJo*	**o beijo**
Küßchen	*bEi'Jiñjo*	**o beijinho**
reden	*fa'lar*	**falar**
Scherz	*brinka'dEira*	**a brincadeira**
scherzen	*brin'kar*	**brincar**
sich unterhalten	*koñwer'ßar*	**conversar**
Spaß	*diwer'ßãu*	**a diversão**
spaßen	*fa'ser brinka'dEira*	**fazer brincadeira**
spazieren gehen	*paße'ar a pä*	**passear a pé**
tratschen	*fa'ser fO'fOka*	**fazer fofoca**
umarmen	*abra'ßar*	**abraçar**
Umarmung	*a'braßo*	**o abraço**
Unterhaltung	*koñ'werßa*	**a conversa/o bate-papo**
Verabredung	*eñ'kOntro*	**o encontro**
verabschieden	*despe'dJir*	**despedir**
vorstellen (jdn.)	*apresen'tar au'geñ*	**apresentar alguém**
wiedersehen	*re'wer*	**rever**
Witz	*pi'ada*	**a piada**
zuhören	*u'wir*	**ouvir**

Hast Du einen (fe- sten) Freund/ Freundin ?	*wo'ße teñ ũɯ namo'rado(a)* **Você tem um namorado(a) ?** du - hast - einen - (festen) Freund/Freundin
Bist Du verheiratet ?	*wo'ße ä ka'sado(a)* **Você é casado(a) ?** du - bist - verheiratet
Wann ist Dein Geburtstag ?	*'kuandu wo'ße faiß aniwer'ßario* **Quando você faz aniversário ?** wann - du - machst - Geburtstag
Wie alt bist Du ?	*'kuantOs 'anOs wo'ße teñ* **Quantos anos você tem ?** wieviel - Jahre - du - hast

Etwas unternehmen

Was machen wir heute ?	*o'kee fa'remOs 'oJi* **O que faremos hoje ?** was - (wir) werden machen - heute

Wir können in die Disko gehen.	*po'demOs ir a disko'täka* **Podemos ir à *discoteca*.** (wir) können - gehen - in die - Disco
Wollen wir heute abend ins *Kino* gehen ?	*'wamOs 'oJi a 'noitschi ao ßi'nema* **Vamos hoje à noite ao *cinema* ?** gehen (wir) - heute - in - Nacht - in das - Kino
Gehen wir zu einer Bar ?	*'wamOs a uµ bar'siñjo* **Vamos a um barzinho ?** gehen (wir) - zu - einer - (kleinen) Bar

Kuß
'beiJo
o beijo

Küßchen
bei'Jiñjo
o beijinho

Belästigungen

Ich bin schon verge-ben.	*Ja ßou kOmprome'tschida* **Já sou comprometida ?** schon - (ich) bin - festgelegt
Ich möchte mit Ihnen nichts zu tun haben !	*nãu 'kero 'nada koñ wo'ße* **Não quero nada com você !** nicht - (ich) will - nichts - mit - dir
Lassen Sie mich in Ruhe !	*mi 'dEischa eñ paß* **Me deixa em paz !** mich -laß - in - Frieden
Mach mich nicht an !	*nãu 'ensche mEu 'ßako* **Não enche meu saco !** nicht - fülle - meinen - Sack
Verschwinde !	*deßapa'räßi* **Desaparece !** verschwinde

Als freundlicher Mensch wird man auf die verschiedensten Floskeln nicht verzichten können. Hier sind sie zusammengestellt.

Bitte, Danke, Entschuldigung ...		
Entschuldigung !	*diß'kupe*	**Desculpe !**
Verzeihung !	*per'dãu*	**Perdão !**
Ja	*ßiñ*	**Sim !**
Nein	*nãu*	**Não !**
Prost !	*ßa'udJi*	**Saúde !**
Gesundheit !	*ßa'udJi*	**Saúde !**
Gute Reise !	*boa wia'Jeñ*	**Boa viagem !**
Viel Glück !	*boa 'ßOrtschi*	**Boa sorte !**
Viele Grüße an ... !	*lem'brãßas*	**Lembranças a ... !**
Herzlichen Glückwunsch!	*para'beñs*	**Parabéns !**
Alles Gute !	*'tudo dJi boñ*	**Tudo de bom !**
Bitte !	*dJi 'nada*	**De nada !**
Danke !	*obri'gado(a)*	**Obrigado(a) !**
Vielen Dank !	*muito obri'gado(a)*	**Muito obrigado(a) !**
Nein, danke !	*nãu obri'gado(a)*	**Não, obrigado(a) !**

Danke - Bitte !

Danke ! *der Mann sagt:*	*obri'gado* **Obrigad<u>o</u> !** danke	Vielen Dank !	*muito obri'gado* **Muito obrigad<u>o</u> !** viel - danke
Danke ! *die Frau sagt:*	*obri'gada* **Obrigad<u>a</u> !** danke	Vielen Dank !	*muito obri'gada* **Muito obrigad<u>a</u>!** viel - danke

Vielen Dank für Ihre Hilfe.
muito obri'gado/a 'pela ßua a'Juda
Muito obrigado/a pela sua ajuda.
viel - danke - für die - seine - Hilfe

Bitte, gern geschehen.
nãu a dJi kee
Não há de quê.
nicht - (es) hat - von - was

Es war mir ein Vergnügen.
foi uµ pra'ser
Foi um prazer.
(es) war - ein - Vergnügen

Wie bitte ?
'kOmu
Como ?
wie

'kOmu por fa'wor
Como, por favor ?
wie - bitte

Entschuldigung !

Entschuldigung !	*diß'kupe* **Desculpe !** Entschuldigung	Verzeihung !	*per'dãu* **Perdão !** Verzeihung

Es tut mir leid.
'ßinto muito
Sinto muito.
(ich) fühle - viel

Es war nicht so gemeint.
nãu fis por 'kerer
Não fiz por querer.
nicht - (ich) machte - für - wollen

Schade !	*ki'pena* **Que pena !** schade	Leider nein !	*infelis'mentschi nãu* **Infelizmente não !** leider - nein

Gute Wünsche

Herzlichen Glückwunsch zum *Geburtstag*.
'mEus para'beñs pelo sEu aniver'ßario
Meus parabéns pelo seu *aniversário*.
meine - Glückwünsche - für - deinen - Geburtstag

Alles Gute !	*'tudo dJi boñ* **Tudo de bom !** alles - von - gut	Viel Glück !	*boa 'ßortschi* **Boa sorte !** gutes - Glück
Viel Vergnügen !	*muito diwertsch'mento* **Muito divertimento!** viel - Vergnügen	Gute Reise !	*boa wi'aJeñ* **Boa viagem !** gute - Reise
Gute Besserung !	*boa mel'jOra* **Boa melhora !** gute - Besserung	Mach's gut !	*'paße beñ* **Passe bem !** verbringe - gut

Viele Grüße an *Deine Mutter*!
lem'bräßas a ßua mãi
Lembranças à *sua mãe* !
Erinnerungen - an die - deine - Mutter

Frohes Neues Jahr !
fe'lis 'ano 'nowo
Feliz ano novo !
glücklich - Jahr - neu

Frohe Weihnacht und ein glückliches Neues Jahr !
fe'lis na'tau i uµ 'prOßpero 'ano 'nowo
Feliz Natal e um próspero Ano Novo !
glückliche - Weihnacht - und - ein - günstiges - Jahr - neu

Die Menschen Brasiliens sind nicht nur fotogen, sie lassen sich in der Regel auch sehr gerne fotografieren. Das gilt ganz besonders für die Kinder. Daß man trotzdem die nötige Zurückhaltung wahrt und vorher um Erlaubnis bittet, sollte selbstverständlich sein! Dazu braucht man nicht einmal den Mund aufzumachen. Ein freundlicher Blick und den Finger auf die Kamera gerichtet genügt. Nebenbei ist das eine treffliche Methode, um mit seinem "Model" ins Gespräch zu kommen.

Wer die Kamera (**máquina**) aus Angst vor Diebstahl im Hotel läßt, dem werden sicherlich die interessantesten Fotos entgehen. Auf der anderen Seite ist, wer mit der Kamera vorm Bauch durch die Straßen rennt, selbst Schuld, wenn er überfallen wird. Am besten transportiert man sie in einer Tasche, so daß der Inhalt von außen nicht erkennbar ist und nimmt sie nur zum fotografieren heraus (ein Bauchgurt ist außerordentlich praktisch). Unter keinen Umständen wage man sich jedoch zum Fotografieren in die Elendsviertel (**favela**). Das ist sogar ohne Kamera sehr riskant.

Negativfilme sind in den Metropolen überall zu bekommen, mit Dias (**slides**) ist das sehr viel schwieriger. Filmentwicklung (**revelação**) und Abzüge (**cópias**) sind meist wesentlich besser als unsere Billiglabors, allerdings auch teurer.

Die Nähe zum Äquator und die starke Sonneneinstrahlung sollte Sie nicht dazu verleiten, ausschließlich Filme mit geringer Empfindlichkeit mitzunehmen. Im Wald, in engen Straßenschluchten, im Bus und in der Dämmerung wird man öfter fotografieren wollen, als von vornherein angenommen.

Tip: Beim Karneval in Rio lassen sich mit hochempfindlichem Film (1600 ASA) und lichtstarkem Objektiv auch nachts noch Aufnahmen vom Vorbeizug der Sambaschulen (**desfile**) machen. Wer einen Blitz mitbringt und sich nicht auf den Tribünen bei den Touristen aufhalten will, der kann sich am Ausgang des Sambadroms unter die ankommenden Sambaschulen mischen. Läßt man sich dabei den Apparat nicht klauen (mindestens zu zweit sein !), sind einmalige Aufnahmen sicher.

Darf ich ein Foto von Ihnen machen ?	*'pOßo ti'rar uma fotogra'fia do ßen'jor* **Posso tirar uma fotografia do senhor/da senhora ?** (ich) kann - nehmen - ein - Foto - vom - Herren - der - Dame	
Fotographieren ist mein Hobby.	*foto'grafar ä mEu 'Obi* **Fotografar é meu hobby.** Fotographieren - ist - mein - Hobby	
Ich kann Ihnen einen Abzug zuschicken.	*'pOßo 'ije eñwi'ar uma 'kOpia* **Posso lhe enviar uma cópia.** (ich) kann - Ihnen - schicken - eine - Kopie	
Können Sie mir Ihre Adresse geben ?	*'pOdJi mi da o ßEu ende'räßo* **Pode me dar o seu endereco ?** kann (er) - mir - geben - seine - Adresse	
Dies ist mein Fotoapparat.	*'esta ä a 'miñja 'makina foto'grafika* **Esta è minha máquina fotográfica.** dies - ist - meine - Maschine - fotografisch	

Fotografieren

abholen	*buß'kar*	**buscar**
Abzug	*'kOpia*	**a cópia**
Abzüge machen	*fa'ser 'kOpias*	**fazer cópias**
Aufnahme	*fotogra'fia*	**a fotografia**
Blitzgerät	*'fläsch*	**o flash**
Diafilm	*'fiumi dJi 'ßlaidJi*	**o filme de slide**
entwickeln	*rewe'lar*	**revelar**
Farbfilm	*'fiumi kolo'rido*	**o filme colorido**
Film	*'fiumi*	**o filme**
filmen	*fiu'mar*	**filmar**
Filmkamera	*fiuma'dora*	**a filmadora**
Foto	*fotogra'fia*	**a fotografia**
Fotoapparat	*'makina foto'grafika*	**a máquina fotográfica**
fotografieren	*fotogra'far*	**fotografar**
fotografieren	*tschi'rar fotogra'fias*	**tirar fotografias**
Hochglanz	*bri'jantschi*	**brilhante**
Negativ	*nega'tschiwo*	**o negativo**
Objektiv	*obJe'tschiwa*	**a objetiva**
reparieren	*konßer'tar*	**consertar**
Schwarzweiß-Film	*'fiumi 'branko i 'preto*	**o filme branco e preto**
Stativ	*tri'pä*	**o tripé**
Super-8-Film	*'fiumi ßuper'oito*	**o filme super-8**
Videokamera	*fiuma'dora*	**a filmadora**

Ich möchte diesen Film entwickeln lassen.	*'kero reve'lar 'estschi 'fiumi* **Quero revelar este filme.** (ich) möchte - entwickeln - diesen - Film
Wann ist der Film fertig ?	*'kuandu 'fika 'pronto* **Quando fica pronto ?** wann - befindet (er) sich - fertig
Können Sie bitte ein Foto von uns machen ?	*da'ria pra fa'ser uma fOtu 'nOßa* **Daria prá fazer uma foto nossa ?** reicht (es) - für - machen - ein - Foto - unser
Sie müssen hier draufdrücken.	*teñ ki aper'tar a'ki* **Tem que apertar aqui.** (er) hat - zu - drücken - hier

'makina foto'grafika
a máquina fotografica

Der Umgang mit der Armut fällt dem Wohlstandsbürger noch nicht einmal im eigenen Lande leicht. Wer von uns ist nicht schon an einem Bettler nur aus dem Grund vorbeigelaufen, um sich mit der Situation nicht auseinandersetzen zu müssen. Um wieviel schwerer ist es dann erst in einem fremden Land, wo sich zu der Ungewissheit, ob eine "milde Gabe" nicht eher das Gegenteil bewirkt und die Leute zum Betteln anhält, noch die Angst vor möglichen finsteren Absichten des Bittstellers gesellt.

Tatsache ist, daß ein großer Teil der brasilianischen Bevölkerung am Morgen noch nicht weiß, wie er am Mittag zu seiner Mahlzeit kommt. Er ist in den Elendsvierteln (**favelas**) der Großstädte und weiten Regionen des Nordens beheimatet. Kriminalität ist nur eine Folge. Unterernährung, schlechte medizinische Versorgung und vor allem fehlende Bildung sind andere.

Wir alle profitieren von dieser Situation gleich mehrfach. Durch die günstigen Rohstoffe sind bei uns viele Dinge billiger. Durch die Unmöglichkeit der Einheimischen, in gleichem Ausmaß wie unsereins dem Tourismus zu fröhnen, finden wir die noch unberührten Flecken, die wir suchen. Und der Aufenthalt kostet uns noch nicht einmal viel, weil ja alles so billig ist. Dafür, daß das, was wir durch unseren Aufenthalt an Geld ins Land bringen, am Großteil der Bevölkerung vorbei in die Taschen einiger weniger läuft, sorgt schließlich eine überholte, aber immer noch fest etablierte GesellschaftsStruktur.

Da ist es dann nicht mehr als gerecht, wenn der Einzelne bei seinem Aufenthalt bemüht ist, wenigstens im Kleinen für einen Ausgleich zu sorgen. Der Möglichkeiten gibt es viele. Kaufen Sie den fliegenden Händlern, die allerorten (an den Straßenecken der Innenstädte, am Strand, beim Karneval und sonstigen Ereignissen) die verschiedensten Dinge anbieten, ruhig freizügig etwas ab. Besonders an den Rodoviarias der Überlandbusse gibt es bei der Durchreise dazu reichlich Gelegenheit. Je jünger die Händler und je größer ihre Anzahl, umso schlechter ist es um den Wohlstand der jeweiligen Region bestellt. Und gehen Sie auch ruhig auf das Ansinnen eines Bettlers (**mendigo**) ein, sofern die Situation Ihnen geheuer scheint.

Hat man das nötige Kleingeld immer griffbereit in der Tasche, läuft man auch nicht Gefahr, das Versteck seiner Reisekasse preisgeben zu müssen. Und wenn die Resonanz beim Beschenkten so groß ist, daß er schnell seine Freunde herbeiholt, dann kann man irgendwann einmal auf die leeren Taschen hinweisen und sagen, daß nun nichts mehr da ist.

Allzu aufdringliche Bittsteller weist man am besten durch die Behauptung ab, man habe kein Geld dabei, das Geld befinde sich im Hotel.

Und noch ein Tip: Wenn Sie an der Rodoviaria etwas durch das Busfenster kaufen, dann lassen Sie sich zuerst die Ware geben und geben erst dann das Geld hinaus. Haben Sie es nicht passend, dann reichen Sie den großen Schein erst nach Erhalt des Wechselgeldes heraus. So geben Sie dem Verkäufer erst gar nicht die Möglichkeit, sich mit dem Wechseln so lange Zeit zu lassen, bis der Bus mit Ihnen verschwunden ist.

Bettler

Das ist für Dich/Sie.	*'ißo ä para wo'ße/o ßen'jor*	**Isso é para você/o senhor.** dies - ist - für - dich/den - Herren
Was möchtest Du ?	*o'kee kär*	**O que quer ?** was - möchte (er)
Möchtest Du Geld ?	*kär dJin'jEiro*	**Quer dinheiro ?** möchte (er) - Geld
Möchtest Du Brot ?	*kär 'pāu*	**Quer pão ?** möchte (er) - Brot
Hast Du Hunger ?	*teñ 'fomi*	**Tem fome ?** hat (er) - Hunger

Abwehr

Ich habe kein Geld bei mir.	*nāu 'teñjo dJin'jEiro ko'migo*	**Não tenho dinheiro comigo.** nicht - (ich) habe - Geld - mit mir
Mein Geld ist im Hotel.	*mEu dJin'jEiro es'ta no o'täu*	**Meu dinheiro está no hotel.** mein - Geld - ist - im - Hotel
Ich gebe nichts.	*nāu dou 'nada*	**Não dou nada.** nicht - (ich) gebe - nichts
Ich spreche kein Portugiesisch.	*nāu 'falo portu'geß*	**Não falo português.** nicht - (ich) spreche - portugiesisch

Kaufen durch das Busfenster

Bitte einen *(verschweißten) Becher Wasser.*	*por fa'wor uμ 'kOpo dJi 'agua* **Por favor, um copo de água.** bitte - einen - Becher - von - Wasser
Was kostet es ?	*'kuantu 'kusta* **Quanto custa ?** wieviel - kostet (es)
Bitte gib es mir erst. Dann gebe ich das Geld.	*me da pri'mEiro. de'pois dou o dJin'jEiro* **Me dá primeiro. Depois dou o dinheiro.** mir - gib (es) - erst. dann - gebe (ich) - das - Geld
Ich habe nur einen Schein von … Cruzados.	*βO 'teñjo uma nOta dJi … kru'sadOs* **Só tenho uma nota de … Cruzados** nur - (ich) habe - einen - Schein - von - … - C.
Bitte erst das Wechselgeld.	*por fa'wor pri'mEiro o 'trOko* **Por favor, primeiro o troco.** bitte - zuerst - das - Wechselgeld
Hier ist das Geld.	*a'ki es'ta o dJin'jEiro* **Aqui está o dinheiro.** hier - ist - das - Geld

ZIEGELEI-ARBEITER

GESUNDHEIT

Die Vorsorge für die eigene Gesundheit während der Reise beginnt schon zu Hause. Je nach bereistem Gebiet kann es erforderlich werden, sich gegen Gelbfieber (**febre amarela**), Thyphus (**tifo**) oder Hepatitis (**hepatite**) impfen zu lassen oder eine Malaria-Prophylaxe (**malária**) vorzunehmen. Genaue Auskünfte darüber sind beim Arzt, Gesundheitsamt oder Tropeninstitut einzuholen. Der Reisende, der sich nur in den dichter besiedelten Gegenden an der Küste und des Südens aufhält, braucht sich um derartige Vorsorgen nicht zu kümmern. Auf jeden Fall sollte aber Tetanus-Schutz (**anti-tetânica**) bestehen und eine Impfung gegen Kinderlähmung (**paralisia infantil**) gemacht werden. Hat man es versäumt, sich ausreichend zu schützen, so kann man dies für bestimmte Krankheiten auch noch vor Ort, beim Ministério da Saude (Aussprache: *minis'tário dJi ßa'udJi*) in Rio de Janeiro, Rua Cais de Pharoux, nachholen.

Obwohl es in Brasilien eine gute Versorgung mit Medikamenten gibt, die auch viel billiger sind als beispielsweise in der Bundesrepublik, sollte man doch das wichtigste auf die Reise mitnehmen. Mittel gegen Erkältung, Grippe, Entzündungen, Verstopfung, Durchfall, Salzverlust und ein Antibiotikum gehört neben Pflaster und Mullbinde dazu.

Am besten, man stellt sich auch schon von vornherein darauf ein, daß man sich das eine oder andere Mal den Magen verderben wird. Will man sich nämlich nicht voll und ganz den diversen Köstlichkeiten verschließen, so wird sich das in Südamerika kaum vermeiden lassen. Trotzdem ist es oberstes Gebot, nur abgekochtes bzw. entkeimtes oder verschlossenes Wasser zu trinken und bei allen Lebensmitteln darauf zu achten, daß sie nur mit derartigem Wasser in Berührung gekommen sind. Weiter ist Vorsicht mit Lebensmitteln aus dubiosen Quellen und die Beachtung von Hygiene auf den Toiletten anzuraten. Wichtig ist auch, daß man so viel wie möglich trinkt und auf den Ausgleich des durchs Schwitzen verlorengegangenen Salzes achtet. Also ausnahmsweise das Essen etwas stärker salzen als gewohnt.

Wer sich zusätzlich wappnen möchte, dem sind die im Anhang aufgeführten Bücher zu empfehlen. Auch im South American Handbook finden sich ausführliche Hinweise zum Thema Gesundheit.

Die Kraft der Sonne sollte man nicht unterschätzen. In der Nähe des Äquators ist die Sonneneinstrahlung so hoch, daß einem selbst bei bedecktem Himmel die Augen weh tun. Sonnenbrille und ein großer Hut sind bei Reisen in diese Gegenden unverzichtbar. Ansonsten sollte eine Sonnencreme mit hohem Schutzfaktor (in Brasilien bekommt man meist nur Sonnenöl mit niedrigem Faktor) und eine mildernde Lotion für den Sonnenbrand nicht vergessen werden.

Gesundheit

Arzt	*'medico*	**o médico**
Bruch	*fra'tura*	**a fratura**
Gelbfieber	*'fäbri ama'rela*	**febre amarela**
Hepatitis	*epa'titschi*	**a hepatite**
Hustensaft	*scha'rOpi*	**o xarope**
Kondom	*ka'misa dJi 'wänus*	**a camisa de vênus**
Krankenhaus	*ospi'tau/''klinika*	**o hospital/a clínica**

Gesundheit (*Forts.*)		
Krankheit	*do'eñßa*	a doença
Malaria	*ma'laria*	a malária
Operation	*opera'ßãu*	a operação
Pflaster	*espara'drapo*	o esparadrapo
Pille	*antikoñßepßi'nau/'pilula*	o anticoncepcional/ a pílula
Röntgenaufnahme	*radiogra'fia*	a radiografia
Tabletten	*kompri'midos*	os comprimidos
Tropfen	*'gotas*	as gotas
Untersuchung	*koñ'ßulta*	a consulta
Verband	*ata'dura*	a atadura
Wunde	*fe'rida*	a ferida

Erste Hilfe

Im folgenden finden Sie die wichtigsten Redewendungen im Falle eines Unfalls. Weitere Redewendungen siehe im folgenden Abschnitt.

Wer kann mir helfen ?	*'keñ 'pOdJi mi aJu'dar*	**Quem pode me ajudar ?** wer - kann - mir - helfen
Rufen Sie schnell einen Arzt!	*schame de'preßa uµ 'mediko*	**Chame depressa um médico !** rufe - schnell - einen - Arzt
Holen Sie schnell Hilfe !	*pro'kure ßo'kOhu dJi'präßa*	**Procure socorro depressa !** suche - Hilfe - schnell
Rufen Sie die Sanitäter.	*'schame a ãmbu'lãßia*	**Chame a ambulância !** rufe - die - Ambulanz
Welche Nummer hat die Erste Hilfe ?	*'kuãu ã o 'numero dJi tele'fOni do 'pronto ßo'kOhu*	**Qual é o número de telefone do pronto socorro ?** was - ist - die - Nummer - von - Tel. - von der - sofortigen - Hilfe
Wie kann ich einen Krankenwagen erreichen ?	*'kOmu 'pOßo koñße'gir uma ãmbu'lãßia*	**Como posso conseguir uma ambulância ?** wie - kann (ich) - erreichen - eine - Ambulanz
Wo geht es zum Krankenhaus ?	*'kOmu 'faßo para ir para o oßpi'tau*	**Como faço para ir para o hospital ?** wie - mache (ich) - für - gehen - zu - dem - Krankenhaus
Wo gibt es einen Arzt ?	*'ondJi teñ uµ 'mediko*	**Onde tem um médico ?** wo - gibt (es) - einen - Arzt

Arztbesuche (**consulta**) werden pauschal abgegolten. Rechnen Sie mit DM 10 bis DM 50, je nach Qualität des Arztes. Damit Sie alle Ausgaben hinterher Ihrer Krankenversicherung (**seguro saúde**) in Rechnung stellen können, lassen Sie sich eine Quittung (**recibo**) geben mit der genauen Beschreibung der einzelnen Kostenfaktoren.

Formulare: Im folgenden finden Sie die wichtigsten Redewendungen für den Umgang mit dem Arzt. Da hierbei eine reibungslose Verständigung besonders wichtig ist, sind eine Reihe von Formularen aufgenommen. Mit deren Hilfe können Sie sich mittels der "Anreuztechnik" mit dem Arzt verständigen. Kreuzen Sie einfach an, was Ihnen fehlt. Der Arzt kann dann die medizinisch korrekten Ausdrücke in seiner Sprache ablesen. Weisen Sie Ihn darauf hin, daß er seine Fragen ebenfalls nach dieser Methode stellen kann und daß er die Diagnose, wenn nötig, für den heimischen Arzt schriftlich festhält.

Wo gibt es einen Arzt ?	*'ondJi teñ uµ 'mediko* **Onde tem um médico ?** wo - gibt (es) - einen - Arzt
Ich brauche dringend einen Arzt.	*pre'ßiso urJente'mentschi dJi uµ 'mediko* **Preciso urgentemente de um médico.** (ich) brauche - dringend - von - einen - Arzt
Holen Sie bitte schnell einen Arzt.	*'bußke 'hapido uµ 'mediko por fa'wor* **Busque rápido um médico, por favor.** hole - schnell - einen - Arzt - bitte
Gibt es einen Arzt, der Deutsch spricht ?	*teñ uµ 'mediko ke 'fala ale'mãu* **Tem um médico que fala alemão ?** gibt (es) - einen - Arzt - der - spricht - Deutsch
Wann hat er Sprechstunde ?	*'kuandu 'eli teñ eßpe'dientschi* **Quando ele tem expediente ?** wann - er - hat - Sprechstunde
Ist es ein guter Arzt ?	*'eli ä uµ boñ 'mediko* **Ele é um bom médico ?** er - ist - ein - guter - Arzt
Kann der Arzt mich besuchen ?	*o 'mediko 'pOdJi mi wisi'tar* **O médico pode me visitar ?** der - Arzt - kann - mich - besuchen

Im Vorzimmer

Ich bin krank.	*eß'tou do'entschi* **Estou doente.** (ich) bin - krank
Ich habe (hier) Schmerzen.	*'teñjo 'dores a'ki* **Tenho dores (aqui).** (ich) habe - Schmerzen - hier

Können Sie mir bitte einen Termin geben ?	*por fa'wor a ßen'jora 'pOdJi me mar'kar uma koñ'ßuta* **Por favor, a senhora pode me marcar uma consulta ?** bitte - die - Dame - kann - mir - vereinbaren - eine - Behandlung
Es ist sehr dringend.	*ä muito ur'Jentschi* **É muito urgente.** (es) ist - sehr - dringend
Kann ich nicht eher kommen ?	*näu 'pOßo wir mais 'ßedo* **Não posso vir mais cedo ?** nicht - (ich) kann - kommen - mehr - früh
Wie lange muß ich warten ?	*'kuantu tempo 'dewo espe'rar* **Quanto tempo devo esperar ?** wieviel - Zeit - muß (ich) - warten
Wann empfängt mich der Arzt ?	*'kuandu o 'mediko wai mi reße'ber* **Quando o médico vai me receber ?** wann - der - Arzt - wird - mich - empfangen
Wieviel kostet eine Behandlung ?	*'kuantu 'kusta a koñ'ßuta* **Quanto custa a consulta ?** wieviel - kostet - die - Behandlung
Können Sie mir bitte eine Rechnung geben ?	*o ßen'jor 'pOdJi mi da uµ re'ßibo por fa'wor* **O senhor pode me dar um recibo, por favor ?** der - Herr - kann - mir - geben - eine - Quittung - bitte
Ich brauche sie für die Versicherung.	*pre'ßiso 'deli para o ße'guro* **Preciso dele para o seguro.** (ich) brauche - von ihr - für - die - Versicherung
Wo finde ich eine Apotheke ?	*'ondJi teñ uma far'maßja* **Onde tem uma farmácia ?** wo - gibt (es) - eine - Apotheke

Behandlung

Könnten Sie mir ein Medikament verschreiben ?	*o ßen'jor 'pOdJi mi reßEi'tar uµ re'mädio* **O senhor pode me receitar um remédio.** der - Herr - kann - mir - verschreiben - ein - Medikament
Könnten Sie mir *dieses* Medikament verschreiben ?	*o ßen'jor pOdJi mi reßEi'tar 'estschi re'mädio* **O senhor pode me receitar este remédio.** der - Herr - kann - mir - verschreiben - dies - Medikament
Ich bin allergisch gegen ...	*ßou a'lärJiko a* **Sou alérgico a ...** (ich) bin - allergisch - an
Wie oft muß ich es einnehmen ?	*'kuantas 'wesis por 'dJia 'devo to'malo* **Quantas vezes por dia devo tomá-lo ?** wieviele - Male - für - Tag - muß (ich) - einnehmen-es

Ist das Medikament harmlos ?	*'eßi re'mädio nãu ä peri'goso* **Esse remédio não é perigoso ?** dieses - Medikament - nicht - ist - gefährlich
Wie lange wird die Krankheit andauern ?	*'kuantu tempo 'dewi permane'ßer 'eßa do'eñßa* **Quanto tempo deve permanecer essa doença ?** wieviel - Zeit - soll - andauern - diese - Krankheit
Wann bin ich wieder gesund ?	*'kuandu wou fi'kar me'jOr* **Quando vou ficar melhor ?** wann - werde (ich) - bleiben - besser
Kann ich die Reise fortsetzen ?	*'pOßo kontinu'ar a wi'aJeñ* **Posso continuar a viagem ?** kann (ich) - fortsetzen - die - Reise
Soll ich noch einmal wiederkommen ?	*'dewo wir a'ki dJi 'nowo* **Devo vir aqui de novo ?** Soll (ich) - kommen - hier - von - neu
Vielen Dank für Ihre Hilfe.	*muito obri'gado pela ßua a'Juda* **Muito obrigado pela sua ajuda.** vielen - Dank - für die - seine - Hilfe

Umgang mit den Formularen

Ich habe meine Beschwerden hier angekreuzt.	*mar'kEi Os mEus prO'blämas a'ki* **Marquei os meus problemas aqui.** (ich) markierte - die - meine - Probleme - hier
Bitte benutzen Sie dies für die Behandlung.	*por fa'wor uti'lise 'isto du'rantschi a koñ'ßuta* **Por favor, utilize isto durante a consulta.** bitte - benutze - dies - während - der - Behandlung

Indicações para o médico

As sequintes páginas devem ser um meio de entendimento entre o médico e o paciente. Para a consulta o senhor vai receber as perguntas e respostas mais necessárias. Marque as perguntas à esquerda, que o paciente deve responder. Não esqueça de escrever o diagnóstico, para que o paciente possa traduzi-lo e informar o seu médico.

Hinweise für den Arzt

Die folgenden Seiten sollen der klaren Verständigung zwischen Ihnen und dem Patienten dienen. Sie enthalten die wichtigsten, zur Behandlung notwendigen, Fragen und Antworten. Kreuzen Sie links die Fragen an, die Ihnen der Patienten beantworten soll. Vergessen Sie nicht, Ihre Diagnose schriftlich niederzulegen. Es ist für den Patienten dann leichter, die Übersetzung in Erfahrung zu bringen und auch eine wichtige Information für den heimischen Arzt.

Problemas		Beschwerden			
Arzt **Médico**	**Qual é o seu problema ?**	Was haben Sie für Beschwerden ?		Patient **paciente** ja nein **sim não**	
☐	**resfriado**	Erkältung		☐	☐
☐	**constipação**	Schnupfen		☐	☐
☐	**tosse**	Husten		☐	☐
☐	**febre graus:**	Fieber Grad:		☐	
☐	**insônia**	Schlafstörungen		☐	☐
☐	**tontura**	Schwindel		☐	☐
☐	**fraqueza**	Schwäche		☐	☐
☐	**náusea**	Übelkeit		☐	☐
☐	**frio**	Frösteln		☐	☐
☐	**dor de cabeça**	Kopfschmerzen		☐	☐
☐	**dores nos olhos**	Augenschmerzen		☐	☐
☐	**dores no ouvido**	Ohrenschmerzen		☐	☐
☐	**tosse mais de 15 dias**	Husten länger als 14 Tage		☐	☐
☐	**tosse com sangue**	Husten mit Blut		☐	☐
☐	**falta de ar**	Atemnot		☐	☐
☐	**mal-estar**	Unbehagen		☐	☐
☐	**dor no peito**	Brustschmerzen		☐	☐
☐	**aumentam as dores quando se faz esforços ?**	Werden sie bei Anstrengung stärker ?		☐	☐
☐	**problema de coração**	Herzbeschwerden		☐	☐
☐	**dor de barriga**	Bauchschmerzen		☐	☐
☐	**vômitos**	Erbrechen		☐	☐
☐	**diarréia**	Durchfall		☐	☐
☐	**prisão de ventre**	Verstopfung		☐	☐
☐	**prisão de ventre**	Verstopfung		☐	☐
☐	**sangue nas fezes**	Blut im Stuhl		☐	☐
☐	**dor nos rins**	Nierenschmerzen		☐	☐
☐	**dor ao urinar**	Schmerzen beim Wasser- lassen		☐	☐
☐	**dor no estômago**	Schmerzen in Magengrube		☐	☐

Problemas		Beschwerden		
Arzt **Médico**	**Qual é o seu problema ?**	Was haben Sie für Beschwerden ?	Patient **paciente** ja nein **sim não**	
☐	**dor no abdômen**	Schmerzen im Bereich des Unterbauchs	☐	☐
☐	**cólicas menstruais menstruação**	Beschwerden bei der Monatsblutung	☐	☐
☐	**menstruação não é regulada**	Unregelmäßigkeiten bei der Monatsblutung	☐	☐
☐	**eczema**	Ausschlag	☐	☐
☐	**abscesso**	Geschwür	☐	☐
☐	**inflamação**	Entzündung	☐	☐
☐	**bolha embaixo do pé**	Blasen unter den Füßen	☐	☐

Acidente	Unfall	
Tenho/sou (estou)	**Ich habe/bin**	Patient **paciente**
caí	bin hingefallen	
torcí o pé	bin mit dem Fuß umgeknickt	
	bin vom Auto gestreift worden	☐
me machuquei	habe mich verletzt	
me cortei	habe mich geschnitten	
fui mordido	bin gebissen worden	
fui picado	bin gestochen worden	
levei um choque	habe einen elektrischen Schlag erlitten	☐
me queimei	habe mich verbrannt	
tenho queimadura do sol	habe einen Sonnenbrand	
me queimei muito no sol	habe zu viel Sonne abbekommen	
engoli água do mar	habe beim Baden Wasser geschluckt	☐
comi alguma coisa estragada	habe etwas schlechtes gegessen	

Vorgeschichte des Patienten

Arzt **Já teve/tem as Médico seguintes doenças ?**	Hatten/haben Sie selbst folgende Leiden ?	Patient **paciente** ja sim	weiß nicht não sei	nein não
alergia	Allergie			
pressão alta	Hoher Blutdruck			
pressão baixa	Niedriger Blutdruck			
ictericía	Gelbsucht			
doença do fígado	Lebererkrankungen			
ataque cardíaco	Schlaganfall			
infarto	Herzinfarkt			
asma	Asthma			
malária	Malaria			
pneumonia	Lungenentzündung			
pleurisia	Rippenfellentzündung			
tuberculose	Lungentuberkulose			
úlcera no estômago	Magengeschwür			
diabetes	Diabetes			
hiper-sensibilidade a medicamentos	Arzneimittelüberempfindlichkeit			
Toma no momento algum remédio ?	Nehmen Sie momentan Medikamente ein ?			
Qual ?	Welche ?			
Tem dor ?	Haben Sie Schmerzen ?			
Onde tem dor ?	Wo haben Sie Schmerzen ?			
Desde quando tem dores?	Seit wann haben Sie die Schmerzen ?			

dias / Tage

Tratamento   Zur Behandlung

- [ ] **Levante os braços.**
  Machen Sie den Ärmel hoch.

- [ ] **Tire a roupa, por favor.**
  Machen Sie sich bittte frei.

- [ ] **Respire forte.**
  Atmen Sie tief durch.

- [ ] **Tussa, por favor.**
  Husten Sie bitte.

- [ ] **Deite-se aqui.**
  Legen Sie sich hier hin.

- [ ] **Doi ?**
  Tut das weh ?

- [ ] **O senhor deve tirar uma radiografia.**
  Sie müssen geröntgt werden.

- [ ] **Preciso fazer um exame de sangue.**
  Ich muß eine Blutprobe machen.

- [ ] **Preciso fazer um exame de urina.**
  Ich brauche eine Urinprobe von Ihnen.

- [ ] **Preciso fazer um exame de fezes.**
  Ich brauche eine Stuhlprobe von Ihnen.

Diagnósticos   Diagnose/Anordnungen

Os seguintes diagnósticos são dados
Es wird folgende Diagnose gestellt _____

_____

- [ ] **Evitar o sol diretamente**
  Vermeiden Sie die direkte Sonne

- [ ] **Evitar comer comidas gordurosas**
  Vermeiden Sie fette/blähende Speisen

- [ ] **Fique na cama**
  Bleiben Sie im Bett für _____ Tage/dias

- [ ] **Não tome banho de praia**
  Baden Sie nicht für _____ Tage/dias

- [ ] **Não tome café**
  Trinken Sie keinen Kaffee für _____ Tage/dias

- [ ] **O próximo exame será no dia**
  Kommen Sie zur Nachuntersuchung am _____

- [ ] **O Senhor deve ir para o hospital.**
  Ich muß Sie ins Krankenhaus einweisen.

Remédios   Medikamente

Tome este remédio
Einnahme des Medikaments _____

- [ ] **antes** [ ] **depois de cada refeição**   **vezes por dia**
  vor   nach jeder Mahlzeit   _____ mal am Tag

- [ ] **comprimidos** [ ] **gotas**   [ ] **colheres de sopa**   **dose**
  Tabletten   Tropfen   Eßlöffel   Dosis _____

- [ ] **de manhã** [ ] **ao meio dia**   [ ] **à noite**
  morgens   mittags   abends

  [ ] **durante**   **dias**
  während   _____ Tage

Tome este remédio
Einnahme des Medikaments _____

- [ ] **antes** [ ] **depois de cada refeição**   **vezes por dia**
  vor   nach jeder Mahlzeit   _____ mal am Tag

- [ ] **comprimidos** [ ] **gotas**   [ ] **colheres de sopa**   **dose**
  Tabletten   Tropfen   Eßlöffel   Dosis _____

- [ ] **de manhã** [ ] **ao meio dia**   [ ] **à noite**
  morgens   mittags   abends

  [ ] **durante**   **dias**
  während   _____ Tage

Tome este remédio
Einnahme des Medikaments _____

- [ ] **antes** [ ] **depois de cada refeição**   **vezes por dia**
  vor   nach jeder Mahlzeit   _____ mal am Tag

- [ ] **comprimidos** [ ] **gotas**   [ ] **colheres de sopa**   **dose**
  Tabletten   Tropfen   Eßlöffel   Dosis _____

- [ ] **de manhã** [ ] **ao meio dia**   [ ] **à noite**
  morgens   mittags   abends

  [ ] **durante**   **dias**
  während   _____ Tage

Der Körper

Arm	'braßo	o braço
Auge	'oljo	o olho
Bauch	ba'higa	a barriga
Bein	'perna	a perna
Blinddarm	a'pändiße	o apêndice
Blut	'ßange	o sangue
Brust	'pEito	o peito
Darm	intes'tinos	os intestinos
Ellbogen	koto'welo	o cotovelo
Finger	'dedo	o dedo
Fuß	pe	o pé
Gesicht	'osto	o rosto
Haare	ka'belos	os cabelos
Hals (Gurgel)	gar'ganta	a garganta
Hals	peß'koßo	o pescoço
Hand	mãu	a mão
Harnblase	be'schiga	a bexiga
Haut	'peli	a pele
Herz	kora'ßãu	o coração
Kinn	'kEi'scho	o queixo
Knie	Jo'eljo	o joelho
Kniescheibe	'rotula	a rótula
Knochen	'oßo	o osso
Kopf	ka'beßa	a cabeça
Lippe	'labio	o lábio
Lunge	pu'mãu	o pulmão
Magen	e'stOmago	o estômago
Mund	'boka	a boca
Muskel	'muskulo	o músculo
Nase	na'riß	o nariz
Nerv	'nerwo	o nervo
Ohr	o'relja	a orelha
Penis	'pänis	o pênis
Rachen	gar'ganta	a garganta
Rippe	kos'tela	a costela
Schulter	'ombro	o ombro
Stirn	'testa	a testa
Urin	u'rina	a urina
Wirbelsäule	ko'luna wertsche'brau	a coluna vertebral
Vagina	'waJina	a vagina
Zahn	'dentes	os dentes
Zunge	'lingua	a língua

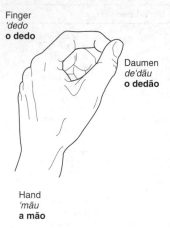

Finger
'dedo
o dedo

Daumen
de'dãu
o dedão

Hand
'mãu
a mão

Fuß
pä
o pê

Beim Zahnarzt

Für die Behandlung beim Zahnarzt (**dentista**) gelten dieselben Grundsätze wie beim Arzt. Die allgemeingültigen Redewendungen finden Sie auf S. 163.

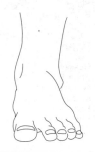

Ich habe Zahnschmerzen.

'teñjo 'dores dJi 'dentschi
Tenho dores de dente.
(ich) habe - Schmerzen - von - Zahn

Dieser Zahn tut mir weh.

'estschi "dentschi es'ta do'endo
Este dente está doendo.
dieser - Zahn - ist - schmerzend

Hier tut es weh.

a'ki doi
Aqui doi.
hier - (es) tut weh

'dentschi
o dente

Problemas	Beschwerden
☐ **Tenho dores de dente**	Ich habe Zahnschmerzen
☐ **Caiu um obturação**	Ich habe ein Plombe verloren
☐ **A gengiva está inflamada**	Das Zahnfleisch ist entzündet
☐ **A gengiva está sangrando**	Das Zahnfleisch blutet

Tratamento — Behandlung

	Arzt Por favor, responda Médico	Bitte antworten Sie !	Patient paciente	
			ja sim	nein não
☐	Tem dores de dente ?	Haben Sie Zahnschmerzen ?	☐	☐
☐	A dor é constante ?	Ist es ein ständiger Schmerz ?	☐	☐
☐	A dor é de vez em quando ?	Ist der Schmerz nur zeitweise ?	☐	☐
☐	Só quando come coisas quentes, frias, doces e azedas ?	Nur bei heiß, kalt, süß oder sauer ?	☐	☐
☐	Só quando mastiga ?	Nur beim Kauen ?	☐	☐
☐	Onde tem dores ?	Wo haben Sie Schmerzen ?	☐	☐
☐	A dor é forte ?	Ist es ein starker Schmerz ?	☐	☐
☐	Doi ?	Tut das weh ?	☐	☐

Indicações de tratamento — Hinweise zur Behandlung

Arzt
Médico

☐	Preciso tirar uma radiografia de um dente.	Ich muß einen Zahn röntgen.
☐	Um dente deve ser obturado.	Ein Zahn muß plombiert werden.
☐	Quer uma anestesia ?	Möchten Sie eine lokale Betäubung ?
☐	Devo dar uma anestesia.	Ich muß Sie lokal betäuben.
☐	Um dente deve ser extraído.	Ein Zahn muß gezogen werden.
☐	Morda com força.	Beißen Sie bitte fest zu.
☐	O Senhor não deve comer durante … horas.	Sie dürfen nichts essen für _____ Stunden.
☐	Por favor venha para o próximo exame	Bitte kommen Sie am _____ zur Nachbehandlung

Apotheken (**farmácia**) ersetzen für viele ärmere Brasilianer den Arzt. Der Apotheker ist berechtigt, Diagnosen zu stellen und Spritzen (**injeção**) zu geben, darf aber (eigentlich) nur rezeptfreie Medikamente abgeben.

Hier ist gleich mehrfach Vorsicht geboten. In Brasilien geht man mit Medikamenten immer noch sehr unkritisch um und kümmert sich nicht weiter um Nebenwirkungen. Devise: mehr hilft mehr. Und ob ein nicht erlaubtes Medikament verkauft wird, kontrolliert auch keiner. Die rezeptpflichtigen Medikamente erkennt man an dem über die Packung verlaufenden roten Streifen und der Aufschrift **SOB INDICAÇÃO MÉDICA**.

Sehr fragwürdig ist auch die Qualifikation und das Verantwortungsbewußtsein einiger Apotheker. Schließlich will man dem Gast aus dem fremden Land ja nicht sagen, daß man für die Beschwerden keine Erklärung hat.

Um sicher zu gehen, holt man sich am besten bei verschiedenen Apotheken Rat. Aus den gleichlautenden oder verschiedenen Aussagen kann man sich dann sein eigenes Bild machen und entscheiden, ob man den Empfehlungen trauen will oder doch lieber einen Arzt konsultiert. Insbesondere sollte man sich auch nicht gleich bei jedem Schnupfen eine Spritze geben lassen.

Medikamente (**remédios**) sind sehr billig und Tabletten (**comprimidos**) werden mitunter auch stückweise verkauft.

Ich brauche ein Medikament.	*pre'ßiso dJi uµ re'mädio* **Preciso de um remédio.** (ich) brauche - von - ein - Medikament
Ich habe *Kopfschmerzen*.	*'teñjo 'dores dJi ka'beßa* **Tenho *dores de cabeça*.** (ich) habe - Schmerzen - von - Kopf
Ich brauche ein Medikament gegen *Grippe*.	*pre'ßiso dJi uµ re'mädo para 'gripi* **Preciso de um remédio para *gripe*.** (ich) brauche - von - ein - Medikament - für - Grippe
Haben Sie *Aspirin* ?	*teñ aspi'rina* **Tem *aspirina* ?** hat (er) - Aspirin
Geben Sie mir bitte *10* Tabletten.	*por fa'wor mi dee dEiß kompri'midOs* **Por favor, me dê *dez* comprimidos.** bitte - mir - gib - 10 - Tabletten
Dieses Medikament ist rezeptpflichtig.	*'eßi re'mädio pre'ßisa dJi re'ßEita 'medika* **Esse remédio precisa de receita médica.** dieses - Medikament - braucht - von - Rezept - medizinisch
Der Arzt muß dafür ein Rezept ausschreiben.	*o 'mediko 'däwi eßkre'wer uma re'ßEita para 'eli* **O médico deve escrever uma receita para ele.** der - Arzt - muß - schreibern - ein - Rezept - für - dies

Gehen Sie bitte zum Arzt.	*por fa'wor wa ao 'mediko* **Por favor, vá ao médico.** bitte - gehe - zu dem - Arzt	
Wo finde ich einen guten Arzt ?	*'ondJi teñ uµ boñ 'mediko* **Onde tem um bom médico ?** wo - gibt (es) - einen - guten - Arzt	

Indicações p/o farmacêutico:

Através do formulário abaixo o paciente marca um X nas alternativas desejadas.

Hinweis für den Apotheker:

Der Kunde teilt Ihnen mit den folgenden Formularen durch Ankreuzen seinen Wunsch mit.

	Remédios	Medikamente
	Gostaria de um remédio contra	**Ich möchte gerne ein Mittel gegen**
☐	**dor de cabeça**	Kopfschmerzen
☐	**dor de garganta**	Halsschmerzen
☐	**tosse**	Husten
☐	**resfriado**	Schnupfen
☐	**gripe**	Grippe
☐	**dor de dente**	Zahnschmerzen
☐	**dores fortes**	starke Schmerzen
☐	**dor de barriga**	Bauchschmerzen
☐	**diarréia**	Durchfall
☐	**prisão de ventre**	Verstopfung
☐	**lombriga**	Darmwürmer
☐	**malária**	Malaria
☐	**queimadura do sol**	Sonnenbrand
☐	**picadura**	Insektenstiche
☐	**piolho**	Läuse
☐	**sarna**	Krätze
☐	**pomada contra queimaduras**	Salbe gegen Verbrennungen
☐	**pomada contra coceiras**	Salbe gegen Juckreiz

Remédios	Medikamente
Gostaria de	**Ich möchte gerne**
bronzeador	Sonnencreme
chá de camomila	Kamillentee
chá de hortelã	Pfefferminztee
vitamina	Vitamintabletten
aspirina	Aspirin
laxante	Abführmittel
comprimido prá dormir	Schlaftabletten
calmante	Beruhigungsmittel
antiséptico	Antiseptikum
antibiótico	Antibiotikum
pomada antibiótica	Antibiotische Salbe
emplasto	Heftpflaster
gaze	Mullbinde
material para atadura	Verbandsmaterial
tesoura	Schere
pinça	Pinzette
termômetro	Fieberthermometer
absorventes higiênicos	Monatsbinden
absorventes internos	Tampons
tampão de ouvido	Ohrenstopfen
desinfectante	Desinfektionsmittel

KURZGRAMMATIK

Artikel und Substantiv

Artikel		Beispiel	
o	der (*m*)	**o** senhor	der Herr
os	die (*m, Plural*)	**os** homens	die Männer
a	die (*w*)	**a** dona	die Dame
as	die (*w, Plural*)	**as** mulheres	die Frauen
unbestimmter Artikel		Beispiel	
um	ein (*m*)	**um** garoto	ein Junge
uma	eine (*w*)	**uma** garota	ein Mädchen

Artikel und Präposition

Der Artikel verschmilzt mit folgenden Präpositionen:

		von	an, nach	in, auf	durch, entlang
		de	**a**	**em**	**a**
m	**o**	**do**	**ao**	**no**	**ao**
w	**a**	**da**	**á**	**na**	**á**

Im Plural wird **-s** angehängt.

Substantiv

Substantive, die auf **-o** enden, sind männlich, die auf **-a** enden, sind weiblich. Ausnahmen z.B.:

o motorist**a**	der (Taxi-)Fahrer
o map**a**	die Landkarte

Der Plural wird normalerweise durch anhängen von **-s** gebildet:

Singular	Plural	
a ru**a**	as ru**as**	die Straße(n)
o cruzad**o**	os cruzad**os**	der/die Cruzado(s)
a irm**ã**	as irm**ãs**	die Schwester(n)

Ausnahmen u.a. bei Endung auf **-ão**, **-l**, **-m**, z.B.:

Singular	Plural	
o avi**ão**	os avi**ões**	das/die Flugzeug(e)
o p**ão**	os p**ães**	das/die Brot(e)
a m**ão**	as m**ãos**	die Hand/die Hände
o hote**l**	os hot**éis**	das/die Hotel(s)
o jorna**l**	os journa**is**	die Zeitung(en)
a viage**m**	as viage**ns**	die Reise(n)
uma vez	duas vez**es**	einmal/zweimal
a flor	as flor**es**	die Blume(n)

Das Adjektiv

Das Adjektív richtet sich in Geschlecht und Zahl nach dem zugehörigen Substantiv.

Adjektive mit der Endung **-o** enden in der weiblichen Form auf **-a**, im Plural auf **–os** bzw. **–as**.

A menina é bonit**a**.	Das Mädchen ist hüsch.
Um carro bonit**o**.	Ein schönes Auto.
As praias são lind**as**.	Die Strände sind schön.
Os sucos são gostos**os**.	Die Fruchtsäfte sind "schmackhaft".

Verschiedene Adjektive haben im männlichen wie weiblichen Fall dieselbe Endung, z.B:

Uma casa **grande**./Um mamão **grande**.	Ein **großes** Haus/Papaia.
Uma árvore **verde**./Um ônibus **verde**.	Ein **grüner** Baum/Bus.
Uma história **horrível**	Eine **schreckliche** Geschichte
Um sono **horrível**.	Ein **schrecklicher** Traum.

Diese Adjektive muß man sich merken:

Um lugar **bom**./Uma idéia **boa**.	Ein **guter** Platz./Eine **gute** Idee.
Um menino **mau**./Uma menina **má**.	Ein **schlechter** Junge/Mädchen.

Verniedlichung

Sehr häufige Verwendung findet in Brasilien die Verniedlichung durch Anhängen von **-inho/a**.

Uma garota bonit**inha**.	Ein niedliches Mädchen.
Estou cansad**inho**.	Ich bin ein wenig müde.
pai - pai**zinho**	Vater - Väterchen
casa - cas**inha**	Haus - Häuschen

Das Verb

Regelmäßige Verben

Die portugiesische Sprache kennt 3 Gruppen regelmäßiger Verben, die sich durch die Endung des Infinitivs **-ar**,**-er**,und **-ir** unterscheiden:

Präsens		ankommen chega**r**	**-ar**	essen comer	**-er**	abreisen part**ir**	**-ir**
ich	**eu**	cheg**o**		com**o**		part**o**	
du er sie	**você** **ele** **ela**	cheg**a**		come		part**es**	
wir	**nós**	cheg**amos**		com**emos**		part**imos**	
ihr sie (m) sie (w)	**vocês** **eles** **elas**	cheg**am**		com**em**		part**em**	

Perfeito simples		ankommen chega**r**	**-ar**	essen comer	**-er**	abreisen part**ir**	**-ir**
ich	**eu**	cheg**ei**		com**i**		part**i**	
du er sie	**você** **ele** **ela**	cheg**ou**		quer**e**		part**iu**	
wir	**nós**	cheg**ámos**		com**emos**		part**imos**	
ihr sie (m) sie (w)	**vocês** **eles** **elas**	cheg**aram**		com**eram**		part**iram**	

Imperfekt		ankommen cheg**ar**	-ar	möchten com**er**	-er	abreisen part**ir**	-ir
ich	eu	cheg**ava**		com**ia**		part**ia**	
du er sie	você ele ela	cheg**ava**		com**ia**		part**ia**	
wir	nós	cheg**ávamos**		com**íamos**		part**iámos**	
ihr sie (m) sie (w)	vocês eles elas	cheg**avam**		com**iam**		part**iam**	

Hilfsverben

Präsens		ter	haben	ser	sein (ständig)	estar	sein (zeitweilig)
ich	eu	tenho		sou		estou	
du er sie	você ele ela	tem		é		está	
wir	nós	temos		somos		estamos	
ihr sie (m) sie (w)	vocês eles elas	têm		são		estão	

Perfeito simples							
ich	eu	tive		fui		estive	
du er sie	você ele ela	teve		foi		esteve	
wir	nós	tivemos		fomos		estivemos	
ihr sie (m) sie (w)	vocês eles elas	tiveram		foram		estiveram	

Imperfekt							
ich	eu	tinha		era		est**ava**	
du er sie	você ele ela	tinha		era		estava	
wir	nós	tínhamos		éramos		est**ávamos**	
ihr sie (m) sie (w)	vocês eles elas	tinham		eram		estavam	

Ist in der Vergangenheit von einer andauernden Handlung die Rede, wird das **Imperfeito** verwendet. Ist die Handlung in der Vergangenheit abgeschlossen, so findet das **Perfeito Simples** Verwendung.

ser (sein) kennzeichnet andauernde Zustände und Eigenschaften, **estar** (sein) solche, die nur vorübergehend sind.

Futur

Das Kurz-Futur läßt sich auf einfache Weise durch die entsprechende Präsensform von **ir** (gehen) + Infinitiv des Verbs bilden:

Eu vou partir.	Ich werde (bald) abreisen.

Partizip

Das Partizip wird bei den regelmäßigen Verben auf **-ar** in der Regel durch Anhängen von **–ado/a**, bei den regelmäßigen Verben auf **-er** und **-ir** durch Anhängen von **–ido/a** gebildet.

O carro está quebr**ado**.	Das Auto ist kaputt.
A janela está fech**ada**.	Das Fenster ist geschlossen.

Verlaufsform

Die Verlaufsform bezeichnet eine gerade ablaufende Handlung und findet in Brasilien häufige Verwendung. Sie wird mit der entsprechenden Präsensform von **estar** (sein) + Gerundium gebildet.

-ar	Eu estou viag**ando**.	Ich bin (gerade) auf einer Reise.
-er	Ele está beb**endo** uma Guaraná.	Er trinkt (gerade) eine Guaraná.
-ir	Eu estou part**indo** para Manaus.	Ich reise (gerade) nach M. ab.

Verneinung

Ein Satz wird durch das Wörtchen **não** vor dem Verb verneint. Häufig ist die doppelte Verneinung:

Eu **não** quero.	Ich will nicht.
Eu **não** quero **nada**.	Ich will (nicht) nichts.
Não sei.	Ich weiß nicht.
Não sei de **nada**.	Ich weiß (nicht) von nichts.

Das Präsens der wichtigsten unregelmäßigen Verben

	dar geben/reichen	**dizer** sagen	**fazer** machen
ich	dou	digo	faço
du, er, sie	dá	diz	faz
wir	damos	dizemos	fazemos
ihr, sie	dão	dizem	fazem

ir gehen	**ouvir** hören	**perder** verlieren	**poder** können
vou	ouço	perco	posso
vai	ouve	perde	pode
vamos	ouvimos	perdemos	podemos
vão	ouvem	perdem	podem

querer wollen, möchten	**saber** wissen	**sair** ausgehen	**sentir** fühlen
quero	sei	saio	sinto
quer	sabe	sai	sente
queremos	sabemos	saímos	sentimos
querem	sabem	saem	sentem

traduzir übersetzen	**trazer** bringen	**ver** sehen	**vir** kommen
traduzo	trago	vejo	venho
traduz	traz	vê	vem
traduzimos	trazemos	vemos	vimos
traduzem	trazem	vêem	vêm

Pronomen

Personalpronomen

ich	**eu**		mir	**me**		mich	**me**
du	**você**		dir	**a você**		dich	**você**
er	**ele**		ihm	**lhe**		ihn	**o**
sie	**ela**		ihr	**lhe**		sie	**a**
wir	**nós**		uns	**nos**		uns	**nos**
ihr	**vocês**		euch	**a vocês**		euch	**vocês**
sie (m)	**eles**		ihnen	**lhes**		sie	**os**
sie (w)	**elas**		ihnen	**lhes**		sie	**as**

Possessivpronomen

Sie richten sich in Geschlecht und Zahl nach dem zugehörigen Substantiv. Der Plural wird durch Anhängen von **-s** gebildet.

	bei männlichem Substantiv	bei weiblichem Substantiv
mein	**meu**	**minha**
dein	**seu, teu**	**sua, tua**
sein	**seu, dele**	**sua, dele**
ihr	**seu, dela**	**sua, dela**
unser	**nosso**	**nossa**
euer	**seu, de vôces**	**sua, de vôces**
ihr (m)	**seu, deles**	**sua, deles**
ihr (w)	**seu, delas**	**sua, delas**

Demonstrativpronomen

Je nachdem, ob sich die bezeichnete Sache im Bereich des Sprechenden oder im Bereich des Angesprochenen liegt, sind verschiedene Demonstrativpronomen zu verwenden.

	unbest.	*m, Sing.*	*m, Plural*	*w, Sing.*	*w, Plural*
diese/r/s	**isto**	**este**	**estes**	**esta**	**estas**
jene/r/s	**isso**	**esse**	**esses**	**essa**	**essas**

A

abacaxi Ananas *abaka'schi*
aberto geöffnet *a'berto*
abraçar umarmen *abra'ßar*
abraço Umarmung *a'braßo*
abril April *a'briu*
acelerador Gaspedal *aßelera'dor*
acelerar beschleunigen *aßele'rar*
acidente Unfall *aßi'dentschi*
acompanhante Beifahrer *akompañ'jantsche*
açougue Metzgerei *a'ßouge*
açougueiro Schlachter *aßou'gEiro*
açúcar Zucker *a'ßukar*
adeus Auf Wiedersehen ! *a'deus*
administração de empresas Betriebswirtschaft *administra'ßäu dJi em'presas*
advogado Rechtsanwalt *adwo'gado*
aeromoça Stewardess *aero'moßa*
aeroporto Flughafen *aero'porto*
agência de viagens Reisebüro *a'Jänßia dJi wi'aJeñs*
agência telefônica Telefonzentrale *a'Jänßia tele'fOnika*
agosto August *a'gosto*
agricultor Landwirt *agrikul'tOr*
água da bateria Batterieflüssigkeit *'agua dJi bate'ria*
água de coco Kokosnussmilch *'agua dJi 'koko*
água de refrigeração Kühlwasser *'agua dJi refriJera'ßäu*
água mineral Mineralwasser *'agua mine'rau*
água potável Trinkwasser *'agua po'tawäu*
água Wasser *'agua*
ajustar einstellen *aJus'tar*
álcool Alkohol *'auko*
alface Kopfsalat *au'faße*
alfaiate/costureira Schneider/in *aufa'jate/kOstu'rEira*
alfândega Zoll *au'fandega*
algodão Baumwolle *algo'däu*
alicate Zange *ali'katsch*
almoçar (zu Mittag) essen *aumo'ßar*
almoço Mittagessen *au'moßo*
Alô, Oi Hallo ! *a'lo, oi*
altar Altar *au'tar*
alto hoch *'auto*
altura Größe *au'tura*
amanhã morgen *amã'ja*
amarelo/a gelb *ama'relo/a*

ameixa Pflaume *a'mEischa*
amêndoa Mandel *a'mändoa*
amendoim Erdnuß *amendo'iñ*
amigo/amiga Freund/Freundin *a'migo/a'miga*
amortecedor Stoßdämpfer *amorteße'dor*
âncora Anker *'ankora*
ancoradouro Anleger *ankora'douro*
ancorar anlegen *anko'rar*
andar de ônibus Busfahren *an'dar dJi 'Onibus*
andar em alta velocidade rasen *an'dar dJi 'auta weloßi'dadJi*
andar Etage *an'dar*
anel Ring *a'näu*
animal Tier *ani'mau*
ano in einem Jahr *'ano*
anteontem vorgestern *'ante'onteñ*
anticoncepcional Pille *antikoñßepßi'nau*
ao vivo live *ao 'wiwo*
apartamento Wohnung *aparta'mento*
apelido Spitzname *ape'lido*
apêndice Blinddarm *a'pändiße*
aperitivo Aperitiv *aperi'tschiwos*
apertar anziehen *aper'tar*
apito final Abpfiff *'apito fi'nau*
apito inicial Anpfiff *'apito ini'ßiau*
aposentado Rentner *aposen'tado*
apresentação Aufführung *apresenta'ßäu*
apresentar alguém vorstellen (jdn.) *apresen'tar au'geñ*
aquecedor, aquecimento Heizung *akeße'dor*
ar condicionado Klimaanlage *ar kondißio'nado*
aranha Spinne *a'rañja*
areia Sand *a'rEia*
arenque Hering *a'ranke*
argato Eidechse *lar'gato*
arma Waffe *'arma*
armário Schrank *ar'mario*
armazém Lebensmittelgeschäft *arma'señ*
aro da roda Felge *'aro da 'hOda*
arqueólogo Archäologe *arke'oloJo*
arquibancada Tribüne *arkibañ'kada*
arquiteto Architekt *arki'teto*
arquitetura Architektur *arkitä'tura*
arroz Reis *a'hois*
arrumadeira Zimmermädchen *ahuma'dEira*
artificial künstlich *artifi'ßiau*
assado gebraten *a'ßado*
assalto Überfall *a'ßauto*

assento Sitz *a'ßento*
assinar unterschreiben *aßi'nar*
assinatura Unterschrift *aßina'tura*
atadura Verband *ata'dura*
até amanhã bis morgen ! *a'tä amã'ja*
até breve bis bald ! *a'tä 'bräwi*
ate Jacht *'iate*
até logo Auf Wiedersehen ! *a'tä 'lOgo*
até mais tarde bis später ! *a'tä mais 'tardJi*
aterrissagem Landung *atähi'ßaJeñ*
aterrissar landen *atähi'ßar*
ator/atriz Schauspieler/in *a'tOr/a'triß*
atração Sehenswürdigkeit *atra'ßãu*
atrás hinten *a'traiß*
atrazado verspätet *atra'sado*
atum Thunfisch *a'tuñ*
aulas Unterricht *'aulas*
auto-estrada Autobahn *autoe'strada*
avariado beschädigt *awar'jado*
aveia Haferflocken *a'wEia*
aves Geflügel *'awes*
avião de linha Linienmaschine *a'wiãu dJi 'liñja*
avião Flugzeug *a'wiãu*
avô/a avó Großvater/Großmutter *a'wo/a'wO*
azeitona Oliven *asEi'tona*
azul blau *a'su*
azul-turquesa türkis *a'su tur'kesa*

B

bacalhau Kabeljau *bakal'jãu*
bagagem de mão Handgepäck *ba'gaJeñ dJi mãu*
bagagens Gepäck *ba'gaJeñs*
baía Bucht *'baja*
baile Ball *'baile*
baixo niedrig *'bascho*
baldear umsteigen *baude'ar*
baleia Wal *ba'leja*
balsa Fähre *'baußa*
banana Banane *ba'nana*
banca de revistas Zeitungskiosk *'banca dJi re'wistas*
banco Bank *'banko*
banda Musikgruppe *'banda*
bandeirinha Linienrichter *bandEi'riñja*
banheiro Toilette, Badezimmer *bañ'jEiro*
bar Kneipe, Trinkhalle *bar*
barata Kakerlake *ba'rata*
barato/mais barato billig/billiger

ba'rato/mais ba'rato
barba Bart *'barba*
barbear rasieren *barbe'ar*
barbeiro Friseur (Herren-) *bar'bEiro*
barco Boot *'barko*
barriga Bauch *ba'higa*
barroco barock *ba'hoko*
batata Kartoffel *ba'tata*
batatas fritas Pommes frites *ba'tatas 'fritas*
bate-papo Unterhaltung *'batsche'papo*
bateria Batterie *bate'ria*
beber trinken *be'ber*
bebidas alcoólicas Getränke, alkoholisch *be'bidas au'kOlikas*
bebidas não-alcoólicas Getränke, ohne Alkohol *be'bidas nãu au'kOlikas*
beige beige *'bEiJe*
beija-flor Kolibri *bEija'flor*
beijinho Küßchen *bEi'Jiñjo*
beijo Kuß *'bEiJo*
bem passado durchgebraten *beñ pa'ßado*
benjamim Adapter-Stecker *beñJa'miñ*
bexiga Harnblase *be'schiga*
bicho-preguiça Faultier *'bischo pre'gißa*
bicicleta Fahrrad *bißi'kläta*
bife Beefsteak *'bifi*
bigode Schnurrbart *bi'gOdJi*
bilhete de volta Rückfahrkarte *bil'jätschi dJi 'wouta*
bilheteria Fahrkartenschalter *biljete'ria*
biologia Biologie *biolo'Jia*
biquíni Bikini *bi'kini*
biscoito (salgado/doce) Keks (salzig/süß) *bis'koito*
blazer Sacko *'blEiser*
bloqueado blockiert *bloke'ado*
blusa Bluse *'blusa*
Boa noite Gute Nacht ! / Guten Abend ! *boa 'noitschi*
Boa sorte ! Viel Glück ! *boa 'ßOrtschi*
Boa tarde Guten Tag ! *boa 'tardJi*
Boa viagem ! Gute Reise ! *boa wia'Jeñ*
bobina de ignição Zündspule *bO'bina dJi igni'ßãu*
boca Mund *'boka*
bóia salva-vidas Rettungsring *'bOja 'ßauwa'widas*
bolo Kuchen *'bolo*
bolsa Tasche *'boußa*
Bom dia Guten Morgen ! *boñ 'dJia*
bomba de água Wasserpumpe *'bOmba dJi 'agua*
bomba de gasolina Benzinpumpe *'bOmba dJi gaso'lina*
bomba de injeção Einspritzpumpe

'bOmba dJi inJe'ßäu
bonde Straßenbahn *'boñdJi*
bonito(a) schön *bo'nito(a)*
borboleta Schmetterling *bOrbo'leta*
botar gasolina tanken *bo'tar gaso'lina*
boto Süßwasserdelphin *'boto*
boutique Boutique *bou'tiki*
braço Arm *'braßo*
braço do rio Flußarm *'braßo do hio*
branco/a weiß *'branko/a*
brasileiro brasilianisch *brasi'lEiro*
brincadeira Scherz *brinka'dEira*
brincar scherzen *brin'kar*
bronzeador Sonnenöl *broñsea'dor*
bucho Pansen *'buscho*
buraco Schlagloch *bu'hako*
buscar abholen *buß'kar*
buzina Hupe *bu'sina*

C

cabeça do cilindro Zylinderkopf
ka'beßa do ßi'lindro
cabeça Kopf *ka'beßa*
cabeleireiro Friseur (Damen-)
kabelEi'rEiro
cabelos Haare *ka'belos*
cabide Kleiderbügel *ka'bidJ*
cabina Kabine *ka'bina*
cabine de telefone Telefonkabine
ka'bine dJi tele'fone
cabra Ziege *'kabra*
cachaça Zuckerrohrschnaps *ka'schaßa*
cachorro Hund *ka'schoho*
cadeira Stuhl *ka'dEira*
café com leite Kaffee mit Milch *ka'fä
koñ 'lEitschi*
café da manhã Frühstück *ka'fä da
mä'ja*
café Kaffee *ka'fä*
cafezinho Kaffee (klein, stark) *kafe'siñjo*
caipiríssima Caipirinha mit Rum
kaipi'rißima
caixa de mudança Getriebe *'kaischa
dJi mu'dañßa*
caixa Kasse *'kaischa*
calamares Calamares *kala'mares*
calça Hose *'kaußa*
calçadão/calçada Fußweg
kalßa'däu/kal'ßada
calção de banho Badehose *kau'ßäu
dJi 'bäjo*

cama Bett *'kama*
camarão Krabbe *kama'räu*
camarões Garnelen *kama'rõis*
camarões grandes Scampi *kama'rõis
'grandes*
cambiar wechseln (Währung) *'kambi'ar*
câmbio Wechselstube, Gangschaltung
'kambio
caminhão Lastwagen *kamiñ'jäu*
camioneiro Kraftfahrer (LKW)
kamio'nEiro
camisa de vênus Kondom *ka'misa dJi
'wänus*
camisa Hemd *ka'misa*
campari Campari *kam'pari*
campo de futebol Fußballstadion *o
'kampo dJi futschi'bOl*
campo Spielfeld *'kampo*
canção Lied *cä'ßäo*
cancelado gestrichen (Flug)
kañße'lado
capela Kapelle *ka'pela*
capitão Kapitän *kapi'täu*
capô Motorhaube *ka'pO*
caranguejo Krebs *karan'geJo*
carapau Makrele *kara'pau*
carburador Vergaser *karbura'dor*
cardápio Speisekarte *kar'dapio*
careca Glaze *ka'räka*
carne de boi Rindfleisch *'karne dJi boi*
carne de porco Schweinefleisch *'karne
dJi 'porko*
carne de ... Fleisch vom ... *'karne dJi '*
carne Fleisch *'karne*
carne moída Hackfleisch *'karne mo'ida*
caro teuer *'karo*
caroneiro/caronista Tramper
karo'nEiro/karo'nista
carregar aufladen *kahe'gar*
carro Auto *'kaho*
carro da policia Polizeiwagen *'kaho da
po'lißja*
carroceria Karosserie *karoße'ria*
carta Brief *'karta*
carta expressa Eilbrief *'karta es'preßa*
carta registrada Einschreiben *'karta
reJis'trada*
cartão amarelo Gelbe Karte *kar'täu
ama'relo*
cartão de crédito Kreditkarte *'kartäu dJi
'krädito*
cartão vermelho Rote Karte *kar'täu
wer'mäljo*
carteira de identidade Personalausweis
kar'tEira dJi identi'dadJi
carteira de motorista Führerschein
kar'tEira dJi moto'rista

carteira Geldbörse *kar'tEira*
carteira internacional de vacinação internationaler Impfpaß *kar'tEira internaßio'nau dJi waßina'ßau*
carteiro Briefträger *kar'tEiro*
casado verheiratet *ka'sado*
castanha Kastanie *kas'taɲa*
castelo Burg, Schloß *kas'telo*
catedral Dom *kate'drau*
catedral Kathedrale *kate'drau*
categoria Kategorie *katego'ria*
católico Katholik *ka'tOliko*
cavalo Pferd *ka'walo*
cebola Zwiebel *ße'bola*
cemitério Friedhof *ßemi'tärio*
centro da cidade Stadtzentrum *'ßentro da ßi'dadJi*
cereja Kirsche *ße'reJa*
certificado Bescheinigung *ßertifi'kado*
cerveja Bier *ßer'weJa*
céu Himmel *'ßäu*
chamada telefônica Telefongespräch *scha'mada tele'fOnika*
chamar-se heißen *scha'mar ße, akeßi'mento*
chapéu de sol Sonnenhut *scha'pEu dJi ßou*
charter Chartermaschine *'scharter*
chassi Fahrgestell *scha'ßi*
chave de boca Schraubenschlüssel *'schawe dJi 'bOca*
chave de fenda Schraubenzieher *'schawe dJi 'fenda*
chave de ignição Zünschlüssel *'schawe dJi igni'ßäu*
chave de luz Lichtschalter *'schawi dJi lus*
chave de roda Radmutternschlüssel *'schawe dJi 'hOda*
chave Schlüssel *'schawe*
chegada Ankunft *sche'gada*
chegar ankommen *sche'gar*
cheira mal riecht *'schera mau*
cheque de viagem Travellerscheck *'scheki dJi wi'aJen*
cheque Scheck *'scheki*
chinelos Badelatschen *schin'nelos*
chuva Regen *'schuwa*
cidade velha Altstadt *ßi'dadJi 'welja*
cilindro Zylinder *ßi'lindro*
cinema Kino *ßi'nema*
cinto (de segurança) Sicherheitsgurt *'ßinto (dJi ßegu'räßa)*
cinza grau *'ßinsa*
circuito Rundfahrt *ßirkui'to*
claro/mais claro hell/heller *'klaro/mais 'klaro*

clínica Krankenhaus *'klinika*
cobra Schlange *'kObra*
cobrar R-Gespräch *ako'brar*
coca Cola *'kOca*
coelho Hase *ko'eljo*
coelho Kaninchen *ko'eljo*
colcha Bettdecke *'kOlscha*
colete salva-vidas Schwimmweste *ko'lätschi 'ßauwa'widas*
colher Löffel *kol'jär*
colina Hügel *ko'lina*
colocar o cinto de segurança anschnallen *kolo'kar o 'ßinto dJi ßegu'raɲßa*
colorido/a bunt *kolo'rido/a*
coluna Säule *ko'luna*
coluna vertebral Wirbelsäule *ko'luna wertsche'brau*
com bolinhos gepunktet *koɲ bO'liɲjos*
com mangas curtas kurzärmelig *coɲ mä'gas kur'tas*
com mangas longas langärmelig *coɲ mä'gas loɲ'gas*
com mit *koɲ*
comer essen *'komer*
comerciante Kaufmann *kOmer'ßiante*
comida e alojamento Kost und Logis *ko'mida i aloJa'mento*
comprimidos Tabletten *kompri'midos*
concerto Konzert *kon'ßerto*
conexão Anschluß/Verbindung *kone'ßäu*
confeitaria Süßwarenladen *konfEita'ria*
congelado gefrohren *koɲJe'lado*
conhecer alguém kennenlernen (jdn.) *conje'ßär au'geɲ*
conquistador Eroberer *konkista'dor*
consertar reparieren *konßer'tar*
conserto Reparatur *kon'ßerto*
construção de máquinas Maschinenbau *koɲstru'ßäu dJi 'makinas*
consulta Untersuchung *koɲ'ßulta*
conta Rechnung *'konta*
contabilista Buchhalter *kontabi'lista*
contato Kontakt *kon'tato*
controle de passaportes Paßkontrolle *kon'trOli dJi paßa'pOrtschi*
controle Kontrolle *kon'trole*
conversa Gespräch *koɲ'werßa*
conversar (sich) unterhalten *koɲwer'ßar*
cópia Abzug *'kOpia*
copo Glas/Becher *'kOpo*
cor de rosa rosa *kor dJi 'rosa*
cor dos olhos Augenfarbe *kor dos 'ol-jos*
cor Farbe *kor*
coração Herz *kora'ßäu*

correia Keilriemen ko'hEia
correio Post(amt) ko'hEio
corrente Strom ko'hentschi
corrente/correnteza Strömung ko'hentschi/kohen'tesa
corrida Fahrt ko'hida
corroído verrostet koho'ido
cortar schneiden kor'tar
costela Rippe kos'tela
costeleta Kotelett koste'leta
costureira Schneider kostu'rEira
cotovelo Ellbogen koto'welo
couro artificial Kunstleder 'kouro artifi'Biau
couro Leder 'kouro
couro selvagem Wildleder 'kouro Bãu'waJaße
couve Kohl 'kouwi
cozido gekocht ko'sido
cozineiro/a Koch/Köchin kosi'nEiro/a
creme creme 'krämi
crianças Kinder kri'ãßas
cristão Christ kris'tãu
crú roh kru
cruz Kreuz 'krus
cruzamento Kreuzung krusa'mento
cúpula Kuppel 'kupula
curto-circuito Kurzschluß 'kurto'Birkuito

D

dançar tanzen dã'ßar
dançarino(a) Tänzer(in) dãßa'rino(a)
data de nascimento Geburtstag 'dJia dJi naßi'mento
de manhã vormittags dJi mã'ja
de nada ! Bitte ! dJi 'nada
de vez em quando von Zeit zu Zeit dJi 'weß eñ 'kuando
declarar verzollen dekla'rar
decolar starten deko'lar
dedo Finger 'dedo
defeito Panne de'fEito
defeituoso defekt defEitu'oso
defumado gräuchert defu'mado
delegacia Polizeirevier delega'Bia
delito Verbrechen de'lito
dentes Zähne 'dentes
denúncia Anzeige de'nuñBia
denunciar anzeigen denuñ'Biar
depois de amanhã übermorgen de'pois

dJi amã'ja
depressa schnell de'preßa
descer aussteigen de'ßer
descobridor Entdecker deskobri'dor
descontar einlösen deßkon'tar
desconto Rabatt des'konto
desculpe ! Entschuldigung ! dißkupe
desfile Umzug des'file
desligar auflegen desli'gar
desmontar ausbauen desmon'tar
despedida Abschied despe'dJida
despedir verabschieden despe'dJir
despertador Wecker desperta'dOr
despertar wecken desper'tar
desquitado geschieden deski'tado
destino Bestimmungsort des'tschino
desvalorização (Geld-)abwertung deswalorisa'Bãu
desvio Umleitung des'wio
devagar langsam dewa'gar
dezembro Dezember de'Bembro
diária com almoço/janta Halbpension dJi'aria coñ al'oßo/'Janta
dínamo Lichmaschine 'dinamo
dinheiro Geld dJin'jEiro
dinheiro miúdo Kleingeld dschin'jEiro mi'udo
direção Richtung dire'Bãu
direito Jura di'rEito
dirigir fahren (steuern) diri'Jir
discar wählen diß'kar
disco Disko, Schallplatte 'dißko
distância Entfernung dis'tãßja
distribuidor Verteiler distribui'dor
diversão Spaß diwer'Bãu
documentos Papiere (Dokumente) doku'mentos
doença Krankheit do'eñßa
dólar Dollar do'lar
domingo Sonntag do'mingo
dona de casa Hausfrau 'dOna dJi 'casa
dormir schlafen dOr'mir
dourado/a gold dou'rado/a
drogaria Drogerie droga'ria
drogas Rauschgift 'drogas
ducha Dusche 'duscha
durante o dia tagsüber du'rantsche o 'dJia
dúzia Dutzend 'dusia

E

edifício Gebäude *edi'fißjo*
eixo Achse *'Eischo*
eixo de manivela Kurbelwelle *'Eischo dJi mani'wäla*
eixo dianteiro Vorderachse *'Eischo dJian'tEiro*
eixo traseiro Hinterachse *'Eischo tra'sEiro*
eletricista Elektriker *elektri'ßista*
eletrotécnica Elektrotechnik *eletro'täknika*
elevador Aufzug *elewa'dor*
embarcadouro Steg *embarka'douro*
embarcar, entrar einsteigen *embar'kar, en'trar*
êmbolo Kolben *'ämbolo*
embreagem Kupplung *embre'aJeñ*
emperrado klemmt *es'ta empe'hado*
empregado Angestellter *empre'gado*
encomenda Paket *enko'menda*
encontro Verabredung *eñ'kOntro*
endereço Adresse *ende'reßo*
enfermeira Krankenschwester *enfer'mEira*
engenheiro civil Bauingenieur *enJen'jEiro ßi'wiu*
engenheiro Ingenieur *enJen'jEiro*
enjoado seekrank *eñJo'ado*
ensolarado sonnig *eñßola'rado*
entrada Einfahrt, Eingang, Eintrittskarte *en'trada*
entrada Vorspeise *en'trada*
entupido verstopft *es'ta entu'pido*
envelope Briefumschlag *enwe'lOpe*
enviar absenden *eñwi'ar*
equilibrar auswuchten *ekili'brar*
equipamento de mergulho Taucherausrüstung *ekipa'mento dJi mer'guljo*
ervilhas Erbsen *er'wijas*
escada rolante Rollfeld *eß'kada ro'lantschi*
escanteio Eckstoß *eßkan'tEio*
escape Auspuff *eß'kape*
escola comercial Handelsschule *eß'kOla komer'ßiau*
escola de samba Sambaschule *eß'kOla dJi 'ßamba*
escola profissionalisante Berufsschule *eß'kOla prOfißionali'santschi*
escola Schule *eß'kOla*
escritor Schriftsteller *eßkri'tOr*

escrivão Notar *eßkri'wäu*
escultor Bildhauer *eskul'tOr*
esparadrapo Pflaster *espara'drapo*
especialidade Spezialität *espeßiali'dadJi*
espectador Zuschauer *espeta'dOr*
espelho Spiegel *eß'peljo*
esposo/esposa Ehemann/Ehefrau *äß'poso/äß'posa*
esta semana diese Woche *'esta ße'mana*
estação do ano Jahreszeit *esta'ßäu do 'ano*
estação ferroviária Bahnhof *esta'ßäu fäho'wiaria*
estação rodoviára Busbahnhof *esta'ßäu hodo'wiaria*
estacionar parken *estaßio'nar*
estado civil Familienstand *e'stado ßi'wiu*
estampado gemustert *estam'pado*
estátua Statue *e'statua*
estilo Stil *e'stilo*
estômago Magen *e'stOmago*
estrada de terra Sandpiste *e'strada dJi 'teha*
estrelas Sterne *e'strela*
estudante Schüler *estu'dantschi*
esvaziar entleeren *eswa'siar*
excesso de bagagem Übergepäck *e'ßeßo da ba'gaJeñ*
excursão Ausflug, Exkursion *eskur'säu*
exposição Ausstellung *esposi'ßäu*

F

faca Messer *'faka*
fachada Fassade *fa'schada*
falar reden *fa'lar*
falha da ignição Fehlzündung *'falja da igni'ßäu*
falta Foul *'fauta*
família Familie *fa'milja*
fantasia Kostüm *fanta'sia*
farmacêutico Apotheker *farma'ßeutico*
farmácia Apotheke *far'maßja*
farol Scheinwerfer *fa'rou*
fazer brincadeira spaßen *fa'ser brinka'dEira*
fazer cópias Abzüge machen *fa'ser 'kOpias*

fazer escova frisieren *fa'ser a 'barba*
fazer fofoca tratschen *fa'ser fO'fOka*
febre amarela Gelbfieber *'fäbri ama'rela*
fechado geschlossen *fe'schado*
feijão Bohne *fEi'Jão*
feijão preto Schwarze Bohnen *fEi'Jão 'preto*
feio häßlich *'fejo*
feito a crochet gehäkelt *'fEito a krO'schä*
feito a mão handgemacht *'fEito a mãu*
ferida Wunde *fe'rida*
ferramenta Werkzeug *feha'menta*
fevereiro Februar *fewe'rEiro*
ficha Telefonchip *'fischa*
fígado Leber *'figado*
figo Feige *'figo*
filé Filet *fi'lä*
filha Tochter *'filja*
filho Sohn *'filjo*
filmadora Filmkamera *fiuma'dora*
filmar filmen *fiu'mar*
filme branco e preto Schwarzweiß-Film *'fiumi 'branko i 'preto*
filme colorido Farbfilm *'fiumi kolo'rido*
filme de slide Diafilm *'fiumi dJi 'ßlaidJi*
filme Film *'fiumi*
filme super-8 Super-8-Film *'fiumi ßuper'oito*
filtro de ar Luftfilter *'filtro dJi ar*
filtro de óleo Ölfilter *'filtro dJi 'Oleo*
fim de semana Wochenende *fiñ da ße'mana*
física Physik *'fisika*
físico Physiker *'fisiko*
fita Musikkassette *'fita*
flanela Flanell *fla'nela*
flash Blitzgerät *'fläsch*
fogareiro Gaskocher *foga'rEiro*
fome Hunger *'fOmi*
fonte Brunnen *'fontschi*
fora da moda unmodern *'foha da 'mOda*
formiga Ameise *for'miga*
formulário Formular *formu'lario*
forte stark *'fortsche*
fotografar fotografieren *fotogra'far*
fotografia Foto *fotogra'fia*
fraco schwach *'frako*
franco suíço Schweizer Franken *'franko ßu'ißo*
frango Hühnchen *'frañgo*
franquear frankieren *franke'ar*
fratura Bruch *fra'tura*
frear bremsen *fre'ar*
freio Bremse *'frejo*
freio de mão Handbremse *'frejo dJi*

mãu
frente vorne *a 'frentschi*
fresco frisch *'freßko*
frio kalt *frio*
frito gebacken *'frito*
frutas Obst *'frutas*
frutos do mar Meeresfrüchte *'frutos do 'mar*
fumante Raucher *fu'mantschi*
funcionário Angestellter *fuñßio'nario*
funcionário da alfândega Zollbeamter *fuñßio'nario da au'fandega*
funcionário público Beamter *fuñßio'nario 'publiko*
furado geplatzt *fu'rado*
futebol Fußball *futschi'bOl*

G

galão (de gasolina) Benzinkanister *ga'lão (dJi gaso'lina)*
galeria Galerie *gale'ria*
galinha de angola Perlhuhn *ga'liñja dJi an'gola*
galinha Huhn *ga'liñja*
gambá Stinktier *gam'ba*
ganso Gans *'ganßo*
garagem Garage *gara'Jeñ*
garçon Kellner *gar'ßõ*
garfo Gabel *'garfo*
garganta Hals *gar'ganta*
estômago Magen *e'stOmago*
garganta Rachen *gar'ganta*
garrafa Flasche *ga'hafa*
gasolina Benzin *gaso'lina*
geladeira Kühlschrank *Jela'dEira*
gelosia Jalousie *Jelo'sia*
geografia Geographie *Jeogra'fia*
geologia Geologie *JeolO'Jia*
germanística Germanistik *Jerma'nistika*
gol Tor (Fußball) *gou*
golfinho Delphin *gol'fiñjo*
gotas Tropfen *'gotas*
gótico gotisch *'gOtiko*
grama Gramm *'grama*
grande groß *'grandJi*
grelhado gegrillt *grel'jado*
guarda de trânsito Verkehrspolizei *'guarda dJi 'transito*
guarda volumes Gepäckaufbewahrung *'guarda wO'lumes*

guarda-florestal Förster *'guarda flOreß'tau*

H

há três dias vor 3 Tagen *a 'treeß dJias*
helicóptero Hubschrauber *eli'kOptero*
hepatite Hepatitis *epa'titschi*
história de arte Kunstgeschichte *is'tOria dJi 'artschi*
história Geschichte *is'tOria*
hoje heute *'oJi*
homens/mulheres Damen/Herren *'omeñs/mul'jeres*
hora Stunde *'ora*
horário de partida Fahrplan *o'rario dJi par'tida*
horrível häßlich *o'hiväu*
hospital Krankenhaus *ospi'tau*
hotel confortável gehobenes Mittelklassehotel *o'täu koñfor'tawäu*
hotel de luxo Luxushotel *o'täu de 'luscho*
hotel de médio conforto Mittelklassehotel *o'täu de medio coñ'forto*
hotel de primeira First-Class Hotel *o'täu de pri'mEira*
hotel Hotel *o'täu*
hotel muito confortável Hotel mit höchstem Komfort *o'täu muito koñfor'tawäu*
hotel muito simples Hotel, sehr einfach *o'täu muito ßimples*
hotel simples einfaches Hotel *o'täu ßimples*

I, J

ida e volta Hin- und Rückreise *'ida e 'wouta*
ida Hinreise *'ida*
ignição Zündung *igni'ßäu*
igreja Kirche *i'greJa*
ilha Insel *'iilja*
impedimento Abseits *impedi'mento*

indio Indio *'indio*
informação telefônica Telefonauskunft *informa'ßäu tele'fOnika*
informática Informatik *infor'matschika*
instituto Institut *insti'tuto*
internacional international *internaßio'nau*
intérprete Dolmetscher *in'tärpretschi*
interurbano Ferngespräch *interur'bana*
intestinos Darm *intes'tinos*
inverno Winter *in'werno*
ir para fahren nach *ir 'para*
irmão/irmã Bruder/Schwester *ir'mãu/irmã*
isento de declaração zollfrei *i'ßento dJi deklara'ßäu*
jacaré Krokodil *Jaka'rä*
janeiro Januar *Ja'nEiro*
janela Fenster *Ja'nela*
jantar Abendessen *Jan'tar*
jantar zu Abend essen *Jan'tar*
jardineiro Gärtner *JardJi'nEiro*
jato Jet *'Jato*
javali Wildschwein *Ja'wali*
jeans Jeans *'Jiinß*
jibóia Boa *Ji'bOja*
joalharia Juwelier *Joalja'ria*
joelho Knie *Jo'eljo*
jogador Spieler *Joga'dOr*
jogo de futebol Fußballspiel *'Jogo dJi futschi'bOl*
jóia Schmuck *'JOja*
jornalista Journalist *JOrna'lista*
juíz Richter, Schiedsrichter *Ju'iß*
julho Juli *'Juljo*
junho Juni *'Juñjo*

L

lã Wolle *lã*
lábio Lippe *'labio*
lagosta Languste *la'gosta*
Lambada Lambada *lam'bada*
lâmpada Glühbirne, Lampe *'lãmpada*
lanchonete Imbißbude *lañscho'netschi*
lanternas Standlicht *lan'ternas*
laranja Orange *la'ranJa*
laranja orange (Farbe) *la'rãJa*
largo locker *es'ta 'largo*
lata Dose *'lata*
lavanderia Wäscherei *lawanda'ria*

lavar waschen *la'war*
lavatório Waschbecken *lawa'tOrio*
leite Milch *'lEitschi*
lembranças a ... ! Viele Grüße an ... !
  lem'brãBas
lençóis Bettwäsche *leñ'Bois*
ligação errada falsch verbunden
  liga'Bãu e'hada
ligação local Ortsgespräch *liga'Bãu
  lo'kau*
ligação Verbindung *liga'Bãu*
limão Limone (Zitrone) *li'mãu*
limpador de para-brisas
  Scheibenwischer *limpa'dor dJi
  para'brisas*
língua Zunge *'lingua*
linguado Seezunge *liñ'guado*
linha de ônibus Buslinie *'liñja dJi
  'Onibus*
linho Leinen *'liñjo*
líquido dos freios Bremsflüssigkeit
  'likwido dos 'frejos
lista telefônica Telefonbuch *'liBta
  tele'fOnika*
listrado horizontal quer gestreift
  li'strado orison'tau
listrado vertical   längs gestreift
  li'strado werti'kau
litro Liter *'litro*
livraria Buchhandlung *liwra'ria*
livre frei *'liwri*
livreiro Buchhändler *li'wrEiro*
locadora de automóveis
  Autovermietung *loka'dora dJi
  auto'mOwEis*
locomotiva Lokomotive *lokomo'tschiwa*
loja de artigos elétricos Elektrogeschäft
  'lOJa dJi ar'tigos e'lätrikos
loja de artigos esportivos
  Sportgeschäft *'lOJa dJi ar'tigos
  espor'tiwos*
loja de artigos fotográficos
  Fotogeschäft *'lOJa dJi ar'tigos
  foto'grafikos*
loja de artigos musicais Musikgeschäft
  'lOJa dJi ar'tigos musi'kais
loja de discos Schallplattenladen *'lOJa
  dJi 'diBkos*
loja de ferragens Eisenwarenladen
  'lOJa dJi fe'haJeñs
loja de souvenir Souvenirgeschäft
  'lOJa dJi Bouve'nir
loja de tecidos Stoffladen *'lOJa dJi
  te'Bidos*
loja Kaufhaus *'lOJa*
loja Laden *'lOJa*
lombo Filet *'lOmbo*

longe weit *'loñJi*
lotado ausgebucht *lO'tado*
lua Mond *'lua*
lugar de nascimento Geburtsort *lu'gar
  dJi naBi'mento*
lugar em pé Stehplatz *lu'gar eñ pe*
lugar sentado Sitzplatz *lu'gar Ben'tado*
lula Calamares *'lula*
lula Tintenfisch *'lula*
luz alta Fernlicht *luB 'auta*
luz do freio Bremslicht *luB do 'frejo*
luz Licht *lus*
luzes traseiras Rücklicht *'luses
  tra'sEiras*

M

maçã Apfel *ma'Bã*
macaco Affe *ma'kako*
macarrão Nudeln *maka'hãu*
maduro reif *ma'duro*
mãe Mutter *mãi*
maio Mai *'majo*
maior größer *ma'jor*
mais curto kürzer *mais 'kurto*
mais longo länger *mais 'longo*
mal cheiroso stickig *es'ta mau
  sche'roso*
mal passado blutig *'mau pa'Bado*
mala Koffer *'mala*
malária Malaria *ma'laria*
malas Gepäck *'malas*
mamão Papaia *ma'mãu*
mandioca frita fritiertes Maniok
  man'dJiOka 'frita
manga Mango *'manga*
manteiga Butter *man'tega*
mão Hand *mãu*
mapa Straßenkarte *'mapa*
máquina fotográfica Fotoapparat
  'makina foto'grafika
marcaçao Buchung *marka'Bãu*
marcar buchen *mar'kar*
marcha Gang *'marscha*
marcha lenta Leerlauf *'marscha 'lenta*
marcha-ré Rückwärtsgang *marscha'rä*
marcineiro Schreiner *marBi'nEiro*
marco alemão Deutsche Mark *'marko
  ale'mãu*
março März *'marBo*
margem Ufer *'marJeñ*

mariscos Muscheln *ma'riskOs*
mármore Marmor *'marmore*
marron braun *ma'hoñ*
martelo Hammer *mar'telo*
mate e limão Zitronentee *'matsche-e-li'mãu*
matemática Mathematik *mate'matika*
matéria Unterrichtsfach *ma'täria*
mecânico Mechaniker *me'kaniko*
medicina Medizin *medi'ßina*
médico Arzt *'mediko*
médio medium *'mädio*
meias Strümpfe *'mEias*
meio tempo Halbzeit *'mejo tempo*
melancia Wassermelone *melä'ßia*
melão Honigmelone *me'lãu*
menor kleiner *me'nor*
mercado Lebensmittelgeschäft *mer'kado*
mercado Marktplatz *mer'kado*
mergulhar tauchen *mergul'jar*
metrô U-Bahn *me'tro*
minhoca Regenwurm *miñ'jOka*
missa Gottesdienst *'mißa*
misto quente Toast mit Ei, Schinken,... *'misto 'kentschi*
mobilete Moped *mobi'lätschi*
mochila Rucksack *mu'schila*
moderno modern *mo'derno*
moeda Münze *mo'eda*
moeda Währung *mo'eda*
mole weich *'mOli*
montanha Berg *mon'tañja*
montar einbauen *mon'tar*
monumento Denkmal *monu'mento*
morango Erdbeere *mo'rango*
morar leben *mo'rar*
morar wohnen *mo'rar*
mosca Fliege *'moska*
mosquiteiro Moskitonetz *mOski'tEiro*
mosquito Mücke *mos'kito*
moto Motorrad *'mOto*
motor bate Motor klopft *mo'tor 'batsche*
motor de arranque Anlasser *mo'tor dJi a'hanke*
motor Motor *mo'tor*
motorista de ônibus Busfahrer *moto'rista dJi 'Onibus*
motorista Fahrer, Taxifahrer *moto'rista*
motorista Kraftfahrer *moto'rista*
mudança do óleo Ölwechsel *mu'dañßa do 'Oleo*
mudar auswechseln *mu'dar*
muito caro zu teuer *'muito 'karo*
muito curto zu kurz *'muito 'kurto*
muito grande zu groß *'muito 'grandJi*
muito longo zu lang *'muito 'longo*

muito obrigado(a)! Vielen Dank! *muito obri'gado(a)*
muito pequeno zu klein *'muito pe'keno*
músculo Muskel *'muskulo*
museu Museum *mu'säu*
música Musik *'musika*
música popular Popmusik *'musika popu'lar*
música romântica romantische Musik *'musika ro'mantica*
músico Musiker *'musiko*

N

na frente vorne *na 'frentschi*
na próxima semana nächste Woche *na 'proßima ße'mana*
nacionalidade Nationalität *naßionali-'dadJi*
nadar schwimmen *na'dar*
namorado/namorada (fester) Freund/Freundin *namo'rado/namo'rada*
não funciona funktioniert nicht *nãu fuñ'ßiOna*
não Nein *nãu*
não, obrigado(a)! Nein, danke! *nãu obri'gado(a)*
não-fumante Nichtraucher *nãufu'mantschi*
não-nadador Nichtschwimmer *nãu-nada'dor*
nariz Nase *na'riß*
natural natürlich, pur *natu'rau*
navalha de barba Rasiermesser *na'walja dJi 'barba*
navio Schiff *na'viu*
neblina Nebel *ne'blina*
negativo Negativ *nega'tschiwo*
nervo Nerv *'nerwo*
nível do óleo Ölstand *'niwäu do 'Oleo*
noite nachts *a'noitschi*
noivo/noiva Verlobte/Verlobter *'noiwo/'noiwa*
nome Name *nOmi*
nome Vorname *'nOmi*
nota, o papel-moeda Geldschein *'nOta, pa'päu-mo'eda*
novembro November *no'wembro*
número do quarto Zimmernummer *'numero do 'kuarto*
número do telefone Telefonnummer

'numero do tele'fone
nuvens Wolken *'nuweñs*

O

o ovo Ei *'owo*
objetiva Objektiv *obJe'tschiwa*
obrigado(a)! Danke! *obri'gado(a)*
oculista Optiker *Oku'lista*
óculos de mergulho Taucherbrille *'Okulos dJi mer'guljo*
ocupado besetzt *oku'pado*
oficina Werkstatt *ofi'ßina*
óleo diesel Diesel *'Oleo 'dJisEu*
óleo Öl *'Oleo*
olho Auge *'oljo*
olho de gato Rückstrahler *'oljo dJi 'gato*
ombro Schulter *'ombro*
onça Jaguar *'oñßa*
onda Welle *'Onda*
ondas Wellen *'ondas*
ônibus Bus *'Onibus*
ontem gestern *'onteñ*
ópera Oper *'Opera*
operação Operation *opera'ßãu*
operário Arbeiter *ope'rario*
orelha Ohr *o'relja*
orelhão Telefonzelle *orel'jãu*
órgão Orgel *'Or'gão*
orrente Währung *ko'hentschi*
os arredores Umgebung *ahe'dores*
osso Knochen *'oßo*
ostras Austern *'ostras*
outono Herbst *ou'tono*
outubro Oktober *ou'tubro*
ouvir hören *u'wir*

P

padaria Bäckerei *pada'ria*
padeiro Bäcker *pa'dEiro*
padrão Muster *pa'drãu*
padre Pfarrer *'padre*

pagar bezahlen *pa'gar*
pai Vater *pai* .
pais Eltern *pais*
palácio Palast *pa'laßio*
panorama Aussicht *pano'rama*
pão Brot *'pãu*
pão com manteiga Brot mit Margarine *'pãu koñ mañ'tEiga*
papagaio Papagei *papa'gajo*
papel higiénico Toilettenpapier *pa'päu hi'Jieniko*
papelaria Schreibwarenladen *papela'ria*
paquerar flirten *pake'rar*
pára-brisa Windschutzscheibe *'para'brisa*
pára-choques Stoßstange *para'schokes*
Parabéns! Herzlichen Glückwunsch! *para'beñs*
parafuso Schraube *para'fuso*
parar anhalten *pa'rar*
parque Park *'parke*
partido gebrochen *par'tschido*
partir abreisen, losfahren *par'tschir*
passagem Fahrkarte *pa'ßaJeñ*
passaporte Reisepass *paßa'pOrtschi*
pássaro Vogel *'paßaro*
passear a pé spazieren gehen *paße'ar a pä*
pastilha do freio Bremsbelag *pas'tilja do 'frejo*
patinando schleift *es'ta patschi'nando*
pátio Hof *'patschio*
pato Ente *'pato*
pé de cabra Brecheisen *pe dJi 'kabra*
pé Fuß *pe*
pé zu Fuß *a pe*
peça sobressalente Ersatzteil *'peßa ßobreßa'lentschi*
pedaço Stück *pe'daßo*
pedra sabão Seifenstein *'pädra ßa'bãu*
pedreiro Maurer *pe'drEiro*
peito Brust *'pEito*
peito de galinha Hünerbrust *pEito dJi ga'liñja*
peixaria Fischhalle *pescha'ria*
peixe Fisch *'peschi*
pela manhã morgens *'pela mã'ja*
pele Haut *'peli*
pênalti Elfmeter *pe'nauti*
pensão completa Vollpension *peñ'ßãu kOm'pleta*
penteado Frisur *pentsche'ado*
pequeno klein *pe'keno*
pêra Birne *'pera*
Perdão! Verzeihung! *per'dãu*

permanente Dauerwelle *perma'nentsche*

perna Bein *'perna*

pernoitar übernachten *pernoi'tar*

pernoite Übernachtung *per'noitschi*

perto de meio-dia gegen Mittag *'perto dJi mejo'dJia*

perto nah *'perto*

peru Puter *pe'ru*

peru Truthahn *pe'ru*

pés-de-pato Taucherflossen *päs dJi 'pato*

pescador Fischer *peska'dOr*

pescoço Hals *peß'koßo*

peso Gewicht *'peso*

pêssego Pfirsich *'peßego*

pia Waschbecken *'pia*

piada Witz *pi'ada*

picolé Eis am Stil *piko'lä*

piloto Pilot *pi'loto*

pílula Pille *'pílula*

pinga Zuckerrohrschnaps *'pinga*

pintar färben *pin'tar*

pintor Maler *pin'tOr*

pintura Gemälde *pin'tura*

piranha Piranha *pi'rañja*

pisca-alerta Warnblinkanlage *'pißka a'lerta*

pisca-pisca Blinker *'pißka'pißka*

piscina Schwimmbad *pi'ßina*

placa de trânsito Verkehrsschild *'plaka dJi 'transito*

placa Nummernschild *'plaka*

plástico Kunststoff *'plastiko*

plataforma Bahnsteig *plata'fOrma*

plug Stecker *plug*

pneu Reifen *'pnEu*

pneus furados Reifenpanne *'pnEus fu'rados*

podre faul *'podre*

polenta frita Polente (mit Maismehl) *po'lenta 'frita*

polícia Polizei *po'lißja*

policial Polizist *poli'ßjau*

poltrona Sitz (Platz) *pOl'trOna*

poltrona traseira Rücksitz *pou'trona tra'sEira*

polvo Krake *'polwo*

pombo Taube *'pombo*

ponte Brücke *'pontschi*

ponto (de ônibus) Haltestelle *'pOnto*

ponto de táxi Taxistand *'ponto dJi 'taxi*

ponto final Endstation *'pOnto fi'nau*

pontual pünktlich *pontu'au*

popa Heck *'popa*

porca Mutter *'pOrka*

porco Schwein *'pOrco*

porco Schwein *porko*

porta Tür *'porta*

porta-mala Kofferraum *pOrta'mala*

portal Tor *por'tau*

portão Gate, Tor *por'tão*

porte Porto *'portsche*

porto Hafen *'porto*

posta restante postlagernd *'posta res'tantsche*

postal ilustrado Ansichtskarte *pos'tau ilus'trado*

postal Postkarte *pos'tau*

posto de gasolina Tankstelle *'posto dJi gaso'lina*

praça Platz *'praßa*

praia Strand *'praja*

prancha de surf Surfboard *'präscha dJi 'ßörf*

prateado/a silber *prate'ado/a*

prato Teller *'prato*

preço da corrida Fahrpreis *'preßo da ko'hida*

preço da passagem Fahrpreis *'preßo da pa'ßaJeñ*

preço Preis *'preßo*

prefeito Bürgermeister *pre'fEito*

prefeitura Rathaus *prfEi'tura*

prefixo Vorwahl *pre'fikßo*

prender verhaften *pren'der*

pressão do pneu Reifendruck *pre'ßãu do 'pnEu*

preto/a schwarz *'preto/a*

primavera Frühling *prima'wera*

primeira classe 1. Klasse *pri'mEira 'klaßi*

primeira marcha erster Gang *pri'mEira 'marscha*

primo/prima Cousin/Cousine *'primo/prima*

prisão Gefängnis *pri'sãu*

proa Bug *'proa*

professor/a Lehrer/Lehrerin *profe'ßOr/a*

profissão Beruf *profi'ßãu*

programação Veranstaltung *programa'ßãu*

provar anprobieren *pro'war*

psicologia Psychologie *psikOlo'Jia*

pulga Floh *'pulga*

pulmão Lunge *pu'mãu*

Q

quadro Bildnis *'kuadro*
quantia Betrag *'kuantia*
quarta-feira Mittwoch *'kuarta'fEira*
quarto com duas camas Zweibettzimmer *dJi duas 'kamas*
quarto de casal Doppelzimmer *dJi ka'sãu*
quarto de solteiro Einzelzimmer *dJi ßou'tEiro*
quarto Zimmer *'kuarto*
quebrado gebrochen *ke'brado*
quebrado kaputt *es'ta ke'brado*
queijinho frito fritierter Käse *kEi'Jiñjo 'frito*
queijo Käse *'keJo*
queimado durchgebrannt *kEi'mado*
queimadura Sonnenbrand *kEima'dura*
queixo Kinn *'kEi'scho*
quente heiß *'kentschi*
quilo Kilo *'kilo*
química Chemie *'kimika*
químico Chemiker *'kimiko*
quinta-feira Donnerstag *'kinta'fEira*

R

rabada Ochsenschwanz *ha'bada*
radiador Kühler *radia'dor*
rádio Radio *'hadio*
radiografia Röntgenaufnahme *radiogra'fia*
radiotáxi Funktaxi *radio'taxi*
rato Maus, Ratte *'rato*
rebocar abschleppen *rebo'kar*
recepção Reception *heßep'ßãu*
recibo Bon *re'ßibo*
recibo Quittung *re'ßibo*
rede Hängematte *'hädJi*
refletor Rückstrahler *refle'tor*
refogado gedünstet *refo'gado*
refrigerantes Erfrischungsgetränke *refriJe'rantschi*
relâmpago Blitz *re'lãmpago*
religião Religion *reli'Jiãu*
relógio Uhr *re'lOJio*

relojoeiro Uhrmacher *reloJo'Eiro*
remetente Absender *reme'tentsche*
remeter nachsenden *reme'ter*
reservar reservieren *reser'war*
reservatório para o óleo Ölwanne *reserwa'tOrio para o 'Oleo*
residência permanente Wohnsitz *resi'dentschi eñ*
restaurante Restaurant *restau'rantschi*
retrovisor Rückspiegel *retrowi'sor*
revelar entwickeln *rewe'lar*
revendedor de bebidas Spirituosenhandlung *rewen'dedor dJi be'bidas*
rever wiedersehen *re'wer*
revólver Pistole *re'wOlwer*
rio Fluß *hio*
roda dianteira Vorderrad *'hOda dJian'tEira*
roda Rad *'hOda*
roda traseira Hinterrad *'hOda tra'sEira*
rolamento de esferas Kugellager *rola'mento dJi es'feras*
romanística Romanistik *roma'nistika*
rosto Gesicht *'osto*
rótula Kniescheibe *'rotula*
roubo Diebstahl *'roubo*
roubou er raubte *rou'bou*
roupas Bekleidung *'roupas*
roxo/a violett *'roscho/a*
rua asfaltada befestigte Straße *hua asfau'tada*
rua Straße *hua*
ruim abgenutzt *ru'iñ*
ruína Ruine *ru'ina*

S

sábado Samstag *'ßabado*
sabonete Seife *ßabo'netschi*
saco de dormir Schlafsack *'ßako dJi dOr'mir*
saia Rock *'ßaja*
saída Ausgang *ßa'ida*
saída de emergência Notausgang *ßa'ida dJi emer'JenßJia*
sair ausgehen *ßa'ir*
sair aussteigen *ßa'ir*
sal Salz *ßau*
sala de espera Wartesaal *'ßala dJi es'pära*

salada mista gemischter Salat *Ba'lada 'mista*
salada Salat *Ba'lada*
salão de beleza Friseur (Schönheitssalon) *Ba'lãu dJi be'lesa*
salão de beleza Friseursalon *Ba'lãu dJi be'lesa*
salgadinhos Snacks in Teig *Bauga'dJiñjos*
salmão Lachs *Bau'mãu*
salsicha Wurst *Bau'Bischas*
saltar aussteigen *Bau'tar*
salva-vidas Rettungsschwimmer *'Bauwa'widas*
Samba Samba *'Bamba*
sandália Sandale *Ban'dalia*
sanduíche/sandwich belegtes Brot *Bañd'wisch*
sangue Blut *'Bange*
sapataria Schuhgeschäft *Bapata'ria*
sapateiro Schuhmacher *Bapa'tEiro*
sapato Schuh *Ba'pato*
sapo Frosch *'Bapo*
sardinhas Sardinen *Bar'dJiñjas*
saudação Begrüßung *Bauda'Bãu*
saudar begrüßen *Bau'dar*
Saúde ! Gesundheit !, Prost ! *Ba'udJi*
secar föhnen *Be'kar*
secretária Sekretärin *Bekre'taria*
século Jahrhundert *'Bäkulo*
seda Seide *'Beda*
segunda classe 2. Klasse *pri'mEira 'klaBi*
segunda-feira Montag *Be'gunda'fEira*
seguro Versicherung *Be'guro*
selo Briefmarke *'Belo*
selo especial Sondermarke *'Belo espe'Biau*
sem ohne *'Beñ*
semáforo Ampel *Be'maforo*
semana Woche *Be'mana*
sentar sitzen *Ben'tar*
sentir frio frieren *Ben'tir 'frio*
sepultura Grab *sepul'tura*
serralheiro Schlosser *Behau'jEiro*
sertaneja Volksmusik *Berta'neJa*
serviço Bedienung *Ber'wiBo*
setembro September *Be'tembro*
sexta-feira Freitag *'Besta'fEira*
shopping center Shopping Center *'schoping 'Benter*
show ao ar livre Open Air Konzert *scho ao ar 'liwri*
show de rock Rockkonzert *scho dJi 'oki*
show Show *scho*
sim ja *Biñ*

sinal Ampel *Bi'nau*
sino Glocke *'sino*
sintético Synthetik *sin'tätico*
snurkle Schnorchel *'Bnurkle*
sobremesa Nachtisch *BObre'mesa*
sobrinha Nichte *BO'briñja*
sobrinho Neffe *BO'briñjo*
sol Sonne *'Bou*
solteiro ledig *Bou'tEiro*
sombra Schatten *'Bõmbra*
sopa Suppe *'Bopa*
sorvete Eis *Bor'wetschi*
steak Steak *'steek*
suar schwitzen *'Buar*
subúrbio Vorort *Bub'urbio*
suco Fruchtsaft *'Buko*
suco Fruchtsaft *'Buko*
sucurí Anakonda *Buku'ri*
sujeito a declaração zollpflichtig *Bu'JEito a deklara'Bãu*
sujo verschmutzt *'BuJo*
super-aquecendo überhitzt *Buperake'Bendo*
supermercado Supermarkt *Bupermer'kado*
surfar surfen *Bör'far*
suspensão Federung *suspen'Bãu*

T

tabacaria Tabakladen *tabaka'ria*
tabela de preço Umrechnungstabelle *ta'bela dJi 'preBo*
tamanduá Ameisenbär *tamandu'a*
tamanho Größe (bei Kleidung) *ta'mãjo*
tambor do freio Bremstrommel *tam'bor do 'frejo*
tampa do radiador Kühlerdeckel *'tampa do radia'dor*
tarântula Vogelspinne *ta'rantula*
tarde abends *a'tardJi*
tartaruga Schildkröte *tarta'ruga*
taxa de viagem Flughafensteuer *'tascha*
táxi Taxi *'taxi*
tchau Tschüß ! *'tschau*
teatro Theater *te'atro*
tecido Stoff *te'Bido*
técnico Techniker *'täkniko*
telefonar telefonieren, anrufen *telefo'nar*
telefone Telefon *tele'foni*

telegrama Telegramm *tele'grama*
televisão Fernsehen *telewi'sãu*
tempo Wetter *'tempo*
tênis Turnschuh *'tenis*
terça-feira Dienstag *'terßa'fEira*
terno Anzug *'terno*
tesoura Schere *te'soura*
testa Stirn *'testa*
tia Tante *'tschia*
ticket Ticket *'tiket*
tifo Typhus *'tifo*
time Mannschaft *'tschimi*
tinturaria Reinigung *tintura'ria*
tio Onkel *'tschio*
tirar fotografias fotografieren *tschi'rar fotogra'fias*
tiro de meta Abstoß *'tschiro dJe 'mäta*
tiro livre Freistoß *'tschiro 'liwri*
todos os dias täglich *'todosos 'dJias*
tomada Steckdose *to'mada*
tomar banho baden *to'mar 'bãjo*
tomar nehmen/einnehmen *to'mar*
torcida Fan *tOr'ßida*
torneira Wasserhahn *tor'nEira*
torre Turm *'tohe*
tranquilo/mais tranquilo ruhig/ruhiger *trañ'kuillo/mais trañ'kuillo*
trânsito interrompido Straßensperre *'transito*
travesseiro Kopfkissen *trawe'ßEiro*
trem Bahn, Zug *treñ*
tribunal de justiça Gericht *tribu'nau dJi Jus'tißa*
tricotado gestrickt *triko'tado*
tripé Stativ *tri'pä*
tripulação Besatzung *tripula'ßãu*
trocar wechseln (Kleingeld) *tro'kar*
trovão Donner *tro'wãu*
trovoada Gewitter *trowo'ada*
tubarão Haifisch *tuba'rãu*
tubeira Düse *tu'bEira*
tubo de admissão Benzinleitung *'tubo dJi gaso'lina*
Tudo de bom ! Alles Gute ! *'tudo dJi boñ*
túmulo Grab *'tumulo*
túnel Tunnel *'tunEu*

U, V

ultrapassar überholen *ultrapa'ßar*
universidade Universität *uniwersi'dadJi*
urina Urin *u'rina*
urubu Geier *uru'bu*
uvas Trauben *'uwas*
vaca Kuh *'waka*
vacina Impfung *wa'ßina*
vagão Wagon *wa'gãu*
válido gültig *'walido*
válvula Ventil *'wauwula*
varanda Balkon *wa'randa*
vazando undicht *wa'sando*
veado Hirsch *we'ado*
vedação Dichtung *weda'ßãu*
vela Zündkerze *'wela*
velocímetro Tachometer *welo'ßimätro*
vendedor Verkäufer *wen'dedor*
ventilador Ventilator *wentila'dOr*
vento Wind *'wento*
verão Sommer *we'rãu*
verde grün, unreif *'werdJi*
verdureiro Gemüsehändler *werdu'rEiro*
vermelho/a rot *wer'meljo/a*
vestibular Abitur *westschibu'lar*
veterinário Tierarzt *weteri'nario*
viação de ônibus Busgesellschaft *wia'ßãu dJi 'Onibus*
viaduto Hochstraße *wia'duto*
viagar de carona trampen *wia'Jar dJi ka'rOna*
viagem de barco Bootsfahrt *wi'aJeñ*
vibrando vibriert *wi'brando*
vinho Wein *'wiñjo*
virar wenden *wi'rar*
visita à cidade Stadtrundfahrt *wi'sita a ßi'dadJi*
visita Besichtigung *wi'sita*
visitar besichtigen, besuchen *wisi'tar*
visto de permanência Aufenthaltsge-nehmigung *'wisto dJi perma'neñßia*
visto Visum *'wisto*
vitela Kalb *wi'täla*
vitrine Vitrine *wi'trine*
viver leben *wi'wer*
voar fliegen *wo'ar*
vodka Wodka *'wOdka*
volante Lenkrad *wo'lantschi*
volta Rückreise *'wouta*
volta Rundfahrt *'wouta*
voltagem Netzspannung *wou'taJeñ*
voltar wiederkommen *wou'tar*
vôo domestico Inlandsflug *wou*

do'mestiko
vôo internacional Internationaler Flug
  wou internaßio'nau
vovó Oma *wO'wO*
vovô Opa *wO'wo*

X

xadrez kariert *'schadres*
xarope Hustensaft *scha'rOpi*
xelim austríaco Schilling *sche'liñ*
  aus'triako
xícara Tasse *'schikara*

1. Klasse *pri'mEira 'klaßi* primeira classe
2. Klasse *pri'mEira 'klaßi* segunda classe

A

abbiegen (rechts / links) *en'trar a di'rEita/eß'kerda* entrar à direita/esquerda
Abendessen *Jan'tar* o jantar
abends *a'noitschi* à noite
abends *a'tardJi* à tarde
abgenutzt *ru'iñ* ruim
abholen *buß'kar* buscar
Abitur *westschibu'lar* o vestibular
ablegen *par'tschir* partir
Abpfiff *'apito fi'nau* o apito final
abreisen *par'tschir* partir
Abschied *despe'dJida* a despedida
abschleppen *rebo'kar* rebocar
Abseits *impedi'mento* o impedimento
absenden *eñwi'ar* enviar
Absender *reme'tentsche* o remetente
Abstoß *'tschiro dJe 'mäta* o tiro de meta
Abzug *'kOpia* a cópia
Abzüge machen *fa'ser 'kOpias* fazer cópias
Achse *'Eischo* o eixo
Adapter-Stecker *beñJa'miñ* o benjamim
Adresse *ende'reßo* o endereço
Affe *ma'kako* o macaco
Alkohol *'auko* o álcool
Alles Gute ! *'tudo dJi boñ* Tudo de bom !
Altar *au'tar* o altar
Altstadt *ßi'dadJi 'welja* a cidade velha
am Wochenende *no 'fiñ da ße'mana* no fim de semana
Ameise *for'miga* a formiga
Ameisenbär *tamandu'a* o tamanduá
Ampel *ßi'nau/ße'maforo* o sinal/o semáforo
Anakonda *ßuku'ri* a sucuri
Ananas *abaka'schi* o abacaxi
Angestellter *empre'gado/fuñßio'nario* empregado/funcionário
anhalten *pa'rar* parar
Anker *'ankora* a âncora
ankommen *sche'gar* chegar
Ankunft *sche'gada* a chegada
Anlasser *mo'tor dJi a'hanke* o motor de arranque

anlegen *anko'rar* ancorar
Anleger *ankora'douro* o ancoradouro
Anpfiff *'apito ini'ßiau* o apito inicial
anprobieren *pro'war* provar
anrufen *telefo'nar* telefonar
Anschluß/Verbindung *kone'ßau* a conexão
anschnallen *kolo'kar o 'ßinto dJi ßegu'rañßa* colocar o cinto de segurança
Ansichtskarte *pos'tau ilus'trado* o postal ilustrado
Anzeige *de'nuñßia* a denúncia
anzeigen *denuñ'ßiar* denunciar
anziehen *aper'tar* apertar
Anzug *'terno* o terno
Apartment *aparta'mento* o apartamento
Aperitiv *aperi'tschiwos* Aperitivos
Apfel *ma'ßã* a maçã
Apotheke *far'maßia* a farmácia
Apotheker *farma'ßeutico* farmacêutico
April *a'briu* Abril
Arbeiter *ope'rario* operário
Archäologe *arke'oloJo* arqueólogo
Architekt *arki'teto* arquiteto
Architektur *arkitä'tura* arquitetura
Arm *'braßo* o braço
Arzt *'mediko* o médico
Auf Wiedersehen ! *a'deus/a'tä 'lOgo* Adeus/Até logo
Aufenthaltsgenehmigung *'wisto dJi perma'neñßia* o visto de permanência
Aufführung *apresenta'ßãu* a apresentação
aufladen *kahe'gar* carregar
auflegen *desli'gar* desligar
Aufnahme *fotogr'fia* a fotografia
Aufzug *elewa'dor* o elevador
Auge *'oljo* o olho
Augenfarbe *kor dos 'oljos* a cor dos olhos
August *a'gosto* Agosto
ausbauen *desmon'tar* desmontar
Ausflug *eskur'sãu* a excursão
Ausgang *ßa'ida* a saída
ausgebucht *lO'tado* lotado
ausgehen *ßa'ir* sair
Auspuff *eß'kape* o escape
Aussicht *pano'rama* o panorama
aussteigen *ßau'tar, de'ßer, ßa'ir* saltar, descer, sair
Ausstellung *esposi'ßãu* a exposição
Austern *'ostras* ostras
auswechseln *mu'dar* mudar
auswuchten *ekili'brar* equilibrar
Auto *'kaho* o carro
Autobahn *autoe'strada* auto-estrada

Autovermietung *loka'dora dJi auto'mOwEis* a locadora de automóveis

B

Bäcker *pa'dEiro* padeiro
Bäckerei *pada'ria* a padaria
Badehose *kau'ßau dJi 'bâjo* o calção de banho
Badelatschen *schin'nelos* os chinelos
baden *to'mar 'bâjo* tomar banho
Badezimmer *bañ'jEiro* o banheiro
Bahn *treñ* o trem
Bahnhof *esta'ßau fâho'wiaria* a estação ferroviária
Bahnsteig *plata'fOrma* a plataforma
Balkon *wa'randa* a varanda
Ball *'baile* o baile
Banane *ba'nana* a banana
Bank *'banko* o banco
barock *ba'hoko* barroco
Bart *'barba* a barba
Batterie *bate'ria* a bateria
Batterieflüssigkeit *'agua dJi bate'ria* a água da bateria
Bauch *ba'higa* a barriga
Bauingenieur *enJen'jEiro ßi'wiu* engenheiro civil
Baumwolle *algo'dâu* o algodão
Beamter *fuñßio'nario 'publiko* funcionário público
Becher *'kOpo* o copo
Bedienung *ßer'wißo* o serviço
Beefsteak *'bifi* bife
befestigte Straße *hua asfau'tada* a rua asfaltada
begrüßen *ßau'dar* saudar
Begrüßung *ßauda'ßâu* a saudação
Beifahrer *akompañ'jantsche* o acompanhante
beige *'bEiJe* beige
Beilagen *ßuple'mentos/guarni'ßois* Suplementos, Guarnições
Bein *'perna* a perna
Bekleidung *'roupas* as roupas
belegtes Brot *ßañd'wisch* sanduíche / sandwich
Benzin *gaso'lina* a gasolina
Benzinkanister *ga'lâo (dJi gaso'lina)* o galão (de gasolina)
Benzinleitung *'tubo dJi gaso'lina* o tubo de admissão
Benzinpumpe *'bOmba dJi gaso'lina* a bomba de gasolina
Berg *mon'tañja* a montanha
Beruf *profi'ßâu* a profissão
Berufsschule *eß'kOla prOfißionali'santschi* a escola profissionalisante
Besatzung *tripula'ßâu* a tripulação
beschädigt *awar'jado* avariado
Bescheinigung *ßertifi'kado* o certificado
beschleunigen *aßele'rar* acelerar
besetzt *oku'pado* ocupado
besichtigen *wisi'tar* visitar
Besichtigung *wi'sita* a visita
Bestimmungsort *des'tschino* o destino
besuchen *wisi'tar* visitar
Betrag *'kuantia* a quantia
Betriebswirtschaft *administra'ßâu dJi em'presas* administração de empresas
Bett *'kama* a cama
Bettdecke *'kOlscha* a colcha
Bettwäsche *leñ'ßois* os lençóis
bezahlen *pa'gar* pagar
Bier *ßer'weJa* cerveja
Bikini *bi'kini* o biquíni
Bildhauer *eskul'tOr* o escultor
Bildnis *'kuadro* o quadro
billig *ba'rato* barato
billig/billiger *ba'rato/mais ba'rato* barato/mais barato
Biologie *biolo'Jia* biologia
Birne *'pera* a pêra
Bis bald ! *a'tä 'bräwi* até breve
Bis morgen ! *a'tä amã'ja* até amanhã
Bis später ! *a'tä mais 'tardJi* até mais tarde
Bitte ! *dJi 'nada* de nada !
blau *a'su* azul
Blinddarm *a'pändiße* o apêndice
Blinker *'pißka'pißka* o pisca-pisca
Blitz/Donner *re'lâmpago/tro'wâu* o relâmpago/o trovão
Blitzgerät *'fläsch* o flash
blockiert *bloke'ado* bloqueado
Bluse *'blusa* a blusa
Blut *'ßange* o sangue
blutig *'mau pa'ßado* mal passado
Boa *Ji'bOja* a jibóia
Bohne *fEi'Jâo* o feijão
Bon *re'Bibo* recibo
Boot *'barko* o barco
Bootsfahrt *wi'aJeñ* a viagem de barco
Boutique *bou'tiki* a boutique
brasilianisch *brasi'lEiro* brasileiro
braun *ma'hoñ* marron

Brecheisen *pe dJi 'kabra* o pé de cabra
Bremsbelag *pas'tilja do 'frejo* a pastilha do freio
Bremse *'frejo* o freio
bremsen *fre'ar* frear
Bremsflüssigkeit *'likwido dos 'frejos* o líquido dos freios
Bremslicht *luß do 'frejo* a luz do freio
Bremstrommel *tam'bor do 'frejo* o tambor do freio
Brief *'karta* a carta
Briefmarke *'ßelo* o selo
Briefträger *kar'tEiro* o carteiro
Briefumschlag *enwe'lOpe* o envelope
Brot *'pãu* o pão
Brot mit Margarine *'pãu koñ mañ'tEiga* pão com manteiga
Bruch *fra'tura* a fratura
Brücke *'pontschi* a ponte
Bruder/Schwester *ir'mãu/irmã* o irmão/a irmã
Brunnen *'fontschi* a fonte
Brust *'pEito* o peito
buchen *mar'kar* marcar
Buchhalter *kontabi'lista* contabilista
Buchhändler *li'wrEiro* o livreiro
Buchhandlung *liwra'ria* a livraria
Bucht *'baja* a baía
Bug *'proa* a proa
bunt *kolo'rido/a* colorido/a
Burg *kas'telo* o castelo
Bürgermeister *pre'fEito* o prefeito
Bus *'Onibus* o ônibus
Busbahnhof *esta'ßãu hodo'wiaria* a estação rodoviára
Busfahren *an'dar dJi 'Onibus* andar de ônibus
Busfahrer *moto'rista dJi 'Onibus* motorista de ônibus
Busgesellschaft *wia'ßãu dJi 'Onibus* a viação de ônibus
Buslinie *'liñja dJi 'Onibus* a linha de ônibus
Butter *man'tega* a manteiga

C

Caipirinha mit Rum *kaipi'rißima* caipiríssima
Calamares *kala'mares/'lula* calamares/lula

Campari *kam'pari* campari
Chartermaschine *'scharter* a charter
Chemie *'kimika* química
Chemiker *'kimiko* químico
Christ *kris'tãu* o cristão
Cola *'kOca* a coca
Cousin/Cousine *'primo/prima* o primo/a prima
creme *'krämi* creme

D

Damen/Herren *'omeñs/mul'jeres* homens/mulheres
Danke ! *obri'gado(a)* obrigado(a) !
Darm *intes'tinos* os intestinos
Dauerwelle *perma'nentsche* o permanente
defekt *defEitu'oso* defeituoso
Delphin *gol'fiño* o golfinho
Denkmal *monu'mento* o monumento
Deutsche Mark *'marko ale'mãu* o marco alemão
Dezember *de'ßembro* Dezembro
Diafilm *'fiumi dJi 'BlaidJi* o filme de slide
Dichtung *weda'ßãu* a vedação
Dieb *la'drãu* o ladrão
Diebstahl *'roubo* o roubo
Dienstag *'terßa'fEira* terça-feira
diese Woche *'esta ße'mana* esta semana
Diesel *'Oleo 'dJisEu* o óleo diesel
Disko *'dißko* o disco
Dollar *do'lar* o dólar
Dolmetscher *in'tärpretschi* o intérprete
Dom *kate'drau* a catedral
Donnerstag *'kinta'fEira* quinta-feira
Doppelzimmer *dJi ka'sãu* o quarto de casal
Dose *'lata* a lata
Drogerie *droga'ria* a drogaria
durchgebrannt *kEi'mado* queimado
durchgebraten *beñ pa'ßado* bem passado
Dusche *'duscha* a ducha
Düse *tu'bEira* a tubeira
Dutzend *'dusia* a dúzia

E

Eckstoß *eßkan'tEio* o escanteio
Ehemann/Ehefrau *äß'poso/äß'posa* o esposo/a esposa
Ei *'owo* o ovo
Eidechse *lar'gato* o largato
Eilbrief *'karta es'preßa* a carta expressa
einbauen *mon'tar* montar
einfaches Hotel *o'täu ßimples* hotel simples
Einfahrt *en'trada* a entrada
Eingang *en'trada* a entrada
einlösen *deßkon'tar* descontar
Einschreiben *'karta reJis'trada* a carta registrada
Einspritzpumpe *'bOmba dJi inJe'ßäu* a bomba de injeção
einsteigen *embar'kar, en'trar* embarcar, entrar
einstellen *aJus'tar* ajustar
Eintrittskarte *en'trada* a entrada
Einzelzimmer *dJi ßou'tEiro* o quarto de solteiro
Eis am Stil *piko'lä* o picolé
Eis *ßor'wetschi* o sorvete
Eisenbahn *treñ* o trem
Eisenwarenladen *'lOJa dJi fe'haJeñs* a loja de ferragens
Elektriker *elektri'ßista* eletricista
Elektrogeschäft *'lOJa dJi ar'tigos e'lätrikos* a loja de artigos elétricos
Elektrotechnik *eletro'täknika* eletrotécnica
Elfmeter *pe'nauti* o pênalti
Ellbogen *koto'welo* o cotovelo
Eltern *pais* os pais
Endstation *'pOnto fi'nau* o ponto final
Entdecker *deskobri'dor* o descobridor
Ente *'pato* o pato
Entfernung *dis'täßja* a distância
entleeren *eswa'siar* esvaziar
Entschuldigung ! *diß'kupe* Desculpe !
entwickeln *rewe'lar* revelar
er raubte *rou'bou* roubou...
Erbsen *er'wijas* as ervilhas
Erdbeere *mo'rango* o morango
Erdnuß *amendo'iñ* o amendoim
Erfrischungsgetränke *refriJe'rantschi* o refrigerantes
Eroberer *konkista'dor* o conquistador
Ersatzteil *'peßa ßobreßa'lentschi* a peça sobressalente
erster Gang *pri'mEira 'marscha* a primeira marcha
essen *'komer* comer
(zu Mittag) essen *aumo'ßar* almoçar
Etage *an'dar* o andar
Exkursion *eskur'säu* a excursão

F

Fähre *'baußa* a balsa
fahren (steuern) *diri'Jir* dirigir
fahren nach *ir 'para* ir para
Fahrer *moto'rista* o motorista
Fahrgestell *scha'ßi* o chassi
Fahrkarte *pa'ßaJeñ* a passagem
Fahrkartenschalter *biljete'ria* a bilheteria
Fahrplan *o'rario dJi par'tida* o horário de partida
Fahrpreis *'preßo da ko'hida* o preço da corrida
Fahrpreis *'preßo da pa'ßaJeñ* o preço da passagem
Fahrrad *bißi'kläta* a bicicleta
Fahrstuhl *elewa'dor* o elevador
Fahrt *ko'hida* a corrida
falsch verbunden *liga'ßäu e'hada* a ligação errada
Familie *fa'milja* a família
Familienstand *e'stado ßi'wiu* o estado civil
Fan *tOr'ßida* a torcida
Farbe *kor* a cor
färben *pin'tar* pintar
Farbfilm *'fiumi kolo'rido* o filme colorido
Fassade *fa'schada* a fachada
faul *'podre* podre
Faultier *'bischo pre'gißa* o bicho-preguiça
Februar *fewe'rEiro* Fevereiro
Federung *suspen'ßäu* a suspensão
Fehlzündung *'falja da igni'ßäu* falha da ignição
Feige *'figo* o figo
Felge *'aro da 'hOda* o aro da roda
Fenster *Ja'nela* a janela
Ferngespräch *interur'bana* o interurbano
Fernlicht *luß 'auta* a luz alta
Fernsehen *telewi'säu* a televisão
Filet *'lOmbo, fi'lä* o lombo, filé
Film *'fiumi* o filme

filmen *fiu'mar* filmar
Filmkamera *fiuma'dora* a filmadora
Finger *'dedo* o dedo
First-Class Hotel *o'täu de pri'mEira* hotel de primeira
Fisch *'peschi* o peixe
Fischer *peska'dOr* pescador
Fischhalle *pescha'ria* a peixaria
Flanell *fla'nela* a flanela
Flasche *ga'hafa* a garrafa
Fleisch *'karne* a carne
Fleisch vom ... *'karne dJi '* carne de ...
Fleischerei *a'Bouge* o açougue
Fliege *'moska* a mosca
fliegen *wo'ar* voar
flirten *pake'rar* paquerar
Floh *'pulga* a pulga
Flughafen *aero'porto* o aeroporto
Flughafensteuer *'tascha* a taxa de viagem
Flugzeug *a'wiãu* o avião
Fluß *hio* o rio
Flußarm *'braBo do hio* o braço do rio
föhnen *Be'kar* secar
Formular *formu'lario* o formulário
Förster *'guarda flOreß'tau* guarda-florestal
Foto *fotogra'fia* a fotografia
Fotoapparat *'makina foto'grafika* a máquina fotográfica
Fotogeschäft *'lOJa dJi ar'tigos foto'grafikos* a loja de artigos fotográficos
fotografieren *fotogra'far, tschi'rar fotogra'fias* fotografar, tirar fotografias
Foul *'fauta* a falta
frankieren *franke'ar* franquear
frei *'liwri* livre
Freistoß *'tschiro 'liwri* o tiro livre
Freitag *'Besta'fEira* sexta-feira
Freund/Freundin *a'migo/a'miga* o amigo/a amiga
(fester) Freund/Freundin *namo'rado/namo'rada* o namorado/a namorada
Friedhof *Bemi'tärio* o cemitério
frieren *Ben'tir 'frio* sentir frio
frisch *'freßko* fresco
Friseur (Damen-) *kabelEi'rEiro* o cabeleireiro
Friseur (Herren-) *bar'bEiro* o barbeiro
Friseur (Schönheitssalon) *Ba'lãu dJi be'lesa* o salão de beleza
Friseursalon *Ba'lãu dJi be'lesa* salão de beleza
frisieren *fa'ser a 'barba* fazer escova
Frisur *pentsche'ado* penteado

fritierter Käse *kEi'Jiñjo 'frito* queijinho frito
fritiertes Maniok *man'dJiOka 'frita* mandioca frita
Frosch *'Bapo* o sapo
Fruchtsaft *'Buko* o suco
Frühling *prima'wera* a primavera
Frühstück *ka'fä da mã'ja* o café da manhã
frühstücken *ka'fä dJi mã'ja* o café da manhã
Führerschein *kar'tEira dJi moto'rista* a carteira de motorista
Funktaxi *radio'taxi* o radiotáxi
funktioniert nicht *nãu fuñ'BiOna* não funciona
Fuß *pe* o pé
Fußball *futschi'bOl* o futebol
Fußballspiel *'Jogo dJi futschi'bOl* o jogo de futebol
Fußballstadion *o 'kampo dJi futschi'bOl* o campo de futebol
Fußweg *kalBa'däu/kal'Bada* o calçadão/a calçada

G

Gabel *'garfo* o garfo
Galerie *gale'ria* a galeria
Gang *'marscha* a marcha
Gangschaltung *'kambio* o câmbio
Gans *'ganBo* ganso
Garage *gara'Jeñ* a garagem
Garnelen *kama'rôis* camarões
Gärtner *JardJi'nEiro* jardineiro
Gaskocher *foga'rEiro* o fogareiro
Gaspedal *aBelera'dor* o acelerador
Gate *por'tão* o portão
gebacken *'frito* frito
Gebäude *edi'fißjo* o edifício
gebraten *a'Bado* assado
gebrochen *par'tschido/ke'brado* partido/quebrado
Geburtsort *lu'gar dJi naßi'mento* o lugar de nascimento
Geburtstag *'dJia dJi naßi'mento* a data de nascimento
gedünstet *refo'gado* refogado
Gefängnis *pri'sãu* o prisão
Geflügel *'awes* aves

gefrohren *koñJe'lado* congelado
gegen Mittag *'perto dJi mejo'dJia* perto de meio-dia
gegrillt *grel'jado* grelhado
gehäkelt *'fEito a krO'schä* feito a crochet
gehobenes Mittelklassehotel *o'täu koñfor'tawäu* hotel confortável
Geier *uru'bu* o urubu
gekocht *ko'sido* cozido
gelb *ama'relo/a* amarelo/a
Gelbe Karte *kar'täu ama'relo* o cartão amarelo
Gelbfieber *'fäbri ama'rela* a febre amarela
Geld *dJin'jEiro* o dinheiro
Geldbörse *kar'tEira* a carteira
Geldschein *'nOta, pa'päu-mo'eda* a nota, o papel-moeda
Gemälde *pin'tura* a pintura
gemischter Salat *Ba'lada 'mista* salada mista
Gemüsehändler *werdu'rEiro* o verdureiro
gemustert *estam'pado* estampado
geöffnet *a'berto* aberto
Geographie *Jeogra'fia* geografia
Geologie *JeolO'Jia* geologia
Gepäck *'malas/ba'gaJeñs* as malas/as bagagens
Gepäckaufbewahrung *'guarda-wO'lumes* o guarda volumes
geplatzt *fu'rado* furado
gepunktet *koñ bO'liñjos* com bolinhos
Gericht *tribu'nau dJi Jus'tiBa* o tribunal de justiça
Germanistik *Jerma'nistika* germanística
Geschichte *is'tOria* história
geschieden *deski'tado* desquitado
geschlossen *fe'schado* fechado
Gesicht *'osto* o rosto
Gespräch *koñ'werBa* a conversa
gestern *'onteñ* ontem
gestrichen (Flug) *kañBe'lado* cancelado
gestrickt *triko'tado* tricotado
Gesundheit ! *Ba'udJi* Saúde !
Getränke, alkoholisch *be'bidas au'kOlikas* bebidas alcoólicas
Getränke, ohne Alkohol *be'bidas näu au'kOlikas* bebidas não-alcoólicas
Getriebe *'kaischa dJi mu'dañBa* a caixa de mudança
Gewicht *'peso* o peso
Gewitter *trowo'ada* a trovoada
Glas/Becher *'kOpo* o copo
Glaze *ka'räka* a careca
Glocke *'sino* a sino

Glühbirne *'lämpada* a lâmpada
gold *dou'rado/a* dourado/a
gotisch *'gOtiko* gótico
Gottesdienst *'miBa* a missa
Grab *'tumulo/sepul'tura* o túmulo/a sepultura
Gramm *'grama* o grama
grau *'Binsa* cinza
gräuchert *defu'mado* defumado
groß *'grandJi* grande
Größe (bei Kleidung) *ta'mäjo* o tamanho
Größe *au'tura* a altura
größer *ma'jor* maior
Großvater/Großmutter *a'wo/a'wO* o avô/a avó
grün *'werdJi* verde
Grundschule *pri'mEiro grau* o 1º (primeiro) grau
gültig *'walido* válido
Gute Nacht ! *boa 'noitschi* Boa noite
Gute Reise ! *boa wia'Jeñ* Boa viagem !
Guten Abend ! *boa 'noitschi* Boa noite
Guten Morgen ! *boñ 'dJia* Bom dia
Guten Tag ! *boa 'tardJi* Boa tarde

H

Haare *ka'belos* os cabelos
Hackfleisch *'karne mo'ida* carne moída
Hafen *'porto* o porto
Haferflocken *a'wEia* aveia
Haifisch *tuba'räu* o tubarão
Halbpension *dJi'aria coñ al'oBo/'Janta* a diária com almoço/janta
Halbzeit *'mejo tempo* o meio tempo
Hallo ! *a'lo, oi* Alô, Oi
Hals *gar'ganta* a garganta
Magen *e'stOmago* o estômago
Hals *peB'koBo* o pescoço
Haltestelle *'pOnto* o ponto (de ônibus)
Hammer *mar'telo* o martelo
Hand *mäu* a mão
Handbremse *'frejo dJi mäu* o freio de mão
Handelsschule *eB'kOla komer'Biau* a escola comercial
handgemacht *'fEito a mäu* feito a mão
Handgepäck *ba'gaJeñ dJi mäu* a bagagem de mão
Handwerker *Ope'rario* operário

Hängematte *'hädJi* a rede
Harnblase *be'schiga* a bexiga
Hase *ko'eljo* o coelho
häßlich *o'hiväu* horrível, feio
Hausfrau *'dOna dJi 'casa* dona de casa
Haut *'peli* a pele
Heck *'popa* a popa
heiß *'kentschi* quente
heißen *scha'mar ße, akeßi'mento* chamar-se
Heizung *akeße'dor* o aquecedor, o aquecimento
hell/heller *'klaro/mais 'klaro* claro/mais claro
Hemd *ka'misa* a camisa
Hepatitis *epa'titschi* a hepatite
Herbst *ou'tono* o outono
Hering *a'ranke* arenque
Herz *kora'ßäu* o coração
Herzlichen Glückwunsch ! *para'beñs* Parabéns !
heute *'oJi* hoje
Himmel *'ßäu* o céu
Hin- und Rückreise *'ida e 'wouta* ida e volta
Hinreise *'ida* a ida
hinten *a'traiß* atrás
Hinterachse *'Eischo tra'sEiro* o eixo traseiro
Hinterrad *'hOda tra'sEira* a roda traseira
Hirsch *we'ado* veado
hoch *'auto* alto
Hochschule *uniwersi'dadJi* a universidade
Hochstraße *wia'duto* o viaduto
Hof *'patschio* o pátio
Honigmelone *me'läu* o melão
hören *'u'wir* ouvir
Hose *'kaußa* a calça
Hotel mit höchstem Komfort *o'täu muito koñfor'tawäu* hotel muito confortável
Hotel *o'täu* o hotel
Hotel, sehr einfaches *o'täu muito ßimples* hotel muito simples
Hubschrauber *eli'kOptero* o helicóptero
Hügel *ko'lina* a colina
Huhn *ga'liñja* a galinha
Hühnchen *'fraño* o frango
Hund *ka'schoho* o cachorro
Hühnerbrust *pEito dJi ga'liñja* peito de galinha
Hunger *'fOmi* a fome
Hupe *bu'sina* a buzina
Hustensaft *scha'rOpi* o xarope

I, J

Imbißbude *lañscho'netschi* a lanchonete
Impfung *wa'ßina* a vacina
in einem Jahr *(eñ/'dentro dJi) uµ 'ano* (em/dentro de) um ano
in einer Stunde *(eñ/'dentro dJi) 'uma 'ora* (em/dentro de) uma hora
in einer Woche *(eñ/'dentro dJi) 'uma ße'mana* (em/dentro de) uma semana
Indio *'indio* o indio
Inflation *infla'ßäu* a inflação
Informatik *infor'matschika* informática
Ingenieur *enJen'jEiro* engenheiro
Inlandsflug *wou do'mestiko* o vôo domestico
Insel *'iilja* a ilha
Institut *insti'tuto* o instituto
international *internaßio'nau* internacional
Internationaler Flug *wou internaßio'nau* o vôo internacional
internationaler Impfpaß *kar'tEira internaßio'nau dJi waßina'ßäu* a carteira internacional de vacinação
ja *ßiñ* sim
Jacht *'iate* o iate
Jaguar *'oñßa* a onça
Jahreszeit *esta'ßäu do 'ano* estação do ano
Jahrhundert *'ßäkulo* o século
Jalousie *Jelo'sia* a gelosia
Januar *Ja'nEiro* Janeiro
Jeans *'JiinjJ* a jeans
Jet *'Jato* jato
Journalist *JOrna'lista* jornalista
Juli *'Juljo* Julho
Juni *'Juñjo* Junho
Jura *di'rEito* direito
Juwelier *Joalja'ria* a joalharia

K

Kabeljau *bakal'jäu* bacalhau
Kabine *ka'bina* a cabina
Kaffee (klein, stark) *kafe'siñjo* o cafezinho
Kaffee *ka'fä* o café

Kaffee mit Milch *ka'fä koñ 'lEitschi* café com leite
Kakerlake *ba'rata* a barata
Kalb *wi'täla* a vitela
kalt *frio* frio
Kaninchen *ko'eljo* coelho
Kapelle *ka'pela* a capela
Kapitän *kapi'tãu* o capitão
kaputt *es'ta ke'brado* quebrado
kariert *'schadres* xadrez
Karosserie *karoße'ria* a carroceria
Kartoffel *ba'tata* a batata
Käse *'keJo* o queijo
Kasse *'kaischa* a caixa
Kastanie *kas'tañja* a castanha
Kategorie *katego'ria* a categoria
Kathedrale *kate'dräu* a catedral
Katholik *ka'tOliko* o católico
Kaufhaus *'lOJa* loja
Kaufmann *kOmer'ßiante* comerciante
Keilriemen *ko'hEia* a correia
Keks (salzig/süß) *bis'koito* o biscoito (salgado/doce)
Kellner *gar'ßõ* garçon
kennenlernen (jdn.) *conje'ßär au'geñ* conhecer alguém
Kilo *'kilo* o quilo
Kinder *kri'ãßas* crianças
Kinn *'kEi'scho* o queixo
Kino *ßi'nema* a cinema
Kirche *i'greJa* a igreja
Kirchturm *'tohe* a torre
Kirsche *ße'reJa* a cereja
Kleiderbügel *ka'bidJ* o cabide
klein *pe'keno* pequeno
kleiner *me'nor* menor
Kleingeld *dschin'jEiro mi'udo* o dinheiro miúdo
klemmt *es'ta empe'hado* está emperrado
Klimaanlage *ar kondißio'nado* o ar condicionado
Kneipe *bar* o bar
Knie *Jo'eljo* o joelho
Kniescheibe *'rotula* a rótula
Knochen *'oßo* o osso
Koch/Köchin *kosi'nEiro/a* cozineiro/a
Koffer *'mala* a mala
Kofferraum *pOrta'mala* o porta-mala
Kohl *'kouwi* a couve
Kokosnussmilch *'agua dJi 'koko* água de coco
Kolben *'ämbolo* o êmbolo
Kolibri *bEija'flor* o beija-flor
Kondom *ka'misa dJi 'wänus* a camisa de vênus

Kontakt *kon'tato* o contato
Kontrolle *kon'trole* o controle
Konzert *scho/kon'ßerto* o show/o concerto
Kopf *ka'beßa* a cabeça
Kopfkissen *trawe'ßEiro* o travesseiro
Kopfsalat *au'faße* a alface
Kost und Logis *ko'mida i aloJa'mento* comida e alojamento
Kostüm *fanta'sia* a fantasia
Kotelett *koste'leta* a costeleta
Koteletten *koste'leta* a costeleta
Krabbe *kama'rãu* o camarão
Kraftfahrer (LKW) *kamio'nEiro* camioneiro
Kraftfahrer *moto'rista* motorista
Krake *'polwo* o polvo
Krankenhaus *ospi'tau/'klinika* o hospital/a clínica
Krankenschwester *enfer'mEira* enfermeira
Krankheit *do'eñßa* a doença
Krebs *karan'geJo* o caranguejo
Kreditkarte *'kartãu dJi 'krädito* o cartão de crédito
Kreuz *'krus* a cruz
Kreuzung *krusa'mento* o cruzamento
Krokodil *Jaka'rä* o jacaré
Kuchen *'bolo* o bolo
Kugellager *rola'mento dJi es'feras* o rolamento de esferas
Kuh *'waka* a vaca
Kühler *radia'dor* o radiador
Kühlerdeckel *'tampa do radia'dor* a tampa do radiador
Kühlschrank *Jela'dEira* a geladeira
Kühlwasser *'agua dJi refriJera'ßãu* a água de refrigeração
Kunstgeschichte *is'tOria dJi 'artschi* história de arte
Kunstleder *'kouro artifi'ßiau* o couro artificial
künstlich *artifi'ßiau* artificial
Kunststoff *'plastiko* o plástico
Kuppel *'kupula* a cúpula
Kupplung *embre'aJeñ* a embreagem
Kurbelwelle *'Eischo dJi mani'wäla* o eixo de manivela
kurzärmelig *coñ mã'gas kur'tas* com mangas curtas
kürzer *mais 'kurto* mais curto
Kurzschluß *'kurto'ßirkuito* curto-circuito
Kuß *'bEiJo* o beijo
Küßchen *bEi'Jiñjo* o beijinho

L

Lachs *ßau'mãu* salmão
Laden *'lOJa* a loja
Lambada *lam'bada* Lambada
Lampe *'lãmpada* a lâmpada
landen *atähi'ßar* aterrissar
Landung *atähi'ßaJeñ* a aterrissagem
Landwirt *agrikul'tOr* agricultor
langärmelig *coñ mã'gas loñ'gas* com mangas longas
länger *mais 'longo* mais longo
längs gestreift *li'strado werti'kau* listrado vertical
langsam *dewa'gar* devagar
Languste *la'gosta* lagosta
Lastwagen *kamiñ'jãu* o caminhão
leben *wi'wer/mo'rar* viver/morar
Lebensmittelgeschäft *mer'kado/arma'señ* o mercado/o armazém
Leber *'figado* fígado
Leder *'kouro* o couro
ledig *ßou'tEir(o/a)* solteiro(o/a)
Leerlauf *'marscha 'lenta* a marcha lenta
Lehrer/Lehrerin *profe'ßOr/a* professor/a
Leinen *'liñjo* o linho
Lenkrad *wo'lantschi* o volante
Lichmaschine *'dinamo* o dínamo
Licht *lus* a luz
Lichtschalter *'schawi dJi lus* a chave de luz
Lied *cã'ßão* a canção
Limone (Zitrone) *li'mãu* o limão
Linienmaschine *a'wiãu dJi 'liñja* o avião de linha
Linienrichter *bandEi'riñja* o bandeirinha
Lippe *'labio* o lábio
Liter *'litro* o litro
live *ao 'wiwo* ao vivo
locker *es'ta 'largo* largo
Löffel *kol'jär* a colher
Lokomotive *lokomo'tschiwa* a locomotiva
losfahren *par'tschir* partir
Luftfilter *'filtro dJi ar* o filtro de ar
Lunge *pu'mãu* o pulmão
Luxushotel *o'täu de 'luscho* hotel de luxo

M

Magen *e'stOmago* o estômago
Mai *'majo* Maio
Makrele *kara'pau* carapau
Malaria *ma'laria* a malária
Maler *pin'tOr* o pintor
Mandel *a'mãndoa* a amêndoa
Mango *'manga* a manga
Mannschaft *'tschimi* o time
Marktplatz *mer'kado* o mercado
Marmor *'marmore* a mármore
März *'marßo* Março
Maschinenbau *koñstru'ßãu dJi 'makinas* construção de máquinas
Mathematik *mate'matika* matemática
Maurer *pe'drEiro* pedreiro
Maus *'rato* o rato
Mechaniker *me'kaniko* mecânico
medium *'mãdio* médio
Medizin *medi'ßina* medicina
Meeresfrüchte *'frutos do 'mar* Frutos do mar
Messer *'faka* a faca
Metzger *aßou'gEiro* açougueiro
Metzgerei *a'ßouge* o açougue
Milch *'lEitschi* o leite
Mineralwasser *'agua mine'rau* a água mineral
mit *koñ* com
Mittagessen *au'moßo* o almoço
Mittelklassehotel *o'täu de medio coñ'forto* hotel de médio conforto
Mittwoch *'kuarta'fEira* quarta-feira
modern *mo'derno* moderno
Mond *'lua* a lua
Montag *ße'gunda'fEira* segunda-feira
Moped *mobi'lätschi* a mobilete
morgen *amã'ja* amanhã
morgens *'pela mã'ja* pela manhã
Moskitonetz *mOski'tEiro* mosquiteiro
Motor klopft *mo'tor 'batsche* o motor bate
Motor *mo'tor* o motor
Motorhaube *ka'pO* o capô
Motorrad *'mOto* a moto
Mücke *mos'kito* o mosquito
Mund *'boka* a boca
Münze *mo'eda* a moeda
Muscheln *ma'riskOs* mariscos
Museum *mu'säu* o museu
Musik *'musika* a música
Musiker *'musiko* o músico
Musikgeschäft *'lOJa dJi ar'tigos*

musi'kais a loja de artigos musicais
Musikgruppe *'banda* a banda
Musikkassette *'fita* a fita
Muskel *'muskulo* o músculo
Muster *pa'drãu* o padrão
Mutter (zur Schraube) *'pOrka* a porca
Mutter *mãi* a mãe

N

nachsenden *reme'ter* remeter
nächste Woche *na 'proßima ße'mana*
na próxima semana
nachstellen *aJus'tar* ajustar
Nachtisch *ßObre'mesas* Sobremesas
nachts *a'noitschi* a noite
nah *'perto* perto
Name der Mutter *'nOmi da mãi* nome
da mãe
Name des Vaters *'nOmi do pai* nome
do pai
Name *nOmi* nome
Nase *na'riß* o nariz
Nationalität *naßionali'dadJi* a nacionali-
dade
natürlich *natu'rau* natural
Nebel *ne'blina* a neblina
Neffe *ßO'briñjo* o sobrinho
Negativ *nega'tschiwo* o negativo
nehmen/einnehmen *to'mar* tomar
Nein *nãu* não
Nein, danke ! *nãu obri'gado(a)* não, ob-
rigado(a) !
Nerv *'nerwo* o nervo
Netzspannung *wou'taJeñ* a voltagem
Nichte *ßO'briñja* a sobrinha
Nichtraucher *nãufu'mantschi* não-
fumante
Nichtschwimmer *nãu-nada'dor* o não-
nadador
niedrig *'bascho* baixo
Notar *eßkri'wãu* escrivão
Notausgang *ßa'ida dJi emer'Jeñßia* a
saída de emergência
November *no'wembro* Novembro
Nudeln *maka'hãu* o macarrão
Nummernschild *'plaka* a placa

O

Öl *'Oleo* o óleo
Oberschule *ße'gundo grau* o 2º
(segundo) grau
Objektiv *obJe'tschiwa* a objetiva
Obst *'frutas* Frutas
Ochsenschwanz *ha'bada* rabada
ohne *'ßeñ* sem
Ohr *o'relja* a orelha
Oktober *ou'tubro* Outubro
Ölfilter *'filtro dJi 'Oleo* o filtro de óleo
Oliven *asEi'tona* azeitona
Ölstand *'niwäu do 'Oleo* o nível do óleo
Ölwanne *reserwa'tOrio para o 'Oleo* o
reservatório para o óleo
Ölwechsel *mu'dañßa do 'Oleo* a
mudança do óleo
Oma *wO'wO* vovó
Onkel *'tschio* o tio
Opa *wO'wo* vovô
Open Air Konzert *scho ao ar 'liwri* o
show ao ar livre
Oper *'Opera* a ópera
Operation *opera'ßãu* a operação
Optiker *Oku'lista* oculista
Orange *la'ranJa* a laranja
orange (Farbe) *la'räJa* laranja
Orgel *'Or'gão* o órgão
Ortsgespräch *liga'ßäu lo'kau* a ligação
local

P, Q

Paket *enko'menda* a encomenda
Palast *pa'laßio* o palácio
Panne *de'fEito* o defeito
Pansen *'buscho* bucho
Papagei *papa'gajo* o papagaio
Papaia *ma'mãu* o mamão
Papiere (Dokumente) *doku'mentos* os
documentos
Park *'parke* o parque
parken *estaßio'nar* estacionar
Paßkontrolle *kon'trOli dJi paßa'pOrtschi*
o controle de passaportes
Pater *'padre* o padre
Perlhuhn *ga'liñja dJi an'gola* galinha de
angola

Personalausweis kar'tEira dJi identi'dadJi a carteira de identidade
Pfarrer 'padre padre
Pferd ka'walo o cavalo
Pfirsich 'peßego o pêssego
Pflaster espara'drapo o esparadrapo
Pflaume a'mEischa a ameixa
Physik 'fisika a física
Physiker 'fisiko o físico
Pille antikoñßepßi'nau/'pilula o anticoncepcional/a pílula
Pilot pi'loto o piloto
Piranha pi'raña a piranha
Pistole re'wOlwer o revólver
Platz 'praßa a praça
Polente (mit Maismehl) po'lenta 'frita polenta frita
Polizei po'lißja a polícia
Polizeirevier delega'ßia a delegacia
Polizeiwagen 'kaho da po'lißja o carro da policia
Polizist poli'ßjau o policial
Pommes frites ba'tatas 'fritas as batatas fritas
Popmusik 'musika popu'lar a música popular
Portal por'tau o portal
Porto 'portsche o porte
Post(amt) ko'hEio o correio
Postkarte pos'tau o postal
postlagernd 'posta res'tantsche posta restante
Preis 'preßo o preço
Prost ! Ba'udJi Saúde ! '
Psychologie psikOlo'Jia psicologia
pünktlich pontu'au pontual
pur natu'rau natural
Puter pe'ru o peru
quer gestreift li'strado orison'tau listrado horizontal
Quittung re'ßibo o recibo

R

R-Gespräch ako'brar a cobrar
Rabatt des'konto o desconto
Rachen gar'ganta a garganta
Rad 'hOda a roda
Radio 'hadio o rádio
Radmutternschlüssel 'schawe dJi 'hOda a chave de roda

rasen an'dar dJi 'auta weloßi'dadJi andar em alta velocidade
rasieren barbe'ar barbear
Rasiermesser na'walja dJi 'barba a navalha de barba
Rathaus prfEi'tura a prefeitura
Ratte 'rato o rato
Raucher fu'mantschi fumante
Rauschgift 'drogas as drogas
Reception heßep'ßau a recepção
Rechnung 'konta a conta
Rechtsanwalt adwo'gado advogado
reden fa'lar falar
Regen 'schuwa a chuva
Regenwurm miñ'jOka a minhoca
reif ma'duro maduro
Reifen 'pnEu o pneu
Reifendruck pre'ßau do 'pnEu a pressão do pneu
Reifenpanne 'pnEus fu'rados pneus furados
reinigen tro'kar trocar
Reinigung tintura'ria a tinturaria
Reis a'hois o arroz
Reisebüro a'Jänßia dJi wi'aJeñ a agência de viagem
Reisepass paßa'pOrtschi o passaporte
Religion reli'Jiáu a religião
Rentner aposen'tado aposentado
Reparatur kon'ßerto o conserto
reparieren konßer'tar consertar
reservieren reser'war reservar
Restaurant restau'rantschi o restaurante
Rettungsring 'bOja 'Bauwa'widas a bóia salva-vidas
Rettungsschwimmer 'Bauwa'widas a salva-vidas
Richter Ju'iß o juíz
Richtung dire'ßäu a direção
riecht 'schera mau cheira mal
Rindfleisch 'karne dJi boi carne de boi
Ring a'näu o anel
Rippe kos'tela a costela
Rock 'Baja a saia
Rockkonzert scho dJi 'oki o show de rock
roh kru crú
Rollfeld eß'kada ro'lantschi a escada rolante
Romanistik roma'nistika romanística
romantische Musik 'musika ro'mantica a música romântica
Röntgenaufnahme radiogra'fia a radiografia
rosa kor dJi 'rosa cor de rosa
rot wer'meljo/a vermelho/a
Rote Karte kar'tãu wer'mäljo o cartão

vermelho

Rückfahrkarte *bil'jätschi dJi 'wouta* o bilhete de volta

Rücklicht *'luses tra'sEiras* as luzes traseiras

Rückreise *'wouta* a volta

Rucksack *mu'schila* a mochila

Rücksitz *pou'trona tra'sEira* a poltrona traseira

Rückspiegel *retrowi'sor* o retrovisor

Rückstrahler *refle'tor/'oljo dJi 'gato* o refletor/o olho de gato

Rückwärtsgang *marscha'rä* a marcha-ré

ruhig/ruhiger *trañ'kuillo/mais trañ'kuillo* tranqülo/mais tranqüilo

Ruine *ru'ina* a ruína

Rundfahrt *ßirkui'to/'wouta* o circuito/a volta

S

Sacko *'blEiser* o blazer

Salat *ßa'lada* salada

Salz *ßau* o sal

Samba *'ßamba* Samba

Sambaschule *eß'kOla dJi 'ßamba* a escola de samba

Samstag *'ßabado* sábado

Sand *a'rEia* a areia

Sandale *ßan'dalia* a sandália

Sandpiste *e'strada dJi 'teha* a estrada de terra

Sardinen *ßar'dJiñjas* sardinhas

Säule *ko'luna* a coluna

Scampi *kama'rõis 'grandes* camarões grandes

Schallplatte *'dißko* o disco

Schallplattenladen *'lOJa dJi 'dißkos* a loja de discos

Schatten *'ßômbra* a sombra

Schauspieler/in *a'tOr/a'triß* ator/atriz

Scheck *'scheki* o cheque

Scheibenwischer *limpa'dor dJi para'brisas* o limpador de para-brisas

Scheinwerfer *fa'rou* o farol

Schere *te'soura* a tesoura

Scherz *brinka'dEira* a brincadeira

scherzen *brin'kar* brincar

Schiedsrichter *Ju'iß* o juiz

Schiff *na'viu* o navio

Schildkröte *tarta'ruga* a tartaruga

Schilling *sche'liñ aus'triako* o xelim austríaco

Schlachter *aßou'gEiro* açougueiro

schlafen *dOr'mir* dormir

Schlafsack *'ßako dJi dOr'mir* o saco de dormir

Schlagloch *bu'hako* o buraco

Schlange *'kObra* a cobra

schlecht *ru'iñ* ruim

schleift *es'ta patschi'nando* está patinando

Schlosser *ßehau'jEiro* serralheiro

Schloß *kas'telo* o castelo

Schlüssel *'schawe* a chave

Schmetterling *bOrbo'leta* a borboleta

Schmuck *'JOja* a joia

schneiden *kor'tar* cortar

Schneider *kostu'rEira* a costureira

Schneider/in *aufa'jate/kOstu'rEira* alfaiate/costureira

schnell *de'preßa* depressa

Schnorchel *'ßnurkle* snurkle

Schnurrbart *bi'gOdJi* o bigode

schön *bo'nito(a)* bonito(a)

Schrank *ar'mario* o armário

Schraube *para'fuso* o parafuso

Schraubenschlüssel *'schawe dJi 'bOca* a chave de boca

Schraubenzieher *'schawe dJi 'fenda* a chave de fenda

Schreibwarenladen *papela'ria* a papelaria

Schreiner *marßi'nEiro* marcineiro

Schriftsteller *eßkri'tOr* escritor

Schuh *ßa'pato* o sapato

Schuhgeschäft *ßapata'ria* a sapataria

Schuhmacher *ßapa'tEiro* o sapateiro

Schule *eß'kOla* a escola

Schüler *estu'dantschi* estudante

Schulter *'ombro* o ombro

schwach *'frako* fraco

schwarz *'preto/a* preto/a

Schwarze Bohnen *fEi'Jão 'preto* feijão preto

Schwarzweiß-Film *'fiumi 'branko i 'preto* o filme branco e preto

Schwein *'pOrco* o porco

Schwein *porko* porco

Schweinefleisch *'karne dJi 'porko* carne de porco

Schweizer Franken *'franko ßu'ißo* o franco suíço

Schwimmbad *pi'ßina* a piscina

schwimmen *na'dar* nadar

Schwimmweste *ko'lätschi 'ßauwa'widas* o colete salva-vidas

schwitzen *'ßuar* suar
seekrank *eñJo'ado* enjoado
Seezunge *liñ'guado* linguado
Sehenswürdigkeit *atra'ßãu* o atração
Seide *'ßeda* a seda
Seife *ßabo'netschi* o sabonete
Seifenstein *'pädra ßa'ßãu* a pedra sabão
Sekretärin *ßekre'taria* secretária
September *ße'tembro* Setembro
Shopping Center *'schoping 'ßenter* o shopping center
Show *scho* o show
Sicherheitsgurt *'ßinto (dJi ßegu'rãßa)* o cinto (de segurança)
silber *prate'ado/a* prateado/a
Sitz (Platz) *pOl'trOna* a poltrona
Sitz *a'ßento* o assento
sitzen *ßen'tar* sentar
Sitzplatz *lu'gar* o lugar
Snacks in Teig *ßauga'dJiñjos* salgadinhos
Sohn *'filjo* o filho
Sommer *we'rãu* o verão
Sondermarke *'ßelo espe'ßiau* o selo especial
Sonne *'ßou* o sol
Sonnenbrand *kEima'dura* a queimadura
Sonnenhut *scha'pEu dJi ßou* o chapéu de sol
Sonnenöl *broñsea'dor* o bronzeador
sonnig *eñßola'rado* ensolarado
Sonntag *do'mingo* domingo
Souvenirgeschäft *'lOJa dJi ßouve'nir* a loja de souvenir
Spaß *diwer'ßãu* a diversão
spaßen *fa'ser brinka'dEira* fazer brincadeira
spazieren gehen *paße'ar a pä* passear a pé
Speisekarte *kar'dapio* o cardápio
Spezialität *espe'ßiali'dadJi* especialidade
Spiegel *eß'peljo* o espelho
Spieler *Joga'dOr* o jogador
Spielfeld *'kampo* o campo
Spinne *a'rañja* a aranha
Spirituosenhandlung *rewen'dedor dJi be'ßidas* a revendedor de bebidas
Spitzenname *ape'lido* o apelido
Sportgeschäft *'lOJa dJi ar'tigos espor'tiwos* a loja de artigos esportivos
Stadtrundfahrt *wi'sita a ßi'dadJi* a visita à cidade
Stadtzentrum *'ßentro da ßi'dadJi* o centro da cidade
Standlicht *lan'ternas* as lanternas
stark *'fortsche* forte

starten *deko'lar* decolar
Stativ *tri'pä* o tripé
Statue *e'statua* a estátua
Steak *'steek* steak
Steckdose *to'mada* a tomada
Stecker *plug* o plug
Steg *embarka'douro* o embarcadouro
Stehplatz *lu'gar eñ pe* o lugar em pé
Sterne *e'strela* as estrelas
Stewardess *aero'moßa* a aeromoça
stickig *es'ta mau sche'roso* mal cheiroso
Stil *e'stilo* o estilo
Stinktier *gam'ba* o gambá
Stirn *'testa* a testa
Stockwerk *an'dar* o andar
Stoff *te'ßido* o tecido
Stoffladen *'lOJa dJi te'ßidos* a loja de tecidos
Stoßdämpfer *amorteße'dor* o amortecedor
Stoßstange *para'schokes* o pára-choques
Strand *'praja* a praia
Straße *hua* a rua
Straßenbahn *'boñdJi* o bonde
Straßenkarte *'mapa* o mapa
Straßensperre *'transito* o trânsito interrompido
Strom *ko'hentschi* a corrente
Strömung *ko'hentschi/kohen'tesa* a corrente/a correntesa
Strümpfe *'mEias* as meias
Stück *pe'daßo* o pedaço
Stuhl *ka'dEira* a cadeira
Super-8-Film *'fiumi ßuper'oito* o filme super-8
Supermarkt *ßupermer'kado* o supermercado
Suppe *'ßopa* sopa
Surfboard *'präscha dJi 'ßörf* prancha de surf
surfen *ßör'far* surfar
Süßwarenladen *konfEita'ria* a confeitaria
Süßwasserdelphin *'boto* o boto
Swimmingpool *pi'ßina* a piscina
Synthetik *sin'tätico* o sintético

T

Tabakladen *tabaka'ria* a tabacaria
Tabletten *kompri'midos* os comprimidos
Tachometer *welo'ßimätro* o velocímetro
täglich *'todosos 'dJias* todos os dias
tagsüber *du'rantsche o 'dJia* durante o dia
tanken *bo'tar gaso'lina* botar gasolina
Tankstelle *'posto dJi gaso'lina* o posto de gasolina
Tante *'tschia* a tia
tanzen *dä'ßar* dançar
Tänzer(in) *däßa'rino(a)* o/a dançarino(a)
Tasche *'boußa* a bols
Tasse *'schikara* a xícara
Taube *'pombo* pombo
tauchen *mergul'jar* mergulhar
Taucherausrüstung *ekipa'mento dJi mer'guljo* equipamento de mergulho
Taucherbrille *'Okulos dJi mer'guljo* óculos de mergulho
Taucherflossen *päs dJi 'pato* pés-de-pato
Taxi *'taxi* o táxi
Taxifahrer *moto'rista* o motorista
Taxistand *'ponto dJi 'taxi* ponto de táxi
Techniker *'täkniko* técnico
Telefon *tele'foni* o telefone
Telefonauskunft *informa'ßau tele'fOnika* a informação telefônica
Telefonbuch *'lißta tele'fOnika* a lista telefônica
Telefonchip *'fischa* a ficha
Telefongespräch *scha'mada tele'fOnika* a chamda telefônica
telefonieren *telefo'nar* telefonar
Telefonkabine *ka'bine dJi tele'fone* a cabine de telefone
Telefonnummer *'numero do tele'fone* o número do telefone
Telefonzelle *orel'jäu* o orelhão
Telefonzentrale *a'Jänßia tele'fOnika* agência telefônica
Telegramm *tele'grama* o telegrama
Teller *'prato* o prato
teuer *'karo* caro
Theater *te'atro* o teatro
Thunfisch *a'tuñ* atum
Ticket *'tiket* o ticket
Ticket *pa'ßaJeñ* a passagem
Tier *ani'mau* o animal
Tierarzt *weteri'nario* veterinário
Tintenfisch *'lula* lula

Toast mit Ei, Schinken,... *'misto 'kentschi* misto quente
Tochter *'filja* a filha
Toilette *bä'jEiro* o banheiro
Toilettenpapier *pa'päu hi'Jieniko* o papel higiénico
Tor (Fußball) *gou* o gol
Tor *por'tau* o portal
trampen *wia'Jar dJi ka'rOna* viagar de carona
Tramper *karo'nEiro/karo'nista* caroneiro/caronista
tratschen *fa'ser fO'fOka* fazer fofoca
Trauben *'uwas* as uvas
Travellerscheck *'scheki dJi wi'aJen* o cheque de viagem
Tribüne *arkibañ'kada* a arquibancada
trinken *be'ber* beber
Trinkhalle *bar* o bar
Trinkwasser *'agua po'tawäu* a água potável
Tropfen *'gotas* as gotas
Truthahn *pe'ru* peru
Tschüß! *'tschau* Tchau
Tunnel *'tunEu* o túnel
Tür *'porta* a porta
türkis *a'su tur'kesa* azul-turquesa
Turm *'tohe* a torre
Turnschuh *'tenis* o tênis
Typhus *'tifo* o tifo

U

U-Bahn *me'tro* o metrô
U-Bahn-Station *'pOnto do 'metro* o ponto do mêtro
Überfall *a'ßauto* o assalto
Übergepäck *e'ßeßo da ba'gaJeñ* o excesso de bagagem
überhitzt *ßuperake'ßendo* super-aquecendo
überholen *ultrapa'ßar* ultrapassar
übermorgen *de'pois dJi amä'ja* depois de amanhã
übernachten *pernoi'tar* pernoitar, passar a noite
Übernachtung *per'noitschi* a pernoite
Ufer *'marJeñ* a margem
Uhr *re'lOJio* o relógio
Uhrmacher *reloJo'Eiro* o relojoeiro
umarmen *abra'ßar* abraçar
Umarmung *a'braßo* o abraço

Umgebung *ahe'dores* os arredores
Umleitung *des'wio* o desvio
Umrechnungstabelle *ta'bela dJi 'preẞo* a tabela de preço
umsteigen *baude'ar* baldear, trocar de
Umzug *des'file* desfile
undicht *wa'sando* vazando
Unfall *aẞi'dentschi* o acidente
Universität *uniwersi'dadJi* a universidade
unmodern *'foha da 'mOda* fora da moda
unreif *'werdJi* verde
(sich) unterhalten *koñwer'ẞar* conversar
Unterhaltung *koñ'werẞa* a conversa/o bate-papo
Unterricht *'aulas* a aula
Unterrichtsfach *ma'täria* a matéria
unterschreiben *aẞi'nar* assinar
Unterschrift *aẞina'tura* a assinatura
Untersuchung *koñ'ẞulta* a consulta
Urin *u'rina* a urina

V

Vater *pai* o pai
Ventil *'wauwula* a válvula
Ventilator *wentila'dOr* o ventilador
Verabredung *eñ'kOntro* o encontro
verabschieden *despe'dJir* despedir
Veranstaltung *programa'ẞãu* a programação
Verband *ata'dura* a atadura
Verbindung *liga'ẞãu* a ligação
Verbrechen *de'lito* o delito
Vergaser *karbura'dor* o carburador
verhaften *pren'der* prender
verheiratet *ka'sado* casado
Verkäufer *wen'dedor* o vendedor
Verkehrspolizei *'guarda dJi 'transito* o guarda de trânsito
Verkehrsschild *'plaka dJi 'transito* a placa de trânsito
Verlobte/Verlobter *'noiwo/'noiwa* o noivo/a noiva
verrostet *koho'ido* corroído
verschmutzt *'ẞuJo* sujo
Versicherung *ẞe'guro* seguro
verspätet *atra'sado* atrasado
verstopft *es'ta entu'pido* entupido
Verteiler *distribui'dor* o distribuidor

Verzeihung ! *per'dãu* Perdão !
verzollen *dekla'rar* declarar
vibriert *wi'brando* vibrando
Videokamera *fiuma'dora* a filmadora
Viel Glück ! *boa 'ẞOrtschi* boa sorte !
Viele Grüße an … ! *lem'bräẞas* lembranças a … !
Vielen Dank ! *muito obri'gado(a)* muito obrigado(a) !
violett *'roscho/a* roxo/a
Visum *'wisto* o visto
Vitrine *wi'trine* a vitrine
Vogel *'paẞaro* o pássaro
Vogelspinne *ta'rantula* a tarântula
Volksmusik *ẞerta'neJa* sertaneja
Vollpension *peñ'ẞãu kOm'pleta* a pensão completa
von Zeit zu Zeit *dJi 'weẞ eñ 'kuando* de vez em quando
vor 3 Tagen *a 'treeẞ dJias* há três dias
Vorderachse *'Eischo dJian'tEiro* o eixo dianteiro
Vorderrad *'hOda dJian'tEira* a roda dianteira
vorgestern *'ante'onteñ* anteontem
Vorlesungen *'aulas* as aulas
vormittags *dJi mã'ja* de manhã
Vorname *'nOmi* o nome
vorne *na 'frentschi* na frente
vorne/hinten *a 'frentschi/a'traiẞ* a frente/atráz
Vorort *ẞub'urbio* o subúrbio
Vorspeise *en'trada* entrada
vorstellen (jdn.) *apresen'tar au'geñ* apresentar alguém
Vorwahl *pre'fikẞo* o prefixo

W

Waffe *'arma* a arma
Wagon *wa'gãu* o vagão
wählen *diẞ'kar* discar
Währung *mo'eda/ko'hentschi* a moeda/corrente
Wal *ba'leja* a baleia
Warnblinkanlage *'piẞka a'lerta* a pisca-alerta
Wartesaal *'ẞala dJi es'pära* a sala de espera
Waschbecken *lawa'tOrio* o lavatório/a pia

waschen *la'war* lavar
Wäscherei *lawanda'ria* a lavanderia
Wasser *'agua* a água
Wasserhahn *tor'nEira* a torneira
Wassermelone *melä'ßia* a melancia
Wasserpumpe *'bOmba dJi 'agua* a
  bomba de água
Wechselkurs *('tascha dJi) 'kambio* (a
  taxa de) câmbio
wechseln (Kleingeld) *tro'kar* trocar
wechseln (Währung) *'kambi'ar* cambiar
Wechselstube *'kambio* o câmbio
wecken *desper'tar* despertar
Wecker *desperta'dOr* o despertador
weich *'mOli* mole
Wein *'wiñjo* vinho
weiß *'branko/a* branco/a
weit *'loñJi* longe
Welle *'Onda* a onda
Wellen *'ondas* as ondas
wenden *wi'rar* virar
Werkstatt *ofi'ßina* a oficina
Werkzeug *feha'menta* a ferramenta
Wetter *'tempo* o tempo
wiederkommen *wou'tar* voltar
wiedersehen *re'wer* rever
Wildleder *'kouro ßäu'waJeñ* o couro
  selvagem
Wildschwein *Ja'wali* o javali
Wind *'wento* o vento
Windschutzscheibe *'para'brisa* o pára-
  brisa
Winter *in'werno* o inverno
Wirbelsäule *ko'luna wertsche'brau* a
  coluna vertebral
Witz *pi'ada* a piada
Wodka *'wOdka* vodka
wohnen *mo'rar* morar
Wohnsitz *resi'dentschi eñ* residência
  permanente
Wohnung *aparta'mento* o apartamento
Wolken *'nuweñs* as nuvens
Wolle *lä* a lã
Wunde *fe'rida* a ferida
Wurst *ßau'ßischas* a salsicha

Z

zahlen *pa'gar* pagar
Zahn *'dentschi* dentes
Zange *ali'katsch* a alicate
Zeitungskiosk *'banca dJi re'wistas* a
  banca de revistas
Ziege *'kabra* a cabra
Zimmer *'kuarto* o quarto
Zimmermädchen *ahuma'dEira* a
  arrumadeira
Zimmernummer *'numero do 'kuarto* o
  número do quarto
Zitronentee *'matsche-e-li'mäu* mate e
  limão
Zoll *au'fandega* a alfândega
Zollbeamter *fuñßio'nario da au'fandega*
  o funcionário da alfândega
zollfrei *i'ßento dJi deklara'ßäu* o isento
  de declaração
zollpflichtig *ßu'JEito a deklara'ßäu*
  sujeito a declaração
zu Abend essen *Jan'tar* jantar
zu Fuß *a pe* a pé
zu groß *'muito 'grandJi* muito grande
zu klein *'muito pe'keno* muito pequeno
zu kurz *'muito 'kurto* muito curto
zu lang *'muito 'longo* muito longo
zu teuer *'muito 'karo* muito caro
Zucker *a'ßukar* açucar
Zuckerrohrschnaps *'pinga/ka'schaßa*
  pinga/cachaça
Zug *treñ* o trem
zuhören *u'wir* ouvir
Zündkerze *'wela* a vela
Zündspule *bO'bina dJi igni'ßäu* a
  bobina de ignição
Zündung *igni'ßäu* a ignição
Zunge *'lingua* a língua
Zünschlüssel *'schawe dJi igni'ßäu* a
  chave de ignição
Zuschauer *espeta'dOr* o espectador
Zweibettzimmer *'kuarto koñ duas 'ka-
  mas* o quarto com duas camas
Zwiebel *ße'bola* a cebola
Zylinder *ßi'lindro* o cilindro
Zylinderkopf *ka'beßa do ßi'lindro* a
  cabeça do cilindro

Amazonien - Ein Paradies wird zur Wüste

Amazonien bedeckt mehr als ein Drittel der Fläche Brasiliens und ist damit zwölf mal so groß wie die Bundesrepublik. Fünfzig Prozent der Regenwälder unserer Erde befinden sich hier.

Von oben, aus dem Flugzeug gesehen, erscheint der Wald als einheitliche grüne Fläche, die die regionale Vielgestaltigkeit verheimlicht. Abhängig von Bodenfruchtbarkeit und lokalem Klima ist der Regenwald in seiner Artenzusammensetzung sehr unterschiedlich. Jeder gerodete Hektar bedeutet deshalb einen unwiederbringlichen Verlust.

Wohl die Hälfte aller Tier- und Pflanzenarten dieser Erde sind in den tropischen Wäldern beheimatet. 1500 verschiedene und damit 20 Prozent aller Vogelarten, mehr als 1500 Arten von Süßwasserfischen (zum Vergleich 60 Arten in ganz Europa) finden sich allein in Amazonien. Bis zu 500 verschiedene Baumarten wurden auf einem Hektar gezählt. Doch diese Artenfülle ist nicht ein Zeichen von Überfluß, nein sie ist eine raffinierte Anpassung an nährstoffarme Böden.

In Zentralamazonien befinden sich die nährstoffärmsten Böden dieser Erde. Die starke Verwitterung durch tropische Regengüsse und hohe Sonneneinstrahlung ließ zweischichtige Tonminerale, Latosole genannt, entstehen, die weder Stickstoff, Phosphor und Mineralien enthalten, noch diese speichern können. Wo aber gibt es diese lebenswichtigen Bausteine? Sie befinden sich in der pflanzlichen und tierischen Biomasse selbst. Stirbt ein Urwaldriese, so sind sofort ein Heer an Ameisen, Termiten, andere Insekten und schließlich symbiontische Pilze damit beschäftigt, alles Wiederverwertbare abzubauen und sofort für die Pflanzen verfügbar zu machen, bevor Niederschläge die Kostbarkeiten wegschwemmen können. Durch das eng verzahnte Zusammenleben der einzelnen Arten geht keiner der kostbaren Nährstoffe verloren.

Nicht nur die Nährstoffe, auch das Wasser befindet sich in einem Kreislauf. Von den 2000-4000 Millimeter Niederschlag pro Jahr stammen ungefähr drei Viertel aus der ständigen Verdunstung der Wälder selbst. Die hohe Transpiration dient den Blättern zum Schutz vor zu starker Überhitzung.

Tropische Regenwälder stellen ein sich selbst erhaltendes, äußerst sensibles Ökosystem dar. Stark verändernde Eingriffe wirken unwillkürlich vernichtend.

Die Hälfte der Fläche Amazoniens ist schon zerstört, bei gleichbleibender Geschwindigkeit wird es dort in zwanzig Jahren keine tropischen Regenwälder mehr geben.

Was sind die Ursachen dieser Zerstörung?

Im September 1988 konnte von der Raumfähre Discovery aus das Ausmaß der Brandrodungen beobachtet werden: 150 000 Brandherde, eine Rauchdecke von 2,6 Millionen Quadratkilometern.

Der Wald wird vor allem abgebrannt, um riesige Viehweiden für Großgrundbesitzer zu schaffen. Schon nach wenigen Jahren kann das Land trotz Düngung die Rinder nicht mehr ernähren. Immer mehr Wald wird deshalb abgebrannt. Der brasilianische Staat hat bis jetzt diese Viehfarmen durch Subventionen unterstützt.

Ein geringerer Teil der Brandrodungen ist durch neueingewanderte Siedler verursacht. Das große staatliche Siedlungsprojekt Polonoroeste in Rondônia wird mittlerweile auch von offiziellen Stellen als gescheitert bezeichnet. Landlose Bauern aus dem fruchtbaren Süden Brasiliens wurden von Großgrundbesitzern vertrieben. Statt Nahrung für die Bevölkerung pflanzen diese Großgrundbesitzer Soja für den Export: Soja, mit dem wir unsere Rindfleischberge produzieren. Eine längst überfällige Landreform würde dieses soziale Problem lösen und den Bevölkerungsdruck auf Amazonien vermindern.

Eine große Bedrohung für Amazonien ist der stark geförderte Ausbau der Infrastruktur. Erst Straßenbauprojekte wie z.B. der Bau der Transamazonica ermöglichen den Zugang zu noch vor kurzem völlig unberührten Gebieten.

Eine weitere Gefahr hat ihre Ursache im immensen Reichtum des Gebietes an Bodenschätzen. Zum einen sind es unorganisiert überall wühlende Goldsucher, die verschlammte und quecksilberverseuchte (Quecksilber dient zum Binden des Goldstaubes) Flüsse und verwüstete Landschaften zurücklassen.

Zum anderen sind es Großprojekte der Regierung, mitfinanziert von der Weltbank (damit auch von der Bundesrepublik), wie z.B. Grande Carajás im Bundesstaat Pará, die größte Eisenerzmine der Welt. Dort werden für die Verhüttung riesige Waldflächen als Rohstoff für Holzkohle abgeholzt. Umweltauflagen werden, falls überhaupt gefordert, nicht erfüllt. Zudem bleibt bei der Profitrechnung für den brasilianischen Staat unter dem Strich nichts übrig außer der Schuldenlast der Kredite. Das brasilianische Volk geht ganz leer aus. Es verdienen nur die ohnehin reichen Industrieländer, die auf diese Art billig Rohstoffe beziehen können.

Um für die Zukunft berechnete Energiebedürfnisse decken zu können, werden riesige Wasserkraftwerke geplant und gebaut. Über 130 sollen es werden. Für die Stauseen müssen riesige Flächen Regenwald überschwemmt werden, da die Flüsse nur ein sehr geringes Gefälle haben. Die Kraftwerke Tucuruí am Rio Tocantins und Balbina im Norden von Manaus sind ökologische Katastrophen. Tausende Tiere sind bei der Flutung ertrunken, Edelhölzer in Millionenwert wurden unter Wasser gesetzt. Auf Grund der Fäulnisprozesse in den Seen entstehen Gase, die Turbinen korrodieren, das ausfließende Wasser ist eine lebensfeindliche stinkende Brühe. Die an den Flüssen wohnenden Menschen sind aber auf das Wasser angewiesen. Der Stausee Balbina setzt dem ganzen den Gipfel auf: 2500 Quadratkilometer Regenwald wurden überflutet, die erwartete

Leistung sind nur 250 MW; der Wasserspiegel des Sees steigt jedoch nicht, da die Zuflüsse zu gering und die Verdunstung zu hoch sind.

In Amazonien sind Holzexporte bisher noch nicht so großflächig Ursache der Zerstörung wie in Afrika und Asien, da die Transportwege meist sehr lang und in schlechtem Zustand sind. Immer noch werden große Gebiete abgebrannt, ohne vorher die wirtschaftlich nutzbaren Hölzer rauszuholen. Es rentiert sich oft einfach noch nicht, nur in leichter zugänglichen Randgebieten oder an Flüssen, wo die Stämme geflößt werden können. Rund um die Stadt Sinop, im Norden des Bundesstaates Mato Grosso, wurden in den letzten Jahren allerdings mehr als 1400 Sägewerke mit staatlicher Unterstützung errichtet. Intakter Wald ist dort mittlerweile kaum mehr zu finden.

Ein weiterer wichtiger Aspekt dieser sogenannten Entwicklung Amazoniens darf nicht vergessen werden. Viele Indianerstämme, die sich auf Grund der Unzugänglichkeit der Regenwälder bis in unsere Tage retten konnten, sind nun endgültig vom Aussterben bedroht. Ihr Lebensraum wird vernichtet und damit ihre Kultur und ihr Wissen. Ihre Immunabwehr ist den Krankheiten des weißen Mannes wehrlos ausgeliefert. Schon ein harmloser Kontakt kann bis zu 90 Prozent eines Dorfes dahinraffen, wenn es keine medizinische Versorgung gibt. Oftmals werden die Indianer allerdings direkt niedergemetzelt, weil sie vielleicht einem Großgrundbesitzer im Wege stehen oder Opfer der Brutalität der Goldsucher werden.

Was sind die Konsequenzen dieser Zerstörung ?

Ein grünes Paradies wird zur Wüste mit bisher unkalkulierbaren Auswirkungen auf das lokale, aber auch auf das weltweite Klima. Verloren sind Tiere und Pflanzen, die sich in Jahrmillionen entwickelten und uns als Ressource für Kulturpflanzen, Insektizide und Medikamente (25 Prozent der Wirkstoffe stammen schon heute aus den Tropen) hätten dienen können. Verloren werden auch viele Früchte wie die Paranuß sein, deren Bäume nur im intakten Ökosystem gedeihen.

Menschen wie die Kautschukzapfer, Paranußsammler und die Indianer, die den Wald nutzen, ohne ihn zu zerstören, haben keine Lebensgrundlage mehr.

Wenn nicht sofort gehandelt wird, werden wir eines der größten Wunder unserer Schöpfung, die tropischen Regenwälder, in Kürze vernichtet haben. Regenwaldzerstörung ist nicht nur ein lokales, sondern ein globales Problem, ob man nun an die Ursachen oder an die Folgen denkt. Es geht uns alle an!

Elisabeth Jahrstorfer, *Pro* REGENWALD e.V.

Aktuelles Informationsmaterial:
Amazonien - Ein Lebensraum wird zerstört
Hrsg. Gesellschaft für ökologische Forschung
Raben Verlag, 1989

Brasilienhilfe Grabenstätt

Seit 1979 steht die „Brasilienhilfe Grabenstätt" mit 25 Partnergemeinden in Brasilien in Verbindung. Begonnen hat es mit dem Sammeln von Gebrauchtkleidern, die dorthin verschickt werden und von Helfergruppen an Ort und Stelle gegen ein geringes Entgelt an die Armen weitervermittelt bzw. in Bazars an die Wohlhabenden verkauft werden. Aus dem Erlös werden für die Bedürftigen Grundnahrungsmittel beschafft. 1.275 Kleidersäcke mit einem Gesamtgewicht von 25 Tonnen wurden auf diese Weise bisher verschickt.

Seit 10 Jahren findet in Grabenstätt am Chiemsee jeweils am letzten Samstag im Juni ein *Fest der Deutsch-Brasilianischen Freundschaft* statt (von 12.00 Uhr bis Mitternacht), das inzwischen von anfänglich 200 auf 15.000 Besucher angewachsen ist.

Ein umfangreiches Programm (Samba, Tanzgruppen, Fußballspiel, Tombola, Spielmöglichkeiten für Kinder usw.) sowie typische brasilianische Speisen und Getränke, aber auch Bier und bayerische Brotzeit werden angeboten. Da das Fest ausschließlich von freiwilligen Helfern getragen wird, kann der gesamte Erlös den Partnergemeinden in Brasilien zugute kommen. So können inzwischen auch ständig mehrere Projekte gefördert werden, die einer Entwicklung der armen Bevölkerung dienen, zum Beispiel

- das Hospital „Santo Antonio" in Salvador, in dem zusammen mit einem Behindertenheim, einem Altersheim und einem Waisenhaus über 1000 Personen aus den ärmsten Bevölkerungsschichten kostenlos betreut und behandelt werden,

- die MORHAN-Bewegung für Aussätzige in Lábrea, im Amazonasgebiet, in dem ca. 700 Leprakranke Betreuung und medizinische Versogung erfahren,

- in Barra do Mendes/Bahia wird in einem strukturschwachen Gebiet die Entwicklung von Basisgemeinden, von Hauswirtschaftsschulen und Kindertagesstätten gefördert,

- in Osaca, einem Stadtteil von São Paulo, werden in einem Kinderhort für Favelakinder die Gehälter für das Personal bezahlt, und

- in Viamão bei Porto Alegre entstehen unter Mithilfe dieser Aktion in einer Favela mit 40.000 Bewohnern auf der Basis von Selbsthilfegruppen Gemeidezentren und Kleinbetriebe.

Die Verantwortlichen in diesen Gemeinden sind persönlich bekannt. Jedes Projekt wird mit ihnen vorher eingehend durchgesprochen und nach Durchführung sorgfältig abgerechnet.

Interessenten können Näheres erfahren über: Brasilienhilfe Grabenstätt, Tüttenseestr. 2, D-8221 Grabenstätt.

Spenden sind möglich an: Pfarrgemeinde Grabenstätt „Brasilienhilfe" - KtoNr. 856484 bei der Kreissparkasse Traunstein Trostberg (BLZ 710 520 50). Auf Wunsch kann eine Spendenquittung ausgestellt werden.

Mit der zum Buch erhältlichen

Tonkassette

 und dem Walkman im Reisegepäck

lassen sich die Stunden in

Flugzeug,

Bus und Hotel

zum **Einhören** in die

Sprache und zum **Trainieren**

der Aussprache nutzen.

Erhältlich im Buchhandel oder direkt beim Verlag.

Bestellen Sie mit diesem Coupon und beigelegtem V-Scheck – Lieferung erfolgt umgehend

---

☐ **Ja**, senden Sie mir die Tonkassette zum Buch »walk&talk Brasilien«
zum Preis von **12,00 DM** incl. Porto und Verpackung umgehend zu.

☐ Senden Sie mir außerdem aus der walk&talk-Reihe:

☐ Brasilien DM 16,80	☐ Chile DM 16,80	☐ Griechenland DM 14,80	☐ Italien DM 14,80
☐ Venezuela DM 16,80	☐ Island DM 16,80	☐ Türkei DM 14,80	☐ Spanien DM 13,80
☐ Mexiko DM 16,80	☐ Indien DM 16,80	☐ Schweden DM 14,80	☐ Thailand DM 16,80

Name/Vorname _____

Straße/Nr. _____

PLZ/Ort _____

Br 96

Datum   Unterschrift   ☒ Verrechnungsscheck liegt bei.

Thomas Schreiber Verlag • Frankfurter Ring 193a • 80807 München